中国自主知识体系研究文库

财政信贷综合平衡导论

黄 达 著

中国人民大学出版社
·北京·

"中国自主知识体系研究文库"编委会

编委会主任

张东刚　林尚立

编委（按姓氏笔画排序）

王　轶	王化成	王利明	冯仕政	刘　伟	刘　俏	孙正聿
严金明	李　扬	李永强	李培林	杨凤城	杨光斌	杨慧林
吴晓求	应　星	陈　劲	陈力丹	陈兴良	陈振明	林毅夫
易靖韬	周　勇	赵世瑜	赵汀阳	赵振华	赵曙明	胡正荣
徐　勇	黄兴涛	韩庆祥	谢富胜	臧峰宇	谭跃进	薛　澜
魏　江						

总 序

张东刚

2022年4月25日，习近平总书记在中国人民大学考察调研时指出，"加快构建中国特色哲学社会科学，归根结底是建构中国自主的知识体系"。2024年全国教育大会对以党的创新理论引领哲学社会科学知识创新、理论创新、方法创新提出明确要求。《教育强国建设规划纲要（2024—2035年）》将"构建中国哲学社会科学自主知识体系"作为增强高等教育综合实力的战略引领力量，要求"聚焦中国式现代化建设重大理论和实践问题，以党的创新理论引领哲学社会科学知识创新、理论创新、方法创新，构建以各学科标识性概念、原创性理论为主干的自主知识体系"。这是以习近平同志为核心的党中央站在统筹中华民族伟大复兴战略全局和世界百年未有之大变局的高度，对推动我国哲学社会科学高质量发展、使中国特色哲学社会科学真正屹立于世界学术之林作出的科学判断和战略部署，为建构中国自主的知识体系指明了前进方向、明确了科学路径。

建构中国自主的知识体系，是习近平总书记关于加快构建中国特色哲学社会科学重要论述的核心内容；是中国特色社会主义进入新时代，更好回答中国之问、世界之问、人民之问、时代之问，服务以中国式现代化全面推进中华民族伟大复兴的应有之义；是深入贯彻落实习近平文化思想，推动中华文明创造性转化、创新性发展，坚定不移走中国特色社会主义道路，续写马克思主义中国化时代化新篇章的必由之路；是为解决人类面临的共同问题提供更多更好的中国智慧、中国方案、中国力量，为人类和平与发展崇高事业作出新的更大贡献的应尽之责。

一、文库的缘起

作为中国共产党创办的第一所新型正规大学，中国人民大学始终秉持着强烈的使命感和历史主动精神，深入践行习近平总书记来校考察调研时重要讲话精神和关于哲学社会科学的重要论述精神，深刻把握中国自主知识体系的科学内涵与民族性、原创性、学理性，持续强化思想引领、文化滋养、现实支撑和传播推广，努力当好构建中国特色哲学社会科学的引领者、排头兵、先锋队。

我们充分发挥在人文社会科学领域"独树一帜"的特色优势，围绕建构中国自主的知识体系进行系统性谋划、首创性改革、引领性探索，将"习近平新时代中国特色社会主义思想研究工程"作为"一号工程"，整体实施"哲学社会科学自主知识体系创新工程"；启动"文明史研究工程"，率先建设文明学一级学科，发起成立哲学、法学、经济学、新闻传播学等11个自主知识体系学科联盟，编写"中国系列"教材、学科手册、学科史丛书；建设中国特色哲学社会科学自主知识体系数字创新平台"学术世界"；联合60家成员单位组建"建构中国自主的知识体系大学联盟"，确立成果发布机制，定期组织成果发布会，发布了一大批重大成果和精品力作，展现了中国哲学社会科学自主知识体系的前沿探索，彰显着广大哲学社会科学工作者的信念追求和主动作为。

为进一步引领学界对建构中国自主的知识体系展开更深入的原创性研究，中国人民大学策划出版"中国自主知识体系研究文库"，矢志打造一套能够全方位展现中国自主知识体系建设成就的扛鼎之作，为我国哲学社会科学发展贡献标志性成果，助力中国特色哲学社会科学在世界学术之林傲然屹立。我们广泛动员校内各学科研究力量，同时积极与校外科研机构、高校及行业专家紧密协作，开展大规模的选题征集与研究激励活动，力求全面涵盖经济、政治、文化、社会、生态文明等各个关键领域，深度挖掘中国特色社会主义建设生动实践中的宝贵经验与理论创新成果。为了保证文库的质量，我们邀请来自全国哲学社会科学"五路大军"的知名专家学者组成编委会，负责选题征集、推荐和评审等工作。我们组织了专项工作团队，精心策划、深入研讨，从宏观架构到微观细节，全方位规划文库的建设蓝图。

二、文库的定位与特色

中国自主的知识体系，特色在"中国"、核心在"自主"、基础在"知识"、关键在"体系"。"中国"意味着以中国为观照，以时代为观照，把中国文化、中国实践、中国问题作为出发点和落脚点。"自主"意味着以我为主、独立自主，坚持认知上的独立性、自觉性，观点上的主体性、创新性，以独立的研究路径和自主的学术精神适应时代要求。"知识"意味着创造"新知"，形成概念性、原创性的理论成果、思想成果、方法成果。"体系"意味着明确总问题、知识核心范畴、基础方法范式和基本逻辑框架，架构涵盖各学科各领域、包含全要素的理论体系。

文库旨在汇聚一流学者的智慧和力量，全面、深入、系统地研究相关理论与实践问题，为建构和发展中国自主的知识体系提供坚实的理论支撑，为政策制定者提供科学的决策依据，为广大读者提供权威的知识读本，推动中国自主的知识体系在社会各界的广泛传播与应用。我们秉持严谨、创新、务实的学术态度，系统梳理中国自主知识体系探索发展过程中已出版和建设中的代表性、标志性成果，其中既有学科发展不可或缺的奠基之作，又有建构自主知识体系探索过程中的优秀成果，也有发展创新阶段的最新成果，力求全面展示中国自主的知识体系的建设之路和累累硕果。文库具有以下几个鲜明特点。

一是知识性与体系性的统一。文库打破学科界限，整合了哲学、法学、历史学、经济学、社会学、新闻传播学、管理学等多学科领域知识，构建层次分明、逻辑严密的立体化知识架构，以学科体系、学术体系、话语体系建设为目标，以建构中国自主的知识体系为价值追求，实现中国自主的知识体系与"三大体系"有机统一、协同发展。

二是理论性与实践性的统一。文库立足中国式现代化的生动实践和中华民族伟大复兴之梦想，把马克思主义基本原理同中国具体实际相结合，提供中国方案、创新中国理论。在学术研究上独树一帜，既注重深耕理论研究，全力构建坚实稳固、逻辑严谨的知识体系大厦，又紧密围绕建构中国自主知识体系实践中的热点、难点与痛点问题精准发力，为解决中国现实问题和人类共同问题提供有力的思维工具与行动方案，彰显知识体系的实践生命力与应用价值。

三是继承性与发展性的统一。继承性是建构中国自主的知识体系的源头活水，发展性是建构中国自主的知识体系的不竭动力。建构中国自主的知识体系是一个不断创新发展的过程。文库坚持植根于中华优秀传统文化以及学科发展的历史传承，系统梳理中国自主知识体系探索发展过程中不可绕过的代表性成果；同时始终秉持与时俱进的创新精神，保持对学术前沿的精准洞察与引领态势，密切关注国内外中国自主知识体系领域的最新研究动向与实践前沿进展，呈现最前沿、最具时效性的研究成果。

我们希望，通过整合资源、整体规划、持续出版，打破学科壁垒，汇聚多领域、多学科的研究成果，构建一个全面且富有层次的学科体系，不断更新和丰富知识体系的内容，把文库建成中国自主知识体系研究优质成果集大成的重要出版工程。

三、文库的责任与使命

立时代之潮头、通古今之变化、发思想之先声。建构中国自主的知识体系的过程，其本质是以党的创新理论为引领，对中国现代性精髓的揭示，对中国式现代化发展道路的阐释，对人类文明新形态的表征，这必然是对西方现代性的批判继承和超越,也是对西方知识体系的批判继承和超越。

文库建设以党的创新理论为指导,牢牢把握习近平新时代中国特色社会主义思想在建构自主知识体系中的核心地位;持续推动马克思主义基本原理同中国具体实际、同中华优秀传统文化相结合,牢牢把握中华优秀传统文化在建构自主知识体系中的源头地位;以中国为观照、以时代为观照,立足中国实际解决中国问题,牢牢把握中国式现代化理论和实践在建构自主知识体系中的支撑地位;胸怀中华民族伟大复兴的战略全局和世界百年未有之大变局,牢牢把握传播能力建设在建构自主知识体系中的关键地位。将中国文化、中国实践、中国问题作为出发点和落脚点,提炼出具有中国特色、世界影响的标识性学术概念,系统梳理各学科知识脉络与逻辑关联,探究中国式现代化的生成逻辑、科学内涵和现实路径,广泛开展更具学理性、包容性的和平叙事、发展叙事、文化叙事,不断完善中国自主知识体系的整体理论架构,将制度优势、发展优势、文化优势转化为理论优势、学术优势和话语优势,不断开辟新时代中国特色哲学社会科学新境界。

中国自主知识体系的建构之路,宛如波澜壮阔、永无止境的学术长征,需要汇聚各界各方的智慧与力量,持之以恒、砥砺奋进。我们衷心期待,未来有更多优质院校、研究机构、出版单位和优秀学者积极参与,加入到文库建设中来。让我们共同努力,不断推出更多具有创新性、引领性的高水平研究成果,把文库建设成为中国自主知识体系研究的标志性工程,推动中国特色哲学社会科学高质量发展,为全面建设社会主义现代化国家贡献知识成果,为全人类文明进步贡献中国理论和中国智慧。

是为序。

作者的话

近几年,围绕着物价、货币流通、通货膨胀、信用膨胀、财政银行关系以及建设资金供求等问题写了一些文章。其中有两篇文章是与其他同志合写的。写来写去,似乎都没有离开财政信贷综合平衡这个题目。这本书可以说是把这些文章串起来的成果。

这个成果所提供的只是一个研究财政信贷综合平衡问题的骨架。其中有不少环节,如财政信贷综合平衡组成部分之一的对外金融联系问题,如财政收支构成、信贷收支构成、物资供求构成对财政信贷综合平衡的影响等等,尚付阙如。而且,由于财政信贷综合平衡理论本身的复杂性,要在实际存在的诸多不同的见解之中形成确实能够站得住的骨架,还需要在赞同意见与不赞同意见的帮助之下进行长期不懈的探索。其所以现在把这个成果拿出来奉献给读者,不过是企望它的出版或许对推进这一问题的探讨有所助益。

对于财政信贷综合平衡这个问题的研究,我所在的单位——中国人民大学财政系——是从20世纪60年代初开始的。当时写的有文章、有讲义的部分章节。其中,周升业、侯梦蟾两位同志合写了一篇文章——《信贷收支差额问题》,在这篇文章中首次提出了研究这个问题的一个基本思路:如要解开这个问题的奥秘,需从货币流通的角度进行剖析。以后,我们这个单位许多同志的研究,可以说都是遵循着这样的思路进行的。就这个基本思路来说，我的这本书也毫无所加。该文附后，供参阅。

中国金融出版社的编辑同志，对书中问题的提法多所匡正，在行文方面也润色颇多，在此表示谢意。

1984 年 1 月

目 录

第一章　问题的提出以及从何入手 /001
　　第一节　问题的提出 /001
　　第二节　从何入手 /004

第二章　货币流通与市场供求平衡 /011
　　第一节　流通中的货币不只是现金 /011
　　第二节　流通中货币的各种形态 /019
　　第三节　流通中的货币量和货币必要量 /031
　　第四节　市场供求 /041
　　第五节　保持市场物价基本稳定的方针 /062

第三章　信贷收支 /081
　　第一节　现代经济生活中的货币都是通过信用程序投入流通的 /081
　　第二节　对银行信贷力量的分析 /098
　　第三节　信贷资金来源和运用的期限问题 /111
　　第四节　短期信贷与信贷收支平衡 /120
　　第五节　长期信贷和信贷收支平衡 /133
　　第六节　信贷差额、信用膨胀和平衡信贷收支的措施 /149

第四章　财政收支 /163
　　第一节　为了便于讨论的几点约定 /163

第二节　财政收支与货币流通、与购买力形成 /171

第三节　保持经常性收支的平衡是不是唯一的选择 /186

第四节　财政的虚收问题 /195

第五章　财政信贷必须统一平衡 /202

第一节　国民经济需要的是总体上的平衡 /202

第二节　犬牙交错的接合部 /213

第三节　设备贷款与财政收入 /235

第四节　综合平衡必须把企业收支的安排考虑在内 /245

附　录 /252

第六章　正确解决建设资金供求的矛盾是实现财政信贷综合平衡的关键 /254

第一节　建设资金与经济建设 /254

第二节　建设资金的实体 /256

第三节　建设资金的现实供给渠道 /261

第四节　建设资金供求的矛盾及其在财政信贷综合平衡中的关键地位 /273

第五节　近年来建设资金供给中的财政和信贷 /282

附录　信贷收支差额问题 /307

第一章　问题的提出以及从何入手

第一节　问题的提出

财政信贷综合平衡的理论研究还有待推进

财政和信贷的综合平衡问题是一个老问题了。1953年，关于财政结余、银行信贷和商业库存三者关系的探讨，是研究这一问题的开端。正式把它作为指导经济建设的一个重大理论问题提出的，则是1957年初陈云同志的一篇报告：《建设规模要和国力相适应》。多年来，对这一问题的研究，虽然同其他许多经济理论问题一样，屡受冲击，一再中断，但还是取得了不少成绩。特别是近几年，财政连年出现赤字，现钞发行较多，物价指数上升明显，等等，更引起了上上下下各级领导和广大经济理论工作者对这一问题的重视。

然而，由于这个问题本身比较复杂，因而对它的研究虽然不断有所进展，但恐怕还不能说已经取得了系统的、透彻的解决。比如，像怎样就算实现了财政信贷的综合平衡，应该怎样保证综合平衡的实现这类根本性的问题，要想扼要地、全面地、科学地、本质地加以回答还不那么容易。其实，不只是财政和信贷两者的综合平衡问题，就是单说信贷本身，怎样叫实现了平衡，应该怎样掌握信贷以实现平衡，不仅过去多年来一直说不太清楚，即使在今天，也还不易说清。甚至像财政收支平衡这种大家往往觉得不难理解的问题，也还有很多地方值得进一步探讨。

有关疑难问题举例

对于上述问题没有取得逻辑的、理论的解决，碰到实际问题必然会陷入公说公有理、婆说婆有理的境地。

例如，近几年来，建设资金的问题相当突出。为了实现四个现代化，需要大量资金这是没有什么疑问的。但对建设资金的供应可能，却存在着极其分歧的看法。有的估计偏紧，认为对建设资金的供应必须严加控制，以免造成"过头"的分配，打乱计划的安排；有的则认为矛盾虽有，但潜力很大，只要集聚资金得法，扩大资金供应，加速经济发展并非难事，因而不必过分拘谨。其所以有截然不同的估计，往往导源于对如下一些问题有不同的看法：银行集聚资金的潜力到底有多大，其客观界限何在？存款是否越多越好？迅速增加的居民储蓄是否可用来发放形成固定资产的长期贷款？信用膨胀可怕不可怕？建设资金的安排是否不怕留缺口？经济生活中是否人力、物力具备而只欠货币这个东风？

再如：财政和信贷这两者的关系到底应该怎么看？过去多年学界都把

财政收支平衡看成是实现综合平衡的关键,这个观念是否在任何条件下都是正确的?近来人们对银行的作用日益重视,其中出现了银行独揽建设资金供应而财政应退出这一领域的意见,这种意见能否成立?过去讲究财政资金和信贷资金实行分口管理的原则,银行只限于在流动资金领域发放短期贷款。而现在银行也发放设备性贷款并且数量不断增大。到底这种贷款可以扩大到何种程度,是否会成为信用膨胀的因素?

如此种种,都存在着不少争议。而类似的问题,如果不放在财政信贷综合平衡的背景下进行考察,是难以作出科学的判断的。

理论上解决综合平衡问题的迫切性

然而,这一类问题都涉及经济建设的决策。从理论上可能议论多少年也得不出统一答案,但从实践来说,则不是议而不决的问题——不管理论上搞清楚与否都要作出抉择。比如对资金潜力的估计,不管估计的分歧有多大,终归要选择一种估计来安排计划。在这种情况下,如果客观实有的潜力大于选择的估计,那就会使我们本来可以克服的困难得不到克服,可以争取到的速度不能实现,从而丧失时机;如果客观实有的潜力小于选择的估计,那又会给经济生活造成新的矛盾,加剧已有的困难。要是有正确的理论指导,这样的主客观矛盾至少也会缩小。因而,对财政信贷综合平衡的研究有着非常迫切的意义。

财政信贷综合平衡只是财政金融问题中的一部分

需要说明,财政信贷综合平衡问题只是财政金融问题中的一部分而非全部。从理论上说,我们后面将会谈到,财政信贷综合平衡的理论是从总量分析角度探索再生产过程中这两个紧密联系的范畴彼此之间收支的联系和相互作用、相互制约的关系以及它们共同反作用于再生产过程的规律。而除此之外，财政金融理论中还有财政、信贷和银行的本质、职能、作用等一系列问题。研究这些问题对于建立综合平衡的理论是必要的，但它们却不是综合平衡问题本身。从实践上看，财政信贷综合平衡所要解决的问题是确定对财政收支和信贷收支进行总量控制的方针政策以及对这两种收支的统筹安排。然而我们知道，财政金融工作还有其他极其丰富的内容，如财政各项支出的比例安排和拨款重点的确定；财政收入中来自国营经济、集体经济和个人的比例安排与组织收入各种方式的选择；银行对信贷资金在各个部门之间和在各种用途之间分配比例的调整；为了集中资金和提高经济效益而对信贷方式和利息杠杆的运用；等等。应该说，这些方面对收支总量的对比都有影响，但它们有各自的独立内容，这些内容却不是总量控制所能包括的。本书的任务只在于探索财政信贷综合平衡问题，因而其他财政金融的理论问题和实践问题，只有在牵扯到综合平衡问题时才会提及。

第二节　从何入手

首先要正确解决从何入手的问题

前面我们列举了一些涉及财政信贷综合平衡的复杂且有争议的问题。要想使这些问题得到正确的解决，那么应该从何入手呢？

实际上任何问题都有个入手的问题。入手问题解决得不好，事倍功半，甚至劳而无功；解决得对头，则一通百通，事半功倍，就像古人所说的，"若挈裘领，诎五指而顿之，顺者不可胜数也"。我们都知道，马克思揭示现代社会的经济规律，阐明整个资本主义生产方式必然灭亡的历史趋势，是从剖析商品入手的。资本主义，这是一个极其复杂的对象。但马克思抓住了构成资本主义经济的细胞——商品，对它进行了致密的、科学的研究，由此深入，终于揭开了剩余价值的奥秘，并从而掌握了论证资本主义的锁钥。这是正确解决入手问题的典范。

那么，财政信贷综合平衡问题应该从何入手剖析呢？

财政收支和信贷收支都是货币收支

首先，我们看到，财政收支和信贷收支都是货币收支。

财政和信贷，是不是从属于商品货币关系的范畴，从理论上讲，恐怕还应当允许有探讨之余地。姑且不说古代历史上的情况，就我们的实践经验来看，也曾存在过并不借助于货币收支的财政联系和信贷联系。革命战争年代的公粮，不论是北方的小米，还是南方的稻谷，都是实物收、实物支，并不换算成货币金额。在过去，被称为穷乡僻壤的农村，也相当广泛地存在着类如"春借一斗，秋还三斗"这种用粮食实物贷、实物还的现象。这些现象，用来证明财政和信贷这两个范畴对商品货币联系的独立性，不能说没有说服力。但如果论证这种情况下的粮食实际上是在一定界限内起着一般等价物的作用，那么也可得出另一种结论，即这些实物的收支和借贷仍然是带有货币性质的收支和借贷，从而并不能据此肯定财政和信贷不是从属于商品货币经济的范畴。

不过，我们今天的现实情况是，财政收支已经全部是货币收支。虽然目前农业税规定还是以征收实物为主，日常生活中也仍然沿用着"交公粮"的说法；但收入的粮食实际是拨给粮食部门，而粮食部门向财政部门交付价款，所以国库收入的是货币而不是实物。至于信贷，在我们的经济生活中基本上是银行信贷，其贷与还都是清一色的货币。这就是说，不管理论上如何，现阶段的财政收支和信贷收支都是货币收支。除非发生非常的变故，这种情况在一个很长的历史时期内恐怕不会改变。

货币收支系统——货币流通

财政收支和信贷收支是货币收支，但并非整个经济生活中货币收支的全部。

在我国现阶段的社会主义社会中，商品生产的存在和发展是客观的必然。目前虽然还有一定比例的自然经济，但不占主导地位，而且其比重将会越来越小。既然是商品生产，经济联系就要通过商品与货币的联系来实现。这样，整个再生产过程则表现为商品运动和货币运动两个方面。

经济生活中现实的货币运动由种种不同性质的货币收支构成。如果按货币收支的主体来划分，大体可概括为五个方面：

（1）以基层经营单位为中心的货币收支。这里所说的基层经营单位包括国营的（所谓的"大集体"其实也是国营）、集体的，包括工业、农业、商业、交通运输、饮食服务，包括大至全国性公司，小至最基层的独立核算点。所谓"经营"，是说其活动要贯彻以收抵支并有所盈利的原则，当然也不排除"负"盈利——亏损。

（2）以个人为中心的货币收支。个人，习惯的理解是指工人、农民、文教科卫等战线的工作者、公职人员和军人等。农业的生产责任制使农民的货币收支复杂化了；在城镇则出现了相当数量的个体工商户。所以，以个人为中心的货币收支至少也要分成三块：以工薪收入为中心的货币收支，以农民为中心的货币收支，以个体经济为中心的货币收支。

（3）以财政为中心的货币收支。这里既包括中央预算的收支，也包括地方预算的收支。同时，也包括虽未列入预算但就其性质来说应该视同预算的收支，这主要是在地方。比如，地方财政部门掌握的各项税收附加，集中企业的更新改造资金，集中的大集体的利润，等等。

此外，机关、团体、部队、学校、经济建设方面的事业单位等一切全部或主要依靠预算拨款的单位，也包括基本建设单位，它们的货币收支，就其性质来说，是财政支出的组成部分，无须单列一项。但在后面具体研究财政收支和信贷收支的数量问题时，则需在财政收支之外对此作单独的考察。

（4）以银行为中心的货币收支。在这个项目中要把农村中众多的信用合作社所实现的货币收支包括进去。

（5）一切对外的货币收支。对外的货币收支是由国内上述各类货币收支的主体对外国的形形色色对象进行的。把它算作一类似乎有悖于我们按收支主体进行分类的原则。但如果我们把外国的形形色色对象视为一个主体——"外"，而专门考察"外"同我国所发生的货币收支，这种划分也是成立的。特别是在我国，禁止外币在国内流通，禁止人民币输出入。一切对外的支付，除特殊规定者外，只能用人民币从国家指定的唯一专门经营外汇业务的中国银行购买外汇并用外汇支付；一切外汇收入，除特殊规定者外，则必须到中国银行结汇——卖给中国银行——并取得人民币。所以，如果仅从人民币的收支来看，实际上中国银行是对外货币收支的中心。

以上五个方面的货币收支包括了整个国民经济中的一切现实的货币收支。或者说，超出这五个方面之外不存在任何其他的货币收支。

这五个方面的收支又是紧密联结在一起的。比如个人购买商品的货币支出同时是基层经营单位销售货物的货币收入，基层经营单位发放工资、支付劳务和分配货币收入的支出则同时是个人的货币收入；基层经营单位缴纳税款和上缴利润的货币支出同时是财政的货币收入，财政拨付建设资金的货币支出则同时是基层经营单位和个人的货币收入；基层经营单位向银行存款和归还贷款的货币支出同时是银行的货币收入，银行发放贷款和支付存款提取的货币支出则同时是基层经营单位的货币收入；个人缴纳税款和进行储蓄等货币支出同时是财政、银行的货币收入，财政拨付公职人员的薪金和银行支付储户提取的货币支出则同时是个人的货币收入；基层经营单位、靠预算拨款的经费单位和个人为了对外支付而购买外汇的货币支出同时是银行出售外汇的货币收入，银行收购外汇的货币支出则同时是这些单位和个人的货币收入；等等。很明显，此收彼支，彼收此支，由此及彼，连绵不绝，从而形成一个割裂不了的系统。

这个系统不是别的，它就是我们通常说的货币流通，就是货币作为流通手段和支付手段的现实运动的总体。图1-1梗概地描述了我们现实生活中的货币流通。

财政收支和信贷收支在货币流通中的地位

财政收支和信贷收支虽然只是货币流通的组成部分，但这两个组成部分在货币流通中具有特殊的地位。

财政收支同信贷收支，与其他的货币收支不同，如果说其他货币收支是由性质相同但为数众多的单位和个人分散进行的话，那么财政收支和信贷收支则是高度集中性的货币收支。当然，各省各县都有财政单位，都有银行的分支机构，而且银行还不止一家。但无论是财政部门还是银行部门，它们都在全国分别形成了一个由中央高度集中、统一控制和指挥的系统。所以在我们所要分析的问题中，往往可以分别把它们各作为一个单一的对象来分析。

第一章 问题的提出以及从何入手

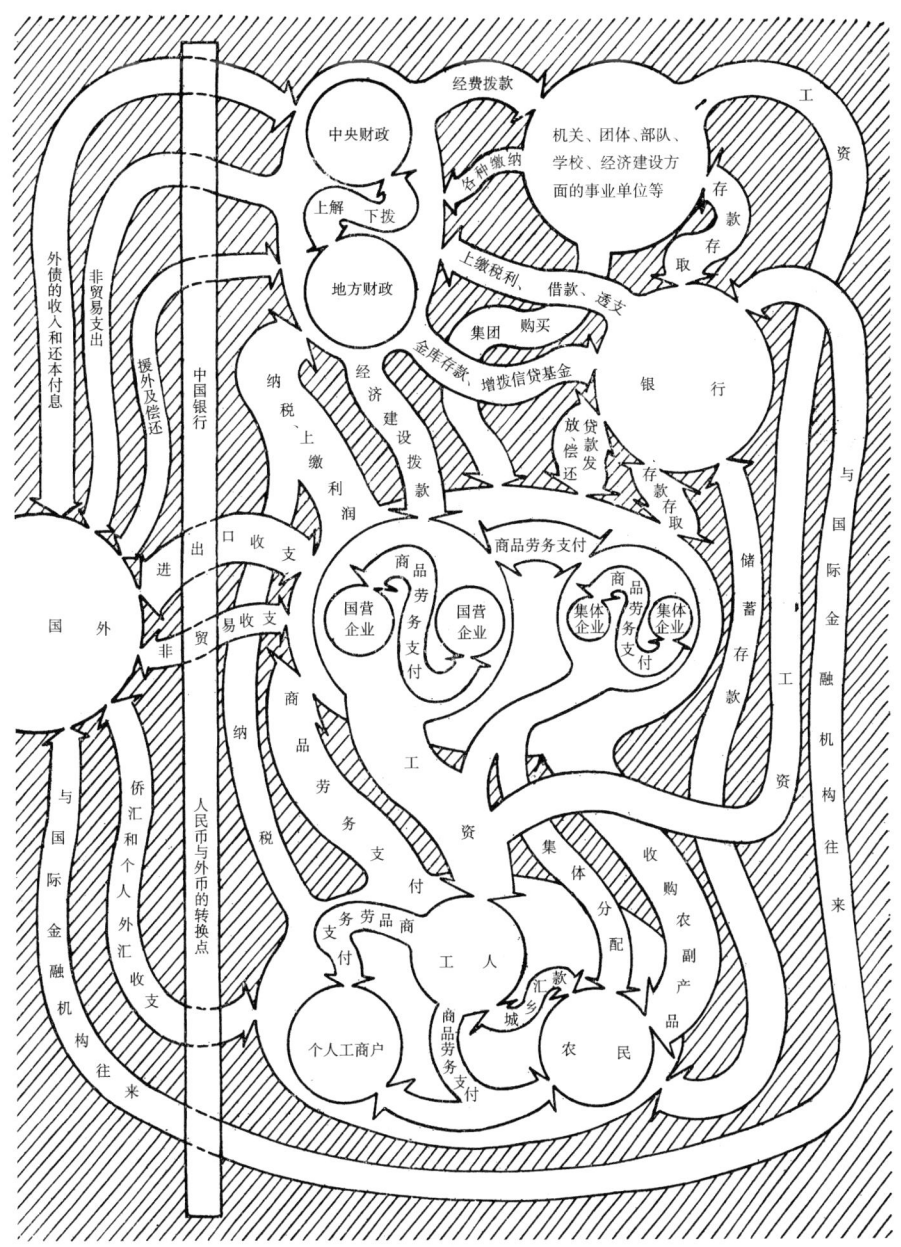

图 1-1 货币流通示意

这两个集中的货币收支对其他分散的货币收支起着控制的作用。财政收支的安排决定着个人收入是高些还是低些，决定着基层经营单位可以留归自己支配的利润是多些还是少些。比如工资提高，在其他条件不变的情况下则利润下降，相应地会使财政收入受到影响，所以财政收入水平的安排必然同时要决定把工资控制在何种水平。而当可实现的利润数量已定的条件下，留归企业支配的利润比例则取决于国家财政要把企业利润集中到自己手中的比例。信贷收支的安排直接关系着基层经营单位的资金周转。比如，贷款的发放掌握较松，工商企业会比较容易地获得补充的货币资金；反之，则不那么容易获得。而且，在整个国民经济中，一切货币的投入流通和退出流通，又都是以信贷为吞吐的闸口。仅仅这些情况已多少可以说明，对于整个货币流通，财政和信贷是反映和控制的关键环节。

剖析财政信贷综合平衡可从货币流通入手

既然财政收支和信贷收支都是货币收支，既然这两种货币收支是整个货币收支体系，也就是货币流通的组成部分，而且是具有关键意义的部分，那么至少可以肯定，对财政信贷问题的分析不能脱离对货币流通的分析，或者说，从货币流通角度分析至少是入手的门径之一。至于是否从货币流通入手就可使财政信贷综合平衡问题迎刃而解，则只有实地地从这里入手并剖析下去才能得到论证。本书将试图论证这一点。

既然要走这条路，那么，首先应对货币流通的一些有关问题作些必要的研究。

第二章　货币流通与市场供求平衡

第一节　流通中的货币不只是现金

流通中的货币不只是现金

　　长期以来，在我们的经济生活中，一提到货币，人们自然而然认为指的就是中国人民银行发行的一元、五元、十元的钞票和一角、二角、五角、一分、二分、五分的辅币。习惯上，这些统称为人民币，在文件上则统称为"现金"。当然，具备政治经济学基本知识的，会对之进行更严密一些的概括，说这些只是流通中的货币，是流通中执行流通手段和支付手段的货币，是货币符号，而货币作为一个经济范畴还有其更丰富的内容，等等。

然而实际上还有另一种理解。"货币"在我们的日常生活中是由"钱"这个概念来代替的。对于企业的厂长和财务人员来说，如被问到有没有钱，或者更确切一点，有没有"现"钱，当回答"有"或是"没有"的时候，在他们观念中的钱并不是只指现金，甚至可以说主要不是指现金，而是指他们可以支配的存款，即在银行存款账户上的钱。至于银行账户上的存款是不是属于流通中的货币，或许他们在学理论时会抽象地推敲一番，而在实际的经营活动中他们则从不怀疑正是这些存款使得他们能以购买原材料、燃料、辅料、机器、设备，能以支付工资、水电费和向财政上缴税利，等等。

现实生活中起着流通手段和支付手段作用的其实并不只是现金，而我们的"正宗"货币理论却往往把流通中的货币只限定在现金范围之内，这是矛盾的。20 世纪 50 年代中期，也有把非现金运动纳入货币流通范畴的著述①。但直接展开关于货币流通范围的争论，即社会主义经济中的货币流通是现金流通与非现金流通的统一体还是仅指现金流通的争论，则是始于 20 世纪 60 年代初。1964 年，中国财政经济出版社出版的《社会主义制度下的货币流通问题》一书集中了当时涉及这一问题的讨论文章。但这样的讨论没有多久就沉寂了。直到 1978 年党的十一届三中全会前后才又开展起来。到现在为止，应该说，在金融战线上，无论是实际部门的理论观点，还是教学科学研究工作者的观点，大体已趋于统一，即流通中的货币不限于现金，或者说，货币流通的范畴不限于现金的运动。不过，如何把

---

① 如曾凌、韩雷著《中华人民共和国的货币流通》（中国金融出版社 1957 年版）第 67 页有这样的话：我国的货币流通分为不用现金的结算（银行内部的货币流通）与现金（银行外部的货币流通）两部分。再如，《财经研究》1957 年第 2 期杨鹤九的文章《论货币流通适应商品流通的必要性》中有如下提法："货币流通是由商品流通决定的，因此货币流通必须在价值的数量关系上适应于商品流通的规律性，不但表现在现金领域中的足值货币和价值符号的流通上面，而且也表现在非现金流通领域中的信用流通工具的流通上面。"

这样的观点在金融工作中实际加以贯彻，还需时日；而在政治经济学常识中如何以这样的观点代替原有的片面的观点，也还需进行理论宣传。

这本来不像是多么复杂的问题。其所以纠缠多年才解决到今天这样的程度，原因则是多方面的。

应科学地理解马克思有关这一问题的论述

往往有这样的看法，似乎根据马克思的论述，我们只应把现金理解为流通中的货币而不宜扩及其他。的确，对于流通中的货币，在马克思的论述中，有时只限定为铸币，有时扩及纸币（指国家直接发行并强制行使的钞票）[①]。不过通常还包括银行券。根据英国发行大额银行券的特殊做法，马克思甚至把银行券形容为"批发商业的铸币"[②]。铸币、纸币、银行券，如果用我们今天的概念套，大体相当于"现金"的范围。关于流通的商业票据，马克思既强调它们是"作为支付手段来流通"，"形成真正的商业货币"，"是绝对地作为货币来执行职能的"，但又说明，在由它们完成的交易中"它们已无须最后转化为货币了"[③]。这后一个"货币"很显然是指金币，至多包括纸币和银行券。至于对银行存款的转移和票据交换所里的冲账，马克思只说其间没有货币的介入，是对货币的节省，却从未承认过银行存款是货币。实际上，马克思同时代的人对货币流通的看法也都差不多。

产生上述观点的背景可作这样的概略描述：流通中现实存在着金铸币和银铸币。在人们的心目中，它们是真正的货币。其次是纸币。在正常时

---

① 《马克思恩格斯全集》中文版，第25卷，第451、608页，北京，人民出版社，1974年。
② 同上书，第454页。
③ 同上书，第450、542页。

期,这种货币符号的数量不大,而且是小面额的钞票。所以,人们分析货币流通问题时,纸币往往是被略去的。再说银行券,有由中央银行(比如英国的英格兰银行)发行的银行券,也有由普通私人商业银行发行的银行券。不论是谁发行的,那时的银行券可随时向发行它的银行按照票面上的金额兑换为金属铸币。除去非常时期,银行券应该保持兑现也是天经地义的。金属铸币和银行券的流通只实现着一部分商品流转,而大部分商品流转则是借助于信用工具实现的。首先是商业票据。那时票据在到期前可背书流通,如需现金,可持票据到银行贴现——把票据"卖"给银行以取得铸币或银行券。其次是借助支票进行银行存款的转账。在当时,这种银行转账也有了很大的发展,票据交换所已经出现。

这时,流通中的矛盾主要是:极其庞大的信用关系——商业信用和银行信用——对应着为数有限的金属货币;一旦商品的周转过程出现问题,大量的到期商业票据、大量的银行存款就会要求转化为金属铸币或银行券,银行券则要求兑换为金银币;这样的要求当然无法满足,于是信用关系瓦解,危机的进程加速、加剧。面对这样的现实,人们自然而然会把金属铸币视为流通的基础,至多,受到国家保护的银行券才可以被看作处于与它相接近的地位。至于商业票据和银行支票,它们的运动是否属于货币流通范围之内,问题还没有正面提出;如果说人们从货币流通角度考虑它们,恐怕主要在于揭示它们与金属货币流通之间的规律性关系。

后来,情况发生了变化。金属铸币在流通中的数量急速减少,现实流通着的则主要是银行券,而且是日益不兑现的银行券。至于它们的流通领域则主要是在小额的交易之中。在大额的交易中,商业票据已很少像过去那样,大量地背书流通;它们的绝大部分是立即在银行贴现,而且除非急需现金会要求以银行券支付外,大部分贴现收入均存入银行。银行存款的转账则日益成为结清大额交易的基本形式。这就是说,随着资本主义经济的发展,在整个商品流转中,只有一小部分商品流转是银行券的流通与之相对应,而大部分则是银行转账与之相对应。在这种情况下,要研究购买力的形成,要研究市场供求的对比,要研究物价的涨落,不考虑银行转账这部分的增减变化是无法进行的。而银行转账的规模则受制约于银行据以进行转账的存款数量。因而把这种存款量纳入货币供给量的概念之中加以考察就成了顺理成章的事情。大约在19世纪末和20世纪初,这样的观念已经形成。

显然,我们学习马克思的论述,特别是一些具体的论断,必须结合当时的历史情况。马克思生活的年代,客观尚未提出的问题,我们不能设想马克思均能一一预见;随着形势的发展,一些新的矛盾出现了,我们更不应该硬要已经变化了的客观去符合马克思根据过去历史上的客观情况所作出的论断。事实上,在金属货币流通时适宜的说法,用到今天则不一定适宜。比如,在研究支付手段职能时,马克思曾把各种支付的互相抵消看作货币只是在观念上执行计算货币或价值尺度的职能[①]。对货币本体或金属铸币这种"坚硬的货币"来说,毫无疑问,可以流通的商业票据、可以转账的银行存款都是"观念的";但如果从债权债务这种经济关系来说,体现着这种关系的信用凭证和账户上的金额则无论如何不是"观念的",而是"现实的"。比如我们的企业,它在银行账户上有存款,就能支付,就能购买;无存款,则不能支付,不能购买。谁也不会认为这样的存款是"观念的"[②]。

[①] 《马克思恩格斯全集》中文版,第23卷,第158页,北京,人民出版社,1972年。
[②] 马克思还曾说过,银行之间相互偿付的是"已经不存在的存款的支取凭证"(《马克思恩格斯全集》中文版,第25卷,第534页)。存款之所以是"不存在的",从上下文看,是这样的意思:因为原来存入银行的是金属铸币,这些铸币至多只有一部分被银行以准备金形式保存在金库中,其余大部分则都贷出去了。所以,从铸币角度看,存款已"不存在"。如果生搬硬套,说我们的银行是根据对"已经不存在的存款"所开出的支付命令进行转账,那就出了大笑话了。

不应把资金与货币绝对地对立起来

把货币资金的运动与货币流通绝对地割裂开来以及把货币资金运动与非现金结算完全等同起来也是一种论点。

在我们的经济生活中，非现金结算主要服务于：（1）企业之间商品劳务的交易，这是货币资金转化为商品资金和商品资金转化为货币资金的过程；（2）企业与财政之间的各项缴纳和拨款的关系，这是涉及财政的资金运动；（3）企业与银行之间的存贷关系，这是信贷资金的运动。这三种场合都有货币资金的运动：在第一种场合，在货币资金与商品资金相互转化的过程中，货币资金的运动是过程的一个方面，而在后两种场合，则是货币资金的独立运动。如果我们认为货币资金的运动与货币流通是截然不同的两码事，同时又把货币资金运动的范围与非现金结算的范围简单地等同起来，那就会得出非现金结算不是货币流通的推论。

其实，只要学一学马克思关于货币资本与货币相互之间的区别和联系的精辟分析，就不难把我们现实经济生活中货币资金与货币的关系搞清。

关于商品资本和货币资本的相互转化，马克思指出，在流通过程中它们都会还原为简单的商品流通：商品资本在流通中只是作为简单的商品来出售；货币资本在流通中则只是作为简单的货币来购买。在这种买卖之中，只有等价的交换而无资本的让渡。然而它们又都是资本。因为对其所有者来说，无论是商品还是货币，都是资本存在的形态，把商品卖成货币和用货币买进商品，都是实现资本周转的必要环节[①]。

马克思的这些论述并无费解之处。只要把"资本"代之以"资金"，

[①] 《马克思恩格斯全集》中文版，第25卷，第382~383页，北京，人民出版社，1974年。

即可以看出在货币资金这个范畴中资金与货币的双重存在：它是起资金作用的货币，因为从这里开始了资金的循环；它又是起货币作用的货币，因为在流通中只发挥流通手段的职能。很显然，绝不能因为货币成为资金的存在形态而否认其为货币，并从而把货币资金与货币绝对地对立起来。

关于货币资本的借贷，马克思指出，这里存在的是资本让渡的行为而没有还原为单纯的流通手段。然而，这时的货币资本也仍然没有否定其作为货币的存在，因为资本的借贷要通过货币的支付手段职能来实现。至于财政的收支，在习惯上虽然也称之为财政资金的运动，但有的实质上并非资金运动。如企业向财政上缴税、利，实际上这部分资金脱出了资金周转而转化为单纯的货币；只有当它再次作为经济建设支出，才会被重新纳入资金周转过程。不过，即便可以视其为资金运动的财政收支，其也同样是货币作为支付手段运动的过程。

总之，个人手中用于购买消费品的货币是货币，企业手中用于购买生产资料的货币资金也是货币，就是货币资金在借贷等形式中作为资金而独立地运动时，也不能否定它同样是作为货币而存在。马克思说："这种不同的规定性——货币是作为收入的货币形式，还是作为资本的货币形式执行职能——首先不会改变货币作为流通手段的性质；不管货币在完成这个职能还是在完成那个职能，它都会保持这个性质。"①

既然货币资金在其运动过程中会还原为货币的运动，或同时是货币的运动，那么货币资金的运动与货币流通不仅不是相互排斥的，而且前者还必然是后者的构成部分。关于这点马克思也有非常明确的论断。他说："资本流通是一般商品流通的一部分""资本是在一般商品流通之内完成自

---

① 《马克思恩格斯全集》中文版，第25卷，第504页，北京，人民出版社，1974年。

己特有的循环的"①。

如果说把货币资金与货币绝对地对立起来很可能是由于忽视了马克思的这些论断,那么,把货币资金运动与非现金结算的范围等同起来则恐怕是失之于概括得过于疏漏。比如,机关、团体、部队、学校这些单位在银行的存款和依靠这些存款的转账,无疑是处于非现金结算的范围之内。但这些存款并不是资金,因为它们将用于消费性支出;而依靠这些存款的转账,当然也不是资金的运动。再如,企业用于支付工资的资金则无疑是本来意义的资金,但它们却是以现金的形态而存在。

根子还在于不承认生产资料是商品

应该说,上面谈到的论证非现金转账不是货币流通的理由,往往是在已经肯定非现金转账不属于货币流通范围的前提下"找"出来的论据。真正否定非现金转账属于货币流通范围的原因,恐怕还在于否定社会主义现阶段的生产资料仍然是商品这种错误观点的统治。

生产资料不是商品,这是建国初期从苏联传到我们这里来的观点。生产资料既然不是商品,推论下去自然也无商品流通,也无货币流通;如果肯定生产资料还有流通过程,那么生产资料不是商品的论点就会动摇。问题是现实生活中确实仍然存在生产资料与货币的交换。于是就得论证货币在这里只起核算作用,而不是本来意义的一般等价物;就得论证货币数量是多是少在这里已无意义,流通中货币必要量规律已不再发挥作用。由于在这个领域中的货币主要以银行存款的形态存在,而货币运动则是银行存款的转账,所以非现金周转不是货币流通的观点就产生出来了,并与生产资料不是商品的观点一同传入我国。

---

① 《马克思恩格斯全集》中文版,第24卷,第70~71页,北京,人民出版社,1972年。

不符合生活现实的说法总是会受到抵制的。20世纪50年代苏联经济学界环绕社会主义经济中的货币开展了一场讨论①。在讨论中，有些学者还是坚持主张在生产资料分配领域起作用的货币也是作为一般等价物的真实货币，主张整个社会主义经济中的货币是统一的。从这样的观点出发，无疑会从逻辑上导出这样的认识，即服务于生产资料运动的货币运动必然是统一的货币流通的组成部分。然而，这样的理论探讨，当时在我们这里，似乎并没有对传入的非现金周转不是货币流通的统治观点有何影响。

在我们这里，1959年展开的那次关于商品生产和价值规律问题的争论中，关于生产资料不能说它只具有商品"外壳"而应认识到它的商品实质的主张是有很多人坚持的。粉碎江青反革命集团之后，在这点上则很快统一了认识。也正是由于生产资料的生产也是商品生产的论点成为占统治地位的论点，才使得金融战线上的实际工作者和理论工作者很快地在流通中的货币并不限于现金这个观点上有了共同的语言。

第二节　流通中货币的各种形态

上节我们只说明了流通中的货币不仅限于现金这个观点。但如果具体考察流通中的货币，则会看到，现象和问题都十分复杂。这节只是在研究本书主题所必要的限度内，对流通中货币的一些形态和问题作些交代和讨论。

现金都有哪些

前面已经提到，通常说的现金是指中国人民银行发行的以元、角、分

---

① 大部分文章的译文刊登在1953年到1955年的《经济译丛》和《学习译丛》上。《教学与研究》1955年第3期刊登的《社会主义经济中货币的本质与职能》一文介绍了这次争论。

标示的钞票和各种辅币。

金币银币在国内禁止流通，因而不包括在现金的概念之中。但是对于它们允许个人持有。如打算在国内使用，则可向银行出售，换取人民币。这就是说，应该看到它们转化为现金的可能（采金企业的收入当然还会转化为银行存款）。为了控制现金投放，建国之初，对它们采取了"低价冻结"的政策，即在允许保存的条件下，用较低的收购价限制持有者向国家出售。虽然，后来很少提"低价冻结"，但多年来收购价一直是偏低的，仍然起着"冻结"的作用。

外币在国内不允许流通。所以中国的现金概念中不包括外币。但有一种"外汇兑换券"，这是由中国银行发行的，面值用人民币的元来标示。当外国人和国外侨民入境时，需要把自己预定要在我国境内花用的钱换为外汇兑换券。这种外汇兑换券应视为现金，不过其流通范围主要是专门为上述这些人供应商品和服务的单位，这些单位也只收取兑换券。实际上兑换券也流入一般市场，不过除广东省等地区外数量有限。

在下面的分析中，金银、外币和兑换券的问题都是暂且抽象掉了。

现金沉淀

现金的主要流通渠道如下：一是机关、团体、部队、学校和国营、集体等各种经济形式的基层经营单位用现金对职工进行工资性支出，然后职工用收入的现金向存在着各种经济形式的市场购买消费品和支付劳务；二是从供销合作社直至个人商贩用现金收购农副产品，农民用收入的现金既购买消费品，也购买农业生产资料，当然也支付劳务；三是机关、企业的差旅费开支和小额零星的购买与支付也要用现金；等等。

机关、企业有使用现金的需要，就要有现金库存。现金库存以保证使用现金的需要为度，属于流通和支付准备的性质。个人商贩手中用于经营的现金，随时会动用，也是购买和支付的准备。近几年来，这部分现金的数量增长很快。至于作为个人收入——工资收入、奖金收入、出售农副产品收入、个体经营盈余收入等——的现金，这是现金总量的基本部分，其情况则比较复杂。大体说来要分而为三：

第一部分用于日常的购买和支付。为此而留在手中的现金是流通和支付的准备，其停留在手中的期限，就其性质来说，最长不超过相当于收入间隔的长度。如按月领取工资的工人，其现金收入中用于日常开支的，最长的一部分将保留到再次发工资之际；如一年出售一次粮食的农民，其现金收入中用于日常开支的，最长的一部分将保存一年，即到下年度再次售粮之际；等等。

第二部分积累起来用以购买高档的日用消费品、大件的农机具，以及准备建筑住宅等。从性质上说，这种现金也是流通和支付的准备，不过留在手头的时间较长，一般说来，是超过收入周期的准备。

第三部分则是目标不很明确或比较遥远的现金储存。如为了预防意外变故的储存，为年幼子女准备升学、盖房、结婚的储存，等等。如果目标过分模糊、过分遥远，就会变成为储存现金而储存，即储存变成了目的本身。这种情况，在我们这个商品经济不发展的国度中，事实上是存在的。在这类现金储存中，一部分或许永远也不再用于购买，例如被埋藏起来而不再为人所知的储存。但大部分终归还要重见天日，不过为期过于遥远，已经难以再称之为流通和支付的准备了。

相对于经常准备动用的第一部分，这第三部分通常称为"现金沉淀"；第二部分似乎处于两者之间：说它准备动用，却往往是本计划期（如计划年度）不动用的；说它是"沉淀"，但目标和动用期间又都比较明确。如果从性质上严格划分，它似宜归属于第一部分。但如从国民经济计划工作，特别是从财政信贷综合平衡的角度来考虑，把超过计划周期（如一年）的现金准备视同沉淀的现金也有其方便之处。所以，为了下面分析的方便，我们不把第二部分独立列出，即只把现金量划分为二：正在和准备动用的与沉淀的。

现实流通的货币与潜在的货币

现金沉淀是不是退出流通的货币呢？过去对此曾有过争论。这也涉及如何运用马克思的论述的问题。

马克思在分析货币职能时，是把发挥流通手段职能和支付手段职能的货币视为流通中的货币。需要注意的是，所谓流通中的货币，不只包括正在购买和正在支付的那一瞬间的货币，也包括准备购买和准备支付的货币。货币发挥流通手段或支付手段职能的那一瞬间，就现金来说，不过以秒计、以分计；而现金作为流通手段准备和支付手段准备的延续时间则是以天、以周、以月计，长者，如前指出，可以经年。所以流通中的货币，其主要部分是后者。与流通中的货币相对应，马克思指出，那些退出流通的货币，是贮藏的货币。贮藏的货币与流通中的货币可以相互转化，但处于流通之中与退出流通的界限却使两者存在着极大的差别。处于流通中的货币，马克思指出，它们可以由各种价值符号所构成而并不一定需要货币的本体，如金、银等。关于退出流通的货币，马克思则只谈论本身具有内在价值的货币本体——金锭银锭、金币银币、金银饰物等，而从不谈本身没有内在价值的各种货币符号。他很明确，在这后一场合中的货币，"不象在充当价值尺度时那样纯粹是观念的，也不象在充当流通手段时那样可以用别的东西来代表"[①]。至于纸币，他则有一句很精练的话："金因为有

[①] 《马克思恩格斯全集》中文版，第23卷，第149页，北京，人民出版社，1972年。

价值才流通，而纸票却因为流通才有价值。"① 所以我们可以判断，马克思不认为类如纸币（以及服从纸币流通规律的不兑现银行券和不足价的铸币等）这样的价值符号可以退出流通。

问题是在我们现实的生活中，金银的流通已经排除，流通中的现金是不兑换金、银的钞票。而这些价值符号，粗略地分，如上指出，又确实可以分为两部分：正在和准备动用的与沉淀的。那么"沉淀的"现金是否可以视为退出流通呢？说它们是退出流通的，似乎违反了马克思的原理；说它们是流通的，又确实是在当前乃至一个相当长的期间并不流通。环绕这个问题于是有种种解释。当然，这个问题或许还可研究。但有一点可以肯定，即我们现实的货币流通与马克思那时大有不同。马克思那时是否有纸币的储存，我们不得而知；即使有也不会多，因为我们见到的大量资料说的都是金银贮藏。从情理上揣度，似乎也是可以存金银，何必存钞票。在这种情况下，对价值符号的储存略而不论是完全可以成立的。

然而，今天的现实却是现金沉淀这种现象的面相当广（如在广大农村相当普遍），现金沉淀的数量也相当大。在这种情况下，简单地套用马克思的论述恐怕就不一定恰当了。

为了说明问题而又考虑到与马克思所使用的概念能够衔接起来，本书对经济生活中所有的现金都视之为流通中的现金。只有当这些现金从经济生活中勾销，如现金回到发行它们的银行并不再投出，我们才称之为"退出"流通②。在所有现金中，对于正在运用和准备动用的现金都纳入"正在流通和准备流通的货币"的概念之中；对沉淀的现金则纳入"面对流通而暂不流通的货币"的概念之中。"面对流通"是说明沉淀的现金与流通

---

① 《马克思恩格斯全集》中文版，第13卷，第111页，北京，人民出版社，1962年。
② 印刷好的钞票是保存在"发行库"里。钞票从发行库取出是投入流通，进入发行库则意味着退出流通。

的联系，说明如果割断这种联系它们将一文不值①；"暂不流通"则是承认这些现金客观存在的现状。下面涉及现金以外其他形态的货币时也采用同样的说法。不过，"正在流通和准备流通的货币"和"面对流通而暂不流通的货币"云云，行文太长。如果把前者简化为"现实流通的货币"（或"现实流通货币"），那么相对应也可把后者简化为"潜在的货币"（或"潜在货币"）。至于这些表述是否恰当，自可另议。这里只不过是一种约定，约定在本书中自始至终分别用这些概念代表上面所交代的确定的内容。

根据如上说明，可把这些约定用图 2-1 表示。

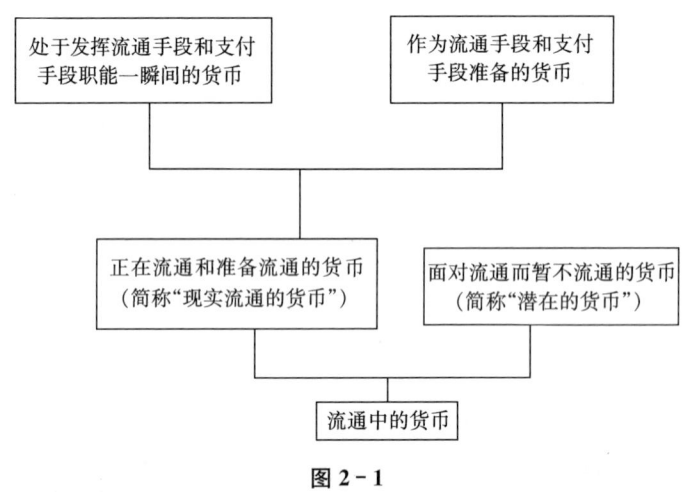

图 2-1

流通中的货币虽然分为现实流通的货币和潜在的货币，但两者并不是绝然割裂的。事实上，潜在的货币都是从现实流通的货币转化而来的。如工资收入，这是现实流通的货币。将其中的一部分存入定期储蓄，则其转化为潜在的货币。同样，潜在的货币也会转化为现实流通的货币。如父母把多年的储蓄分给等着用钱的子女，潜在的货币就转化为现实流通的货

---

① 其实贮藏的金银也是"面对流通"的，马克思曾这样说："如果贮藏货币不是经常渴望流通，它就仅仅是无用的金属，它的货币灵魂就会离它而去……"（《马克思恩格斯全集》中文版，第13卷，第121页，北京，人民出版社，1962年）如果说区别，恐怕在于失去"货币灵魂"之后的金银还不会一文不值。

币。从总的趋势来看，在正常情况下，现实流通的货币转化为潜在货币的金额大于潜在货币转化为现实流通的货币的金额。

下面谈非现金形态的货币。

存款种类

我国银行的存款，按公布的金融统计资料来看，有这样几大类：企业存款，财政存款，基本建设存款，机关、团体、学校、部队存款，城镇储蓄存款，农村存款。

企业存款包括国营工业、商业和农场的存款。这类存款有两种账户。一是结算户存款。这是企业为了保证生产、流通正常进行而持有的流通手段和支付手段的准备，企业经常据以开出各种凭证以结清各种商品劳务的价款和履行向财政缴纳和向银行还本付息等支付义务。从货币流通角度来看，这种存款与作为流通手段和支付手段准备的现金在性质上是相同的。二是专用基金存款。其中主要有基本折旧基金存款、大修理基金存款、福利基金存款和生产发展基金存款等。对企业来说，这些基金都是派有用场的，区别只是有的当前即要派上用场，有的可能本年度不具体安排使用。至于像个人以储存现金为目的的那种储存，在企业中可以说没有。这就是说，从经济性质上看，企业存款都是流通手段和支付手段的准备。不过毕竟有支用时间长短之别，就如同现金准备，其动用时间长短有别一样。为了研究方便，对于计划期内不动用的存款则归之于"面对流通而暂不流通的货币"或简称为"潜在的货币"的范围之内。

财政存款是指各级财政金库的存款。金库存款只有一种账户，但也可划分为两部分。一是日常收支过程中的存款，这是支付手段的准备，用来准备向各企业、各经费单位拨款。这里没有流通手段的准备，因为金库的款项只是向各单位拨款而不直接购买。二是在财政收大于支的情况下的财政结余。过去，结余一般是不列入下年度开支计划的，因而是典型的潜在的货币。不过情况如果出现较大的变化，结余也会动用。如1979年财政出现赤字，就多年累积下来的结余都动用了。这则是潜在的货币并非彻底退出流通并且有可能转化为现实流通的货币的典型例证。

基本建设存款过去主要是靠财政拨款形成的，现在则日益有数量不断增大的各项预算外资金以及银行的贷款。但不论资金的来源如何，基本建设单位的存款是要用来购买和支付的。

机关、团体、学校、部队等靠预算拨付经费的单位，它们的存款过去都是流通和支付的准备，现在允许结余留用，并且银行还为之开办了定期存款。这样，在这类存款中也出现了一定比例的潜在的货币。

财政存款，基本建设存款，以及机关团体存款，习惯上称之为财政性存款。现在如果使用这个概念，则要注意基本建设存款来源中所发生的变化。

储蓄，在我国，只是指居民个人的储蓄。在发表的金融统计资料中，城镇储蓄是单列一项的，农村的储蓄包括在农村存款这个项目之中，没有单列。不过有关部门也经常公布城乡储蓄总额的数字。储蓄存款，不论是城镇的还是农村的，基本分两大类：活期储蓄和定期储蓄。活期储蓄，在我国，不能据以签发用于转账的结算凭证，只能随时提取现金。一般说来，它们是个人用于购买和支付的准备，不过事实上，活期储蓄也有一个相当的部分是不动用的，属于潜在货币的性质。定期储蓄，在我国实际上有"定活两便"储蓄的性质。因为只要有一般证件，未到期的定期储蓄可以随时提取，只不过不按定期利率计息而已。总的看来，提前提取的比例不大。至于定期存单则禁止流通。所以，如果粗略地说，定期储蓄是潜在的货币。

最后一项是农村存款。除上面谈到的农村储蓄外，其余的部分是公社各级组织和各级组织所属工副业单位的存款。其中,如社队费用存款和社队企业存款属于保证日常开支的性质,是购买和支付的准备。专用基金存款,如公积金、公益金、基本折旧基金等存款,部分是当前要支用的,这是现实流通的货币;部分则是当前没有安排支用的(有时是有钱但没有合适的支出途径而花不出去),则是潜在的货币。现在农村的党、政和经济管理体制正在变动的过程之中,今后银行所用存款科目的名称和存款所反映的内容自然也会相应地发生变化。

根据上面的说明,可以看出,全部存款,从货币流通角度看,与全部现金一样,也分为两个部分:一是现实流通的货币,如各种经营组织在银行的结算存款,财政金库存款,基本建设存款,机关、团体、学校、部队等经费单位的存款,活期储蓄等属于这一类;二是潜在的货币,如财政结余存款,经费单位的定期存款,定期储蓄等。至于各种专用基金存款,有的基本上是潜在的货币,有的则部分是潜在的货币;不属于潜在货币的,就是现实流通的货币。

结算中的货币

在分析现金时,曾经谈到正在发挥流通手段职能或支付手段职能那一瞬间的现金。这时,现金的运动过程不过是付者和收者授受之间只用几秒钟、几分钟即可完成的过程。所以在现实生活中,这一过程实际上是从不被当作一个独立的过程加以看待的。而当通过存款的转账来完成同样性质的过程时,情况就不这么简单了。存款转账的基本点是:从付款人的存款账户付出付款人所要求付出的款项,然后再把这笔款项收入收款人的存款账户(实际上还有存款账户与贷款账户之间以及贷款账户与贷款账户之间的转账,但性质是一样的)。如果付款人和收款人在同一城市的同一银行分支机构开户，从付款人账户付出款项并把款项收入收款人账户是同时办理的。这用不了几分钟，与现金收付在时间上没有什么差别。如果虽在同一城市但不在同一分支机构开户，过程就复杂了。比如用支票结算，收到付款人所开出的支票的收款人要把支票交给自己的开户银行，收款人的开户银行要求付款人的开户银行把支票所列款项从付款人账户付出，付款人的开户银行要把款项从付款人账户付出并通知收款人的开户银行，然后收款人的开户银行把款项收入收款人账户。在这种情况下，一付一收的间隔短则半日，长则一日。要是付款人和收款人不在一个城市，那么付款人的开户银行付出款项并通知收款人的开户银行收账的过程，短则一天，长则几天甚至更长。这就是说，货币正在发挥流通手段与支付手段职能的那"一瞬间"已经延长到以日计，从而也就使得处于这一瞬间的货币取得了独立的形态。对于这种形态的货币，金融统计中标为"汇兑在途资金"，习惯也称之为"结算中的货币"。这种货币的数量甚大，如果把它视同存款，则在存款总额中可占到百分之好几。

银行自有资金

银行自有资金是由财政历年拨给的信贷基金和结益上缴财政之后留归银行支配的历年滚存这两者所构成。相应地有两个账户：信贷基金账户和损益账户。损益账户上留归银行支配的结益要转入信贷基金账户。那么，信贷基金账户上的货币金额是不是货币呢？

这似乎是一个奇怪的问题。但是，如果研究货币流通（后面将会看到，如果研究财政信贷综合平衡），把这个问题说清楚是很必要的。

我们应该说，信贷基金账户上的货币金额，与一般存款一样，也是货币。从财政增拨的信贷基金看，如果我们承认财政金库存款是货币，是作为支付手段的准备，把它们拨给企业、单位，企业、单位就可以现实地用以购买和支付，那么其中的一部分从金库存款账户上转到信贷基金账户上，显然也不会改变其作为货币的性质。再看银行的结益。银行各项业务收入满足各项业务支出后，其余额是结益。收入以贷款利息收入为主。贷款企业等单位向银行支付利息等靠的是存款，这些存款，如前指出，是流通中的货币。这就是说，银行的业务收入是收入了流通中的货币。收入的同时有业务支出。各项业务支出的一部分转入收款单位的账户，也有一部分用现金支付进入个人手中。但不论是存款转账还是现金支付，都继续构成流通中货币的一部分。收入大于支出是结益；结益的一部分要上缴财政，而转为财政金库存款的银行结益，与其他金库存款一样，仍然是作为货币继续其运动的过程。银行的业务收入是货币、银行的业务支出是货币、结益上缴财政的部分是货币，留下的结益，自然也没有理由不是货币。

问题是信贷基金是处于怎样状态的货币。财政向银行增拨信贷基金的金库存款是支付手段的准备，全部是现实流通的货币。贷款企业向银行支付利息等所用的存款是流通和支付的准备，也是现实流通的货币。当然，不排除有些是由潜在货币转化来的。银行的支出，增加了收款单位的存款和个人的手持现金。其基本部分会构成现实流通的货币，部分则转化为潜在货币。上缴财政的结益，财政是要拨出的，拨出后，转化为潜在货币的是小部分，大部分也是现实流通的货币。总起来说，财政的拨款、银行的业务收入、银行的业务支出和银行向财政上缴的结益，处于这些过程中的货币无疑都是现实流通的货币；在其前、在其后，会发生一部分现实流通的货币和潜在的货币之间的相互转化，但主要部分是作为现实流通的货币而运动的。然而货币一旦进入信贷基金，则全部立即转化为潜在的，而且从未出现过从潜在货币再转化为现实流通货币的过程。除非财政要求收回过去增拨的信贷基金。此外，当大量处理呆滞贷款以至这种损失不是当年结益所能弥补了的，那就会提出动用信贷基金问题。不过由此冲减掉的信贷基金只是意味着相应的潜在货币彻底地退出流通。

活放活收贷款的未动用限额

活放活收贷款，也称"存贷合一"贷款，其未动用的贷款限额是否应该视同货币，这是最近几年才提出来的一个很有意义的问题。

这种贷款要开立往来账户，约定在允许利用该账户进行开支的范围内，企业可签发结算凭证，相应的金额则作为贷款记入账户的付方；约定应该收入该账户的一切收入则记入账户的收方，用以归还贷款。为了控制贷款，对贷款余额规定一个最高额，这就是限额。就一定时点来看，贷款单位可以在未动用限额的范围内签发结算凭证。比如限额是 10 万元，如果未归还的贷款余额有 6 万元，那就是还有 4 万元的限额尚未动用。这时，贷款者可以签发结算凭证的金额以 4 万元为度。

把这个未动用的 4 万元限额视为货币，猛然想来，似不怎么合乎情理。比如与存款来比较，存款是记在账页上的金额，在任何时点上，它都是一个明明白白的确定数字。限额则只是一个约定，从道理上说，可以采用任何形式记载在任何地方。如果说限额总还有一个明白的表示，那么未动用的限额则无直接的表示；只有用限额减去未归还贷款的余额才能得出。再者，存款不论金额多少，对存款人来说，他对这个金额的所有权是确定无疑的，不经法律程序，旁人——包括银行在内——无权更动。而未动用的限额，到一个约定期满之后，由于重新约定，则可大、可小；乃至全部取消。无直接金额表示，无所有权关系，如果只想到这里，这个未动用的限额是难以称为货币的。问题是在现实生活中，有这 4 万元未动用限额，就可在 4 万元的限度内开出结算凭证，这与有 4 万元存款从而可以在 4 万元限度内开出结算凭证完全一样。不论是根据存款开出的结算凭证，还是根据未动用限额开出的结算凭证，对收款人来说，是毫无区别的，他们都能据以取得归自己支配的货币。我们要是进一步从货币不过是人与人的关系的体现这个深度来看，问题也不难理解：现金是一种证明，表示国家赋予的购买和支付的权力；存款也是一种证明，表示国家赋予的购买和支付的权力；未动用限额虽然无直接表示，但确定无疑也意味着国家提供了购买和支付的权力。因而，如果现金和存款可以成为充当流通和支付准备的货币，那么这个"无形"的未动用限额同样也可以成为充当流通和支付准备的货币。不过后者却绝不能成为潜在的货币，因为约定到期，无论还有多少未动用的限额，都将失效，而约定通常是以季度为期的。

流通中货币的图示

根据以上说明，可以看出，流通中的货币是以四种形态存在的：(1) 现金；(2) 各种存款；(3) 活放活收贷款的未动用限额；(4) 银行的自有资金。其中银行自有资金永远是潜在的货币，未动用限额则都是现实流通的货币，现金和存款则既有前者又有后者。现用图 2-2 表示（为了简化，各项存款就其主要使用情况分别划入现实流通的货币与潜在的货币的范围）。

第三节　流通中的货币量和货币必要量

流通中货币量的层次

流通中的货币有个数量问题。根据上节分析，其总量无疑是现金总量、

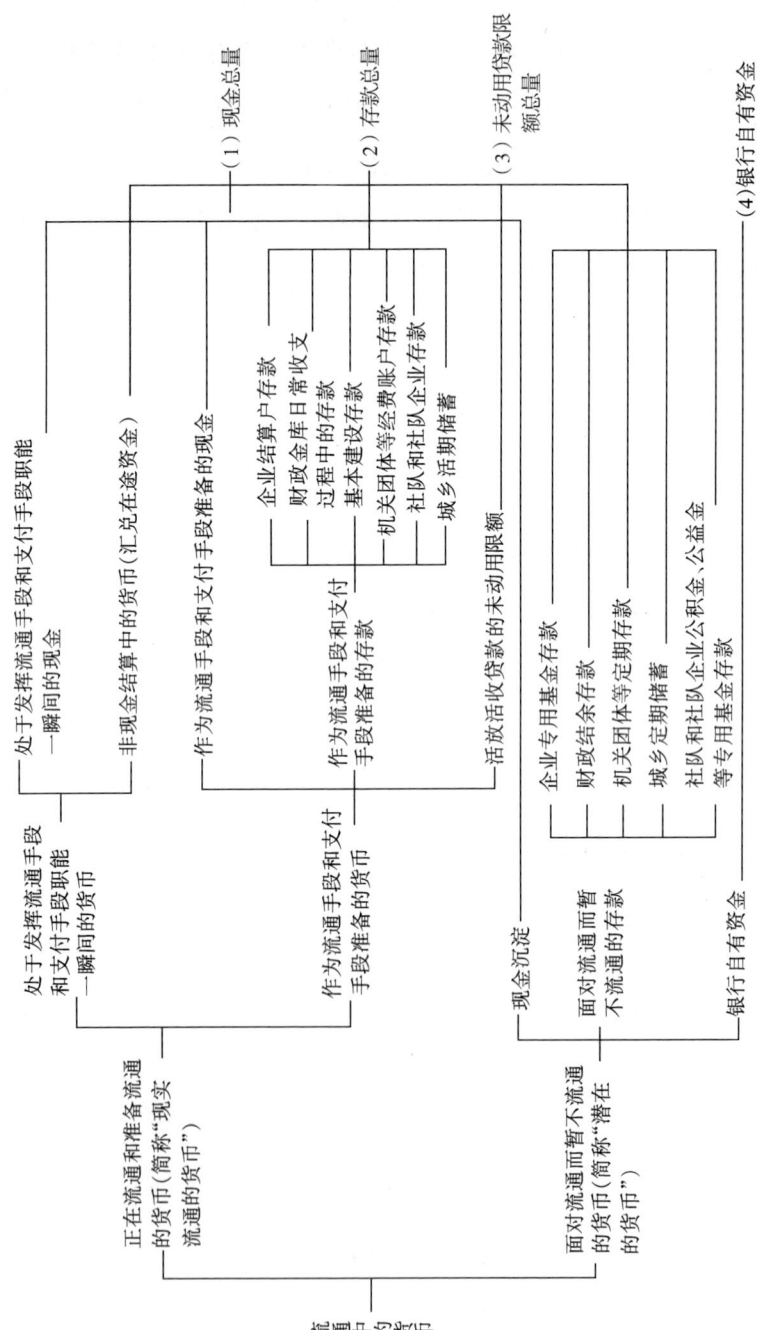

图 2 - 2

存款总量、未动用贷款限额总量和银行自有资金这四者的和。但流通中的货币总额中，有的是正在流通着的，有的是暂时不流通的；有的是现金形态，有的是非现金形态；等等，所以计算数量时必然有个口径问题、层次问题。

要划分怎样的口径和怎样的层次，不同口径和不同层次应包括哪些项目的货币，理论的划分与实际的统计工作如何协调起来，等等，有好多问题需要专门进行研究。在这里，只是在本书所必要的限度内，粗略地谈两个问题。

第一，对于货币量的计算至少要划分为两个层次：一是正在流通和准备流通的货币量，即简称的现实流通的货币量，我们以 M_{sc} 表示；二是流通中的货币量，我们以 M_s 表示。流通中的货币量减现实流通的货币量是面对流通而暂不流通的货币量，即简称的潜在货币量，我们以 M_{sp} 表示。则：

$$M_{sc} + M_{sp} = M_s$$

流通中的货币量 M_s 看来像是比较易于统计的。但也不完全是这样。比如，活放活收贷款的未动用限额就没有现成统计项目可资利用。再如，投到流通中的现金，有的受水火灾害已经消失了，有的被埋藏起来而埋藏的人去世了以至不知何时才能重见天日，这些货币事实上已经退出流通。同样，有些存款已经不会再有人来支取，习惯上称之为"死户"，也是退出流通的货币。这一些都是无法直接计算出来的。但对比说来，不论是现实流通的货币量，还是潜在的货币量，较之流通中的货币总量，则更难计算。主要原因是很难把现实流通部分和暂不流通部分之间的界限划清。从上节的分析可以看到，除去很少几个项目，如结算中的货币、未动用贷款限额和银行自有资金这几项非此即彼外，其他都是两者混在一个项目之中。比如现金，从总量上看，是分不出有多少是沉淀的；再如，专用基金账户,有些看来大部分是潜在的货币性质,但也分不出有多大部分还是现实流通的。从定性上说,划分不难,问题是要定量。对此则恐怕需要做长期的典型调查研究。

第二,现金量仍然需要单独统计。我们一直是很重视现金统计的,在这方面有系统的数字和经验。当讨论到流通中的货币不只限于现金时,曾有人怀疑是否也要否定对现金的统计和分析。其实这是误解。我们需要统计和分析一个更大、更全面的货币量,但绝不意味着要否定对其构成部分的统计和分析。现金之所以需要单独统计和分析,最根本的原因在于消费资料的分配主要是借助于现金的运动实现的。而且现金运动在整个货币量运动中所占的比例,在客观经济条件变化不大的情况下,是相对稳定的。所以,透过对现金的研究,也可看到整个货币流通的问题。

需要指出的是,现金量按理说只是一个统计口径,而不能算是现实流通的货币量这个层次下面的一个子层次。因为现金量中是包括沉淀现金,即潜在货币在内的。不过,上面说过,在具体统计中要把沉淀现金划开不那么容易,因而只好把现金量视为全部是现实流通的货币。可以设想,由于沉淀现金在现金总量中的比例有其规律性,所以这样处理并不影响统计分析的结果。在实际的统计工作中,存款也不能不按这样的原则处理:主要是服务于现实流通的存款账户,其金额全部算作现实流通的货币;主要是暂不动用的存款账户,其金额则全部算作潜在的货币。当然,需要注意的是,在客观条件变化时,这种比例将会随之变化,如果不研究这种变化的影响,就会作出错误的判断。关于这点,下节还要谈到。

如果以 C 表示现金量,以 D_c 表示现实流通的存款、未动用贷款限额和结算中的货币之和,则:

$$C + D_c = M_x$$

这样,流通量的统计层次见图 2-3。

再说一遍，这里的 C 实际上包括性质上属于潜在货币的现金沉淀。把它全部视为现实流通的货币只不过是统计上的从权处理。

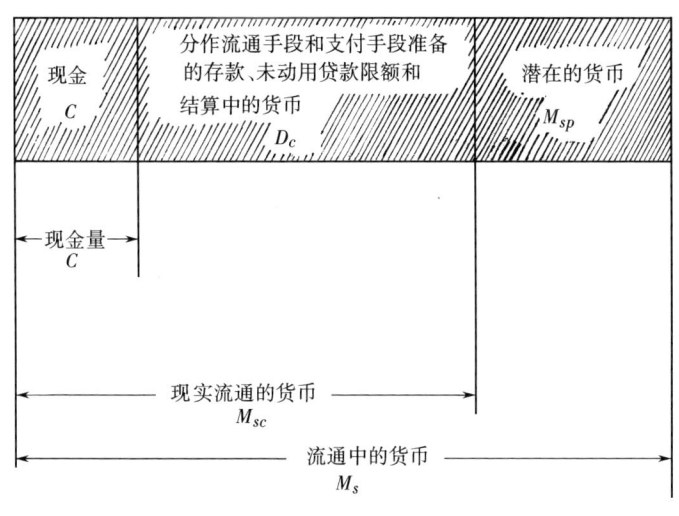

图 2-3

货币必要量

上面我们一直是从现存于流通之中的货币状况来分析的，那么，这些货币是多还是少，则涉及流通中货币必要量的问题。马克思是这样提出问题的："究竟有多少货币不断地被流通领域吸收"[①]。

关于流通中货币的必要量，马克思列出了一个大家所熟知的公式，即：

$$\frac{商品价格总额}{同名货币的流通次数} = \frac{执行流通手段}{职能的货币量}$$

如果以 P 表示价格水平，Q 表示商品数量，V 表示流通次数，也即流通速

---

① 《马克思恩格斯全集》中文版，第 23 卷，第 136 页，北京，人民出版社，1972 年。

度，M_{dc} 表示货币必要量，则公式可表示为：

$$\frac{PQ}{V} = M_{dc}$$

这是基本公式。加上对支付手段的需要量，公式的性质也不会改变。

这是一个经常被引用的公式。但在引用时却往往忽略了一点，即这个公式是马克思就金属货币流通的条件制定的。公式的核心内容是商品价格总额决定货币需要量，但更核心之点还在于这里所说的价格是在商品进入流通以前就具有的，用马克思的话说，就是"货币使具有价格的商品即已经在观念上等于一定金量的商品流通"①。其所以如此，是因为这里说的价格是用货币金属数量表示的价格，这种价格并非取决于流通过程，而是取决于生产过程，即取决于生产商品和生产货币金属的劳动生产率。正是从这点出发，在马克思的公式中，只能是公式的左方决定右方，而不能逆转。至于流通中现存的货币如果过多或过少，则由流通中货币转化为货币贮藏和货币贮藏转化为流通中货币的机制来调节。而当经济生活中完全排除了货币金属流通的时候，不论是国家强制发行的纸币，还是不兑现的信用货币，都要服从于纸币流通规律，那就是"纸币的发行限于它象征地代表的金（或银）的实际流通的数量"②。纸币如果发行过多，则纸币票面的单位，如镑、元代表的金量即相应下降，以镑、元所标示的价格即相应上升。这就是说，对于用纸币票面上的单位所标示的价格来说，纸币的数量则是一个决定因素。对此，马克思没有进一步列出式子。但就马克思从金属货币流通到纸币流通的全部论述来看，必然形成如下的左右方互为因果的恒等式：

$$\frac{PQ}{V} \equiv M$$

---

① 《马克思恩格斯全集》中文版，第 13 卷，第 93 页，北京，人民出版社，1962 年。
② 《马克思恩格斯全集》中文版，第 23 卷，第 147 页，北京，人民出版社，1972 年。

在这个恒等式中，当 P 为给定的，则 P 决定右方的 M，这时的 M 是货币必要量；当右方的 M 表示给定的货币供应量时，则 M 反转过来决定 P。

我们现实经济生活中的货币流通是排除了金银的流通，我们所要研究的是当我们所要求的价格水平给定时货币应该供应多少，以及货币供应多少对价格的反作用问题。显然我们需要利用的是上述包含金属货币流通规律内容的恒等式，而不是马克思就金属货币流通条件下所制定的那个必要量公式。因为如果用后一个公式，既不需要考虑价格给定与否这个前提，更不存在货币量反过来决定价格的问题。

与货币必要量相对应的是现实流通的货币量

货币必要量是指流通过程对于流通手段和支付手段的必要量，与它相对应、相比较的只能是正在流通和准备流通的货币量，而不是流通中的货币总量。因为按照我们上面的约定，在后者之中还包括着潜在的、暂不流通的，即不仅不是正在流通和支付，而且也不是现实地处于流通准备和支付准备状态的货币量。

潜在的货币有没有一个"必要量"的问题呢？过去曾经有所议论。比如农民愿存钞票，这种存钞票的愿望和可能是否也意味着是一种客观的需要？对于类似的问题似乎没有什么比较满意的解释。不过我们日常对货币必要量一直是理解为"待实现"的商品和"待支付"的支付义务对货币的需要。显然这是一种对处于现实发挥职能状态的货币的需要。所以，当我们把通常所理解的货币必要量与现有的货币总量相比较时，从理论上讲是需要把潜在的货币排除在外的。至于潜在货币有无必要量的问题可以另议。

虽然不宜于把潜在的货币混入与必要量相比较，但并不是说在这种比较中潜在的货币毫无意义。因为当流通中货币量已定时，潜在的货币量与现实流通的货币量之间存在着相互消长的关系：一者增大，则另一者相应缩小；一者缩小，则另一者相应增大。所以，潜在货币量的多少对于现实流通货币量与货币必要量比较的结果至关重要。比如货币必要量是 1 000 亿元，流通中的货币量是 1 500 亿元，如果潜在的货币量是 500 亿元，那就是说现实流通的货币量是 1 000 亿元，现实流通的量与必要量相符；如果潜在的货币量是 400 亿元，那必然意味着现实流通的货币量过多。在后一种情况下，只要有可能使潜在的货币量增大 100 亿元，那么现实流通的货币量就会从过多变成不多不少。

问题是，潜在货币的形成有没有规律性。恐怕规律还是有的。比如，现金沉淀和居民长期储蓄的多少显然与居民货币收入的增减变化和物价水平的稳定程度等因素有着直接的联系；企业专用基金积存的规模和时间长短显然与资金管理体制的变化和经济发展的状况有直接联系。类似的情况中存在着规律性是无疑的。另一些项目，如财政结余能否动用、银行自有资金的必要规模等问题，则取决于保持财政信贷综合平衡的需要，这在后面将要论到。所以，对我们来说，恐怕注意力应是集中于对这些规律本身的探讨。如果确有"必要量"的问题，那也未尝不可把现在的必要量观念加以扩大。

现实流通的货币量是否必须符合客观需要，符合或不符合将有如何的后果，这是一个重大的经济问题，对此我们将在下节讨论。在这里，还有两个问题需要说一说。

分析现实经济问题必须估计 V 的变化

V，即货币流通次数，或叫货币流通速度，是决定货币必要量的一个要素。而它的本身，又受许许多多的因素制约。马克思在分析决定货币必要量的诸因素也包括货币流通速度这个因素的时候，曾经指出，它们"都依赖于商品世界的形态变化的过程，而后者又依赖于生产方式的总的性质、人口数、城乡关系、运输工具的发展，依赖于分工的粗细、信用等等，——简言之，依赖于一切处于简单货币流通之外而只反映在简单货币流通中的情况"[①]。

正是由于是受很多因素所制约，各因素的作用相互均衡，所以 V 的变化幅度，按年度来看，一般是比较小的；只有看几年、十几年，才会看出较大的变化。因而，在理论探讨中，往往把它假定为不变的。变化小——事实上有时变化也不小——并不等于不变。所以，在理论分析过程中暂且假定它不变则可，如果分析到现实经济生活，假定它不变就不能作出正确判断。

可以举个简单例子说明。假定商品价格总额是 1 000 亿元，平均流通速度是 8，则货币必要量是 125 亿元。如果现在恰有 125 亿元的货币在流通，即现实流通的货币量与必要量相符合。比如在这个基础上计划明年的货币流通，已知商品价格总额增长 5%，即达 1 050 亿元，按流通速度是 8 计算，则货币量应该是 1 050÷8＝131.25 亿元，或者说，比现在应增 6.25 亿元。问题是流通速度不可能不变。假如由于种种原因，速度加快到 8.2（这不是很大的变化），则货币必要量应是 1 050÷8.2＝128.05 亿元，即计划年度只应增加货币量 128.05－125＝3.05 亿元。计划应增 6.25 亿元，实际只要求增加 3.05 亿元，这就是说，计划的误差达一倍（6.25/3.05＝2.05）。假如由于种种原因，速度不是加快而是减缓到 7.8（这也不是很大的变化），则货币必要量是 1 050÷7.8＝134.62 亿元，即计划年度

[①] 《马克思恩格斯全集》中文版，第13卷，第95页，北京，人民出版社，1962年。

应增加货币量 134.62－125＝9.62 亿元。假如真的增加了这么多,从客观上说,正好满足了需要。但如果就假定流通速度不变的原计划应增加货币量 6.25 亿元来看,则实际比计划超过 50%,这往往就要引起人们对货币流通状况的忧虑。但问题是,使人忧虑的货币量比照必要量却基本符合;如果真是硬卡 6.25 亿元,倒会出现货币量不足的矛盾了。

所以,对于 V,既要看到它在年度之间变化较小的特点,也要看到它的确是一个处在不断变化中的变量。当客观经济条件变化较小时,它的变动幅度会很小;反之,则会随之出现较大的变化。如果估计不到这种变化,实际上我们也就难于比较近似地了解客观对货币的需要量。V 较之决定货币必要量的其他因素都难于把握,这是应该作为一个重要的课题来研究的。

一定时点的货币量与一定时期的平均货币量

上面反反复复地谈货币必要量、实际存在的现实流通的货币量以及潜在的货币量等,但没有明确时间观念。如果带上时间,那就必须作出相应的约定。

在现实生活中,流通中的货币数量是无时无刻不在变化的:年度之间不同,季度之间不同,月度之间不同,每天之间也不同。货币之进入流通和货币之退出流通是每时每刻都在发生的,所以极而言之,每分、每秒的货币量都是不同的。在这种情况下,如果要说出客观上实实在在存在的货币量,那其实只有各时点上的货币量,如某日某时某刻那一瞬间全国有多少货币等。在时点上的货币量是指现实存在多少,我们通常称之为"余额"或"存量"。

当然不能这样地"如实"统计货币量,因为一日之内的瞬间也是无穷多的。现在我国的货币量统计是以天为基本单位，而所谓的某年某月某日的货币量实际上是吞吐货币的银行每日营业结束之际那个时点上的数量。在这个基础上，月的货币量如果指的是月平均量，要求计算得细一些，可以是全月每天货币量的平均，粗一些，也可以是月初和月末两个时点货币量的平均；同样，年的平均货币量，细一些，可以是全年每天货币量的平均，粗一些，也可以是年初加年末货币量的平均。当然，对有些问题的分析，也可用月末货币余额、季末货币余额、年末货币余额这样的数字。

上面说的是对现实存在的货币量的统计问题，至于必要量，从原理上说也是如此。不过实际上不可能计算每天的货币必要量，而只能计算某一时期，如年度的货币必要量。必要量的计算，原则上都采用如下的方法：以报告期的一定口径的货币量（理论上应是现实流通的货币量，实际上只能用现有统计口径的量，如现金量、现金量加某些存款量等）同对应的指标（如社会商品零售总额、生产资料与生活资料全部销售额等）对比并求出比值，并参酌历史上比值的变化趋势和考虑今后客观经济条件变动对比值可能发生的影响，对比值加以修正，然后再用这个经过调整的比值与对应的计划指标计算出计划期的货币必要量。一般说来，对应的指标是年度的，一定口径的货币量当然也要用年度的平均量，如此计算出的货币必要量也是年度的平均量。

第四节　市场供求

货币流通与市场供求

上面几节探讨的都是货币的运动。但货币运动只是再生产过程的一个方面，它与商品运动相并存，并且不可能摆脱商品运动而独立存在。

当然，在很多场合，如课税和财政的拨款，如存贷和利息的支付，如发放工资，如交纳各种费用，等等，货币被用来进行的是单方面的支付——没有商品（也包括劳务）与之相对流的单方面的支付。然而，如果我们追踪每一枚货币，就会看到，实现种种单方面支付的货币终归要与商品相换位。比如，企业缴纳税款是依靠出售商品的收入，而通过课税集中的财政收入又会拨给各单位或用于购买各种物资，或用于发放工薪，而发放的工薪又会用于购买消费资料，等等。的确也有一部分货币，它们只是为了满足支付的需要而进入流通，完成了支付任务就退出流通。比如，有时各企业之间存在着大量的拖欠，而且具有我欠你、你欠他、他又欠我的循环性质。这时，银行贷出一笔货币使我还你、你还他、他还我，最后我归还贷款。显然，货币在进入流通和退出流通之间只起了结清债务的支付手段作用。不过，这样的货币在货币总量中所占份额甚小，而且往往还是只在特定情况下进入流通的，所以并不因此而否定货币必然面对商品的规律。

既然货币总是面对商品并要与商品相换位，所以货币构成了社会购买力，构成了对商品的需求。而商品物资则构成了"供给"，与购买力、与"需求"相对应。这就是市场供求问题。再进一步看，购买力、需求，其承担者是现实存在的货币，而"供给"，即待销售的商品，其价格总额则是货币必要量的决定者。很显然，市场的供求关系也就是现存的货币量与货币必要量的关系，是一而二、二而一的问题。

上节指出，在现时的经济生活中，实际上货币流通的规律是：

$$\frac{PQ}{V} \equiv M$$

这个公式无疑可变换为：

$$PQ \equiv MV$$

PQ，这是一定时期的商品供给，这无须解释。问题是 MV。M 是货币量，

V 是流通次数，一元货币流通一次形成一元的购买力，M 元的货币流通 V 次，那就是 MV 元的购买力。所以 $PQ\equiv MV$ 也就是市场供求平衡的公式。$PQ\equiv MV$ 与 $PQ/V\equiv M$ 它们本是同一个恒等式，如果说区别，则前者是累计发生额或周转额的表示形式，后者是余额的表示形式。所以，货币必要量与现存量的关系同市场供求的关系这两种关系的差别，只不过是一个问题的余额方面和周转额方面的差别而已。

现实的购买力与潜在的购买力

货币是购买力的体现，然而货币有现实流通着的货币与潜在的货币之别，所以购买力也相应地区分为现实的购买力与潜在的购买力。

现实流通着的货币构成现实的购买力。由于在一定期间，如一个计划年度，一枚现实流通着的货币可以流通多次，所以作为累计发生额的现实购买力数倍地大于现实流通着的货币余额。至于潜在的货币，由于它是不动的，所以潜在的货币量同由它体现的潜在的购买力是同一个金额。

就如同现实流通的货币与潜在的货币可以互相转化一样，现实的购买力与潜在的购买力也可以互相转化。同样，正常的趋势是现实购买力之转化为潜在购买力的量大于潜在购买力之转化为现实购买力的量。

上节我们还指出，与货币必要量相对应的是现实流通的货币量，同样的道理，与商品供给相对应的也只应是现实的购买力而不应是包括潜在购买力在内的购买力总额。不把这个问题说清楚，有时会造成一些不应有的误解。比如，我们通常是把当年形成的所有购买力称为社会购买力总额（考虑到当年形成的购买力转到下年实现和上年购买力转到本年实现的数字）并拿这个总额与可能供应的商品供给总额（考虑到库存增减的变化）来比较，并把其差额称为供求差额或缺口。然而形成的购买力中总会有相当部分转化为潜在的购买力，本来它并不需要商品供应。但是现在没有把本来不要求商品供应的购买力剔除，于是供求平衡的局面就会被表述为供不应求的局面；而供不应求的局面则会被夸大其严重程度。

消费资料的市场与生产资料的市场

多年来，我们一提市场，主要就是指消费资料的市场。具体地说，就是指国营商业与供销合作社对于消费资料和一部分农业生产资料的经营活动再加上集市贸易。农副产品的收购倒也未被排除在市场范围之外，但它作为一个单独领域来看待的，不属于通常说的市场概念。至于大量的生产资料，它们的价值实现过程则被认为与市场无关。

近年来，由于生产资料是商品这个问题已得到解决，生产资料也有一个市场的观点已被大家接受。不过由于多年的习惯，人们往往易于把生产资料的市场只理解为工厂之间、地区之间可以自相调剂、可以自议价格的部分。其实，这个市场应包括一切生产资料实现其价值的运动，即应把国家计划分配的那部分生产资料的运动也看作是这个市场的构成部分，而且是主要的构成部分。

在这本书中，泛泛提市场时，就是指既包括消费资料又包括生产资料的市场。不过，在谈到我国的具体经济情况时，由于各个方面对市场概念的运用仍然较窄，所以引用的往往还是消费资料市场的情况和数字。

供求的平衡与不平衡

上一节提出，现实流通的货币量是否与货币必要量相符合的问题要在本节加以分析。从前面的分析可知，货币的现实流通量与必要量的关系也就是市场上的商品供给与现实的购买力是否平衡的问题。

货币的现实流通量与必要量相符合，也就是说，市场的供求平衡，这当然是理想的状态。在这种情况下，商品可以顺利地转化为货币，货币所体现的购买力也可以顺利地转化为所必要的消费资料或生产资料，同时物价保持稳定。

如果货币的现实流通量小于必要量，则在市场上是供过于求；如果货币的现实流通量大于必要量，则在市场上是供不应求，两者都是陷入了不平衡的状态。在我们的经济生活中，后一矛盾是主要的，因而下面也主要就这种情况来分析。

现实流通的货币过多，造成了供不应求，其表现是很复杂的。在这种情况下，如果对市场物价没有任何行政性的干预，其结果将是物价上涨；当上涨的价格把过多的货币吸收并从而形成新的平衡时，价格上涨的过程停止。上面提到的恒等式 $PQ \equiv MV$，之所以恒等，就是因为有市场的客观规律所决定的这种经济机制。需要说明一点，如果是就已经发生的经济过程来说，这个方程之所以恒等，是表明任何期间已实现的商品供给总额与同一期间已实现的购买力总额必然相等。

如果对价格进行干预，比如不允许涨价，而且假定干预是全面的并有可能不打折扣，那就会使过多的购买力不能实现。矛盾要是累积下去，则会发展到不能控制而使干预全面失败。实际上，全面的干预是行不通的。在消费资料方面，我们的认识比较明确：全面控制所有消费品的价格是不行的，只能控制主要消费品的价格；就是主要消费品，每种消费品的价格也只能控制其供应量的一部分或大部分，而不能是全部。因为不如此，就不能给多余的购买力以转移的余地；购买力无公开转移之余地，则会转移到黑市上，造成不能控制的黑市价格。然而对于生产资料，在我们的经济理论中，过去很长时间，几乎根本不承认它们的价格会有波动。甚至直到今天，在我们的统计指标体系中也没有生产资料的价格指数。问题是，生产资料的价格同样会发生波动是客观的事实。不过由于对生产资料的价格管理更严一些，所以它们的价格波动往往以曲折迂回的形式出现：如价格不涨而亏方短吨、降低质量，如要求搭配购买其他价高质次的产品和支付额外的费用，等等。不过当矛盾尖锐到一定程度时，计划的价格也不能不调整。应该说，这些情况早已一再证明，生产资料在现阶段并不能摆脱商品生产中客观规律的支配，而在实际工作中，事实上也不能不考虑客观要求而采用比较现实的政策。

如果对价格实行的是部分的干预，则会出现相伴随的两种后果：一是一种商品会存在多种价格。比如消费资料，在国营商业的牌价之外有集市贸易价；生产资料，在国家计划调拨价之外有各种议价；等等。二是购买力的实现或多或少地受到限制。比如，我们要保持粮食、食用植物油、布匹等生活必需品的零售价格稳定，就不能不配合着实行各种形式的限量供应；而在保持钢材、木材、水泥、煤炭等重要生产资料的调拨价格稳定的情况下，对这些产品的计划供应数量事实上不能充分保证；等等。总之，不论是在消费资料领域还是在生产资料领域，在部分干预之下，过多的货币，从而过多的购买力，会被价格的提高吸收一部分，而同时则还会留有一部分积累在流通之中构成对市场的压力。

以上说的是供不应求，而供过于求则会有相反的表现。不论是供不应求还是供过于求，供求只要不平衡，如无人为的干预，则会由物价的波动反映出来；如果要对价格进行干预，能够做的只是干预部分商品的价格或使物价水平的涨跌幅度减小，彻底排除在物价上的反映则不可能；如果供求不平衡成为一个长期的经济过程，那么不论采取怎样的控制物价措施，物价波动——不仅通过非法途径，也会通过合法途径——终归会成为供求矛盾的主要表现形态。所以，市场供求又归结为物价水平的问题。

供求、物价和国民收入的再分配

供求对比改变,从而引起物价水平的波动,必然导致国民收入的再分配。

还是从货币过多从而导致购买力过多这种情况来剖析。为了便于分析,在 $PQ \equiv MV$ 这个恒等式中设 Q 和 V 是给定的。假定现实流通的货币量大于必要量 5%,则购买力（MV）多出 5%,于是 P 上涨 5%。要是不允许价格上升并且真正控制住了,购买力总量中则会有 1－100/（100＋5）＝4.76% 的购买力不能实现。如果过多的购买力分布在国家、集体、个人之中,在各个经济部门之中,在各个地区之中,在各个阶层之中,分别使他们的货币收入同样增加 5%,显然,他们原有的实际收入对比不会改变。然而,过多购买力的形成总是与某一方面的可支配的货币收入增长较快联系着,因而国民收入的再分配是必然的。

设报告期的社会产品生产总值为 50 000,其中补偿和国民收入的比为 4∶6,即分别为 20 000 和 30 000,而国民收入的积累与消费的对比为 30%∶70%,即分别为 9 000 和 21 000。再设计划年度生产总值增加 4%,即达到 52 000,如果补偿部分需要与生产增长同比例地增长（当然,这只是为了简化分析而假设的）,则补偿基金应安排 20 800,而国民收入则可达 31 200。在这样的基础上,计划工人等劳动人民的货币收入增加 4%,即达到 21 840,则积累也可增加 4%,即达到 9 360。假如是这样安排的：一方面是生产增长从而供给增长,其总额是 52 000；另一方面是各种基金所体现的需求,其中补偿的需求为 20 800,积累的需求为 9 360,消费的需求为 21 840,其总额也是 52 000。这就是说,供求平衡。现在假定,由于急于求成等原因安排了激进的基本建设计划并由此引起了种种积累性开支的增加，最终使积累的支出增加到 11 960，即比可以增加的多增加了 2 600。其结果则是需求总额增加到 54 600，比可能的供给总额 52 000 超出 5%。发展可能有两种情况：

一个极端情况是物价上升 5%，从而供给总额增加到 54 600，供求出现新的平衡。但这时，货币收入提高了 4% 的劳动者，其实际收入却相当于原来的 21 840/21 000÷105%＝99.05，即不仅没提高，反而下降将及 1%。积累部分则大大提高了：名义上提高了 11 960/9 000－1＝32.89%，消除物价因素也提高了 26.56%。不过积累部分事实上提高不了这么多。这是因为物价上涨后，原来计划的补偿基金不能满足补偿的需要，而补偿事实上是不能压缩的，否则生产将下降。这就是说，要使补偿达到实际增长 4% 的要求，则需要补偿基金再增加 20 800×5%＝1 040。这时只要不再进一步增加购买力总额，这 1 040 则只能从积累部分转移过来。即积累实际不是 11 960，而是 11 960－1 040＝10 920，其实际增长速度也不是 26.56%，而是 10 920/9 000÷105%－1＝15.56%。结果：补偿部分为 20 800＋1 040＝21 840，占涨了价的生产总额的比例还是四成。而在占六成的国民收入中，积累和消费的比例却从原来 30%：70% 变成了 33.33%：66.67%。

另一个极端情况是把物价控制在原有水平，即供给总额仍是 52 000，结果是必将有 5% 的过多购买力，即 2 600，不能实现购买。如果没有其他行政干预措施，可以设想购买力不能实现的比例大体相当于货币收入的比例。这样，消费部分只能实现 21 840÷105%＝20 800；补偿只能实现 20 800÷105%＝19 810；而积累却有可能实现 11 960÷105%＝11 390。如前指出，补偿部分事实上不能少。那么要把补偿部分补足到 20 800，必须从积累转过来 20 800－19 810＝990。这样积累实际可实现 11 390－990＝10 400。与基期比，结果消费实际降低将及 1%，积累实际增加 15.56%，而在实际实现的 31 200 国民收入中，两者的比例则是 33.33%：66.67%。显然，这与物价上涨的结果是一样的。

实际情况比举例情况要复杂得多。比如，在物价总水平上涨的过程中，不同商品价格上涨的程度总是参差不齐的：有的商品价格上涨幅度大，有的则相对小些。人们的需求不同，如果需要的商品涨价较高而又找不到涨价较低的代用品，那就不得不蒙受较大的涨价损失；反之，如果需求可用涨价较低的商品来满足，所蒙受的涨价损失就会相对小一些。这种情况不能不影响到对社会产品占有份额的对比关系。设甲和乙原来对社会产品占有的份额相等，如为 $x\%$，如果甲必须购买的商品平均涨价 5%，乙必须购买的商品平均涨价 4%，当两者的货币收入不变时，甲占有的社会产品份额降到 $0.95x\%$，乙占有的份额降到 $0.96x\%$，即两者占有的社会产品份额从相等变为乙大于甲。再如，控制物价往往采取限量供应的办法，但不一定对所有商品都限量供应，限制的程度也不一定相同。如果某种生产或某一阶层居民的生活必须有较大部分要求由限量供应的商品来满足而又找不到代用品，那就必然有一部分购买力不能实现，从而对社会产品占有的份额就会相应下降。如果某种生产或某一阶层居民的生活对限量供应商品的依存性较小，则购买力不能实现的部分就会相应少一些，对社会产品占有份额的下降幅度也会相应小一些。如此等等，都意味着国民收入的再分配。

国民收入的再分配对再生产过程的影响是多方面的：它会影响到生产比例关系和生产结构，会影响到国家、集体和个人之间的关系以及人民的生活水平，等等。影响可能是好的、积极的，也可能是坏的、消极的。但不论影响是好是坏，是消极的还是积极的，这种再分配对国民经济能否顺利发展有极大关系则是肯定的。货币流通问题、供求问题、物价问题其所以重要，也就在于这点。

通货膨胀和通货紧缩

供求不平衡,也即现实流通的货币量与必要的货币量不符,其原因是多种多样的。但不论是什么原因引起的,最终都会极其简单地表现为商品与货币的对比关系。由于商品流通决定货币流通(是货币流通服务于商品流通,而不是商品流通服务于货币流通),所以比较的标准确立在商品方面。即要用商品方面的状况来衡量货币是过多还是过少,而不是用货币方面的状况来衡量商品是过多还是过少。这样,供求的矛盾,或货币流通的矛盾,不外乎两种:货币过多或货币过少,稍微确切一点说,即现实流通的货币量过多或过少。

现实流通的货币过多,称为通货膨胀;现实流通的货币过少,称为通货紧缩。在市场经济条件下,由于货币的多少会比较充分地由物价反映出来,所以物价上涨的指数称为通货膨胀率;物价指数不动称为零通货膨胀率;似乎还没有看到将物价指数的下跌幅度称为紧缩率的,不过有负通货膨胀率的说法。在我们这里,由于对价格实行计划管理,用物价来说明货币过多过少的程度是很不充分的。更由于必要量是难以直接计算的量,所以有时甚至连货币是多还是少也不易说清。关于这点在本节最后还要谈到。

膨胀和紧缩是好是坏,很难简单地作一般性论断。如果把问题作最抽象的考察,那么应该说只有平衡才最理想。由于货币本身,纵然是金属货币,也是"饥不可食,寒不可衣",当然更勿论各种非金属的货币符号了,所以货币无论如何多,其本身并不会增添物质财富。同时,过多的货币还会引起物价波动。这样看,膨胀一般说来是不好的。货币过少,会使有些商品的价值不能顺畅实现并从而阻碍生产的发展。显然,紧缩一般说来也是不好的。

然而客观情况很复杂，不宜简单地一概而论。比如在一定的条件下多投放一点货币也许可能有利于自然资源、物化劳动和活劳动的结合，从而会增加生产。如果这方面效益大于由于过分投放而造成的消极后果，那么对膨胀也不一定全然加以排斥。再如，在一定条件下少投放一点货币也可能有利于抑制不成比例的生产过度扩张。如果这方面的效益大于投放不足而造成的消极后果，那么对紧缩也不一定全然加以排斥。而且由膨胀或紧缩所引起的国民收入再分配，有时甚至可能还是必要的。不过，无论是膨胀还是紧缩，如果成为长期的趋势，那对再生产过程肯定是不利的。关于这个问题，下节还要进一步讨论。

生产比例是决定供求状况的基础

决定货币流通和供求状况的因素虽然多种多样，但最根本的还在于生产的基本比例。

用简单再生产的模型来说明这个道理可能比较容易一些。

马克思曾举出过合乎简单再生产比例关系的等式：

$$\text{I } 4\,000c + 1\,000v + 1\,000m = 6\,000$$
$$\text{II } 2\,000c + 500v + 500m = 3\,000$$

在上式中，核心的一点是 $\text{I}(v+m) = \text{II}\,c$。如果比例是这样，从任何一点或任何几点投入货币，最终的结果都是所有产品实现，货币回归到出发点。现在假定货币是从 II 部类补偿 c 的活动进入流通，则其过程归纳起来大体如下：

（1）II 用 2 000 向 I 购买生产资料用于补偿 II c，于是 II c 在物质形态上得到补偿。

(2) Ⅰ实现了 2 000 产品的价值，其销货收入按比例分解为 1 333 $\frac{1}{3}$ c、333 $\frac{1}{3}$ c、333 $\frac{1}{3}$ m。

(3) 1 333 $\frac{1}{3}$ c 要在本部类内部购买，于是Ⅰ又实现了 1 333 $\frac{1}{3}$ 产品的价值，其销货收入同样将按比例分解为 888 $\frac{8}{9}$ c、222 $\frac{4}{9}$ v、222 $\frac{4}{9}$ m、888 $\frac{8}{9}$ c 仍然要在本部类内部购买，于是又有相应产品的价值实现并将销货收入分解为 c，v 和 m，c 再次在本部类购买等。

如此继续下去的结果是，从 1 333 $\frac{1}{3}$ c 在本部类内部购买开始，共累积补偿了 4 000c，形成了 666 $\frac{2}{3}$ v 和 666 $\frac{2}{3}$ m。

(4) Ⅰ内部补偿 4 000c，连同一开始Ⅱ向Ⅰ购买的 2 000，使得Ⅰ的产品 6 000 全部实现并作为生产资料进入再生产过程；同时形成了（333 $\frac{1}{3}$ + 666 $\frac{1}{3}$）v 和（333 $\frac{1}{3}$ + 666 $\frac{2}{3}$）m，这些货币则要向Ⅱ购买消费品。

(5) Ⅰ（v+m）的购买使Ⅱ实现了 2 000 产品的价值，其销货收入按比例分解为 1 333 $\frac{1}{3}$ c、333 $\frac{1}{3}$ v、333 $\frac{1}{3}$ m；其中 1 333 $\frac{1}{3}$ c 补还原投出的货币，而 333 $\frac{1}{3}$ v 和 333 $\frac{1}{3}$ m 则要在本部类内购买消费品。

(6) 333 $\frac{1}{3}$ v 加 333 $\frac{1}{3}$ m 共 666 $\frac{2}{3}$，在本部类内部购买消费品后，又按比例分解为 444 $\frac{4}{9}$ c、111 $\frac{1}{9}$ v、111 $\frac{1}{9}$ m，c 补还原投出的货币，v+m 又在本部类购买。

如此继续下去的结果是，从 333 $\frac{1}{3}$ v 和 333 $\frac{1}{3}$ m 在本部类内开始购买后，共累积形成 666 $\frac{2}{3}$ c、166 $\frac{2}{3}$ v、166 $\frac{2}{3}$ m。

(7) 在Ⅰ向Ⅱ购买和Ⅱ内部购买使Ⅱ所获得的销售收入中，提出补偿基金分别为 1 333 $\frac{1}{3}$ 和 666 $\frac{2}{3}$，合计为 2 000，即投出的货币完全流回其出发点。

Ⅱ向本部类购买消费品的总额是（333 $\frac{1}{3}$ + 166 $\frac{2}{3}$）v 和（333 $\frac{1}{3}$ + 166 $\frac{2}{3}$）m，计 1 000，连同Ⅰ向Ⅱ购买的 2 000 共 3 000，即Ⅱ的产品完全实现并进入消费领域。

全部过程就完结了。由于货币回归到出发点，说明货币流通正常；产品全部实现，购买力全部实现，说明供求平衡。其所以能够如此，在于生产比例本身协调，在于 $I(v+m)=IIc$。

如果比例本身不协调，将会是一种怎样的结局呢？比如，II部类不是 $2\,000c+500v+500m$，而是 $1\,600c+400v+400m$，按照上面的叙述过程，仍从II的补偿开始：

(1) II投入货币1 600向I购买生产资料。

(2) I的销售收入分解为 $1\,066\,\frac{2}{3}c$、$266\,\frac{2}{3}v$、$266\,\frac{2}{3}m$。

(3) $1\,066\,\frac{2}{3}c$ 在本部类内购买，如此产生的销售收入又分解为 $711\,\frac{1}{9}c$、$177\,\frac{7}{9}v$、$177\,\frac{7}{9}m$；$711\,\frac{1}{9}c$ 再在本部类内部购买，如此下去的累积结果是：$3\,200c$、$533\,\frac{1}{3}v$、$533\,\frac{1}{3}m$。

(4) II向I的购买和I部类内部的购买共为 $1\,600+3\,200=4\,800$，即还有 $6\,000-4\,800=1\,200$ 的产品未实现，而货币1 600则以 $(266\,\frac{2}{3}+533\,\frac{1}{3})v$ 和 $(266\,\frac{2}{3}+533\,\frac{1}{3})m$ 的形式存在。

(5) 以货币形式存在的 $I(v+m)\,1\,600$ 用来向II购买消费品，1 600的销售收入也分解为 $1\,066\,\frac{2}{3}c$、$266\,\frac{2}{3}v$、$266\,\frac{2}{3}m$。

(6) 用于补偿的货币 $1\,066\,\frac{2}{3}$ 补还原投出的货币，货币形态的 $266\,\frac{2}{3}v$ 和 $266\,\frac{2}{3}m$ 则再在部类内部购买并把销货收入再分解为 $355\,\frac{5}{9}c$、$88\,\frac{8}{9}v$、$88\,\frac{8}{9}m$，等等。

II的 v 和 m 在II内部购买的结果，共分离出 $533\,\frac{1}{3}c$ 的货币用于旧还原投出的货币；共形成 $(266\,\frac{2}{3}+133\,\frac{1}{3})v$ 和 $(266\,\frac{2}{3}+133\,\frac{1}{3})m$ 的购买力。

(7) II从向I销售的1 600货币中以 c 的形式补还 $1\,066\,\frac{2}{3}$，从在本部门内销售的货币收入中补还 $533\,\frac{1}{3}$，结果II投出的货币流回出发点。

I购买的消费品是1 600，II的 v 和 m 形成的购买力分别是400，这样Ⅱ的 2 400 产品得以实现。

但问题是Ⅰ却有 1 200 的产品没有实现。为了使这 1 200 的生产资料实现，可投出货币 400。这 400 货币使Ⅰ得到 400 销售收入，随后销售收入分解为 $266\frac{2}{3}c$、$66\frac{2}{3}v$、$66\frac{2}{3}m$；$266\frac{2}{3}c$ 再用于购买生产资料，销售收入再分为 c, v, m；最后 1 200 的产品全部实现，而 400 货币则分别形成 $200v$ 和 $200m$，即 400 的消费品购买力。然而，这 400 的购买力到哪里去实现呢？——Ⅱ部类的产品，如上面所计算，是已经全部销售出去了。

于是就出现了这样的局面：不投放 400 货币，有一部分生产资料无法销售，即供过于求；投放 400 货币，则最终无消费资料供给，即供不应求，过多的货币存在于流通之中。其所以如此，问题的根子就在于生产比例，在于这个模型中 $Ⅰ(v+m)≠Ⅱc$。在这种情况下，货币不论投放得多，还是投放得少，怎样也达不到适应流通需要的标准，供求从而也不可能平衡。

如果从扩大再生产的模型来看，问题就要更复杂一些。

扩大再生产的核心问题是积累。这里不仅存在着生产比例能否实现积累的问题，而且存在着能否实现人们所选择的积累方针的问题。现在也用马克思所举出过的等式来说明。

Ⅰ 4 000c＋1 000v＋1 000m＝6 000

Ⅱ 1 500c＋750v＋750m＝3 000

上式符合马克思所论证的扩大再生产的两个必要条件，即 $Ⅰ(v+m)>Ⅱc$ 和 $Ⅰ(v+m/x)<Ⅱ(c+m)$。所以是能够实现扩大再生产的。

就上式看，有两个极端：一个极端是当Ⅰ部类积累 625 时，Ⅱ部类一点不能积累。因为如果Ⅰ 1 000m 中的 625 用于积累，按比例，则必须有 500 用于购买生产资料。这就是说，当 $Ⅰ(v+m)$ 2 000 用于满足 $Ⅱc$ 1 500 之后，所剩下的 500 生产资料，本部类已完全占用，从而Ⅱ部类没有可用于积累的生产资料。另一个极端是如果Ⅱ部类要积累750，则Ⅰ部类也一点不能积累。因为如果Ⅱ750m全部用于积累，按比例，则必须有500用于购买生产资料。这就是说，当Ⅰ$(v+m)$2 000用于满足Ⅱc 1 500之后，所剩下的500生产资料被Ⅱ部类用于积累，从而Ⅰ部类没有可用于积累的生产资料。在这两个极端之间，两个部类的积累则可有作多种安排的余地。比如，我们要求Ⅰ部类的积累相当于Ⅱ部类积累的两倍，那么把Ⅰ部类的积累安排为441.18即可实现。当Ⅰm中的441.18要积累时，其中4/5，即352.94要用于购买生产资料。这样，Ⅰ$(v+m)$2 000用于满足Ⅱc和352.94之后还余生产资料147.06可供Ⅱ部类积累。由于Ⅱ部类的$c：v$是2：1，所以相应还需积累73.53。这样，Ⅱ部类的积累额是147.06+73.53=220.59，与Ⅰ部类的积累441.18比，恰是一半。

从例子看，对积累的安排似乎有不小的选择余地。然而问题是，这个余地是否能够容纳再生产过程各个方面乃至政治、人口等因素对于积累安排所提出的客观要求。比如，从前面的等式看，积累总额只能安排在625～750，与新创造的价值Ⅰ$(v+m)$+Ⅱ$(v+m)$比，只占17.86%～21.43%。假如由于种种原因，积累率无论如何也要高于这样的比率，而各部门实际上也是按较高的比率安排积累的，那么前面的等式所表示的生产比例就会与积累安排发生矛盾：现实流通的货币量就会与必要量不符，供求不平衡就会出现。反之，假如积累率的安排由于种种原因只能低一些，在货币流通和供求中也会引起同样的结果。

一般说来，积累的安排应考虑生产比例所提供的可能。但是如果积累率的确定根据的是整个国民经济发展的利益，那么，不能保证这种要求的生产比例，纵然该比例一般地说并非不可以实现扩大再生产，那也应视为比例不协调，从而也应予以调整。在这样的调整过程中，货币流通的矛盾、供求的矛盾则难以避免。

供求矛盾中的结构不平衡

我们谈供求，往往是指最抽象的供求："求"只是一个货币总金额；"供"，由多种多样使用价值构成的供，也是作为一个总金额来看待的。然而，上面关于生产比例的分析已经说明，不仅商品供给有个结构问题，需求也同样有个结构问题。体现着需求的货币，的确彼此之间是无差别的，是同质的，但由于分布在不同人的手中，所以使用方向也有区别。从两大部类的模型来说，就有对生产资料的需求和对消费资料的需求之别。现实生活则还要复杂得多。比如，都是购买生活用品，工人所要购买的与农民所要购买的不完全相同；都是购买生产资料，工业和农业、轻工业和重工业、生产单位和基本建设单位所要购买的也有所不同。所以，供求即使在总额上求得了平衡，也还存在着结构上能否平衡的问题。

仍以上面引用的扩大再生产等式说明。假如需要把Ⅰ部类所实现的利润的 70%，即 700 用于积累，按比例，700 的积累中应有 560 用于购买生产资料，140 将用于追加的 v。这样，对生产资料的需求有Ⅰc 的 4 000、Ⅱc 的 1 500 和Ⅰm 中的 560，共计 6 060。而Ⅰ部类的生产总值是 6 000。这就是说，生产资料的供应将有 60 的差额。此外，Ⅰ部类向Ⅱ部类提出的消费资料需求是Ⅰv 的 1 000 和Ⅰm 中的 300＋140；Ⅱ部类本身的需求是Ⅱv 的 750，至于Ⅱm，姑且假定一点也不积累，则还有 750。这些项的合计是 2 940。而Ⅱ部类的生产总值是 3 000。这就是说，消费资料的供应将有 60 的余额。一是生产资料供给方面的差额 60，即有货币而无可购买的商品；二是消费资料供给方面的余额 60，即有商品而没有购买它们的货币。假如购买生产资料的货币用来购买消费资料，供求平衡自可实现，但由于消费资料不能满足对生产资料的需求，所以平衡实现不了。

结构的矛盾恐怕更多的时候是与总量不平衡相结合。如生产资料供求平衡而消费资料供求不平衡，或生产资料供求不平衡而消费资料供求平衡，等等。1981年，我国消费资料的供求基本平衡或稍有供不应求，而生产资料则由于国民经济调整以致需求大大小于供给，这就是典型的结构不平衡。

弹　性

现实经济生活中货币流通的矛盾，供与求之间的矛盾，并不像上面所举的例子那样，差一是一，差二是二，毫无通融的余地。其间，各个方面都具有一定的弹性。

在商品供给方面，应该看到，供给的形成是一个过程，而在过程中其数量是有调节的余地的。比如，从生产方面来说，如供不应求，可扩大一些产量；供过于求，可缩减一些产量。从流通方面来说，如供不应求，可压缩一些库存；供过于求，可扩大一些库存。从对外贸易方面说，如供不应求，可动用一些外汇储备或利用国外信用增加一些进口以增加供给；供过于求，则可设法扩大出口以缓和供给过多的矛盾；等等。

不只是总量有调节的余地，结构也有调节的余地。比如有的生产资料可转作生活资料，有的生活资料可转作生产资料。除此之外，也同样可在生产、库存、外贸等方面进行调节。

市场需求和社会购买力的形成同样是一个过程；在这个过程中；无论是从总量上说，还是从结构上说，都有调节的余地。比如现实流通的货币可以转化为潜在的货币，这就意味着相应地减少一部分市场需求；而潜在的货币转化为现实流通的货币则意味着相应地增加市场需求。再如，现实流通的货币，其流通速度也可以发生变化；在货币量给定时，流通速度的减缓使购买力总额减小；流通速度的加快则使购买力总额增大。至于购买力的方向，在过程中也可诱导使之改变。如对紧缺商品的购买力，可以诱导其转向代用品；如通过压低积累而使一部分对生产资料的购买力转化为对消费资料的购买力；等等。

　　承认弹性的客观存在，这是一个方面。但与之同时，必须强调弹性本身也存在着客观的限度。比如，一个企业、一个部门要增加产量，需具备设备条件、原材料供应条件、动力供应条件、技术人员条件，等等；要缩减生产量则要遇到过剩生产能力如何处理，过剩人员如何安排等问题；要想改变生产方向，往往这两方面的问题都会遇到。而生产的任何调整是否可行，又都要看资金供应的条件和是否超出成本、利润变化所允许的幅度。商品库存的增减并非无限更为明显。保证供给不间断的库存以及战略储备是不能压低的；过多的库存则意味着劳动的浪费，而且超过一定的时限，使用价值将会不复存在。对外贸易的开展不能脱离国际市场的条件，而国际市场却并不一定总是有利于吸收我们供给富余的商品和供给我们所需要的商品。如果利用国际信用，则不仅要看有没有信用提供，而且要看信用条件，要看我们自己还本付息的能力。就货币流通方面说，现实流通的货币减缓流通速度或部分转化为潜在的货币，在供不应求的条件下无疑是有利的。但供不应求的矛盾突出时，往往出现的却是流通速度的加快和潜在货币之不安于潜在的状态，反之亦然。至于诱导购买力改变方向，由于生产和生活的需求往往决定于客观条件，其本身就有客观限度，从而也绝不是能够随心所欲的。比如在现在的生活条件下，饮食中的粮食开支有其最低界限，在和平建设时期，企图压低这部分购买力则行不通。再如，钢材、水泥、木材是大规模建设中的短线物资，不错，有多方面节约的可能，有多种代用品可资利用，但节约、代用只能解决一部分问题，而且往往是不大的一部分。总之，弹性是客观的，弹性的限度也是客观的。在供求矛盾比较突出时，恐怕强调弹性的客观限度更为重要。

如何判断市场状况

上面，从定义、从例证反复说明了什么是现实流通的货币量与必要量相符合，什么是供给和需求的平衡。但在千变万化的现实生活中要在这方面作出能基本反映客观情况的判断却很不容易。货币必要量难于计算，现实流通的货币量也尚待解决统计方法问题。这且不说，就是一般地估计供求对比状况也不容易。因为有的商品供给紧张，有的商品却可能处于滞销状态，只要供需差额不是足够的大，面对矛盾的现象就很难对全面情况下结论。甚至何谓平衡，何谓不平衡，除去极端的状况，也会有很多标准。比如，通常对市场状况有这样的形容语句："持币抢购""持币待购""持币选购"。前两者自然是形容不平衡的；但后者是否一定就意味着平衡？"选购"有个可供选择的范围是大是小之别，那是否也存在选择余地达到怎样标准才能称之为平衡的问题呢？这也不是一句话就能说清楚的。所以，对于某一时期市场状况的估计，我们往往可以听到多种不同的说法。

在市场经济中，物价是个最集中的指示标志。当然，这种反映也不能说十分确切、十分及时。比如，货币投放过多，从而造成需求有超过供给的趋势。但在矛盾刚刚出现之际，由于货币流通速度减缓等原因，可能暂时抑制住了矛盾的发展并从而引不起物价波动。而随着货币投放的进一步增加和供求矛盾的日益明显，由于货币流通速度加快等原因，物价则可能较之货币投放以更快的速度上涨。但不论如何，比较来说，物价对于市场经济还是一个最能及时说明货币流通和供求矛盾的标志。

我们是以计划经济为主，前面已经指出，用物价来说明货币流通状况是不充分的，当然用来说明市场供求状况也同样是不充分的。因而，如何判断市场状况就是一个值得专门研究的课题。

多年来我们在这方面积累了不少的经验。

首先是在消费品（包括一部分农业生产资料）市场方面。在这方面我们有全国零售物价总指数、职工生活费用指数、农村工业品零售牌价总指数，等等。这些指数用来说明货币流通和市场供求矛盾发展的程度虽然不充分，但对于观察这种矛盾长期发展的趋势来说是主要的根据。至于及时了解日常市场的动向，集市贸易的价格升降则有重要的参考价值。

其次是从货币流通角度，有一个运用多年的方法，即考察流通中现金量与社会商品零售总额的比值。用每年流通中的现金量（流通量用年平均值）去除当年社会商品零售总额，历年的比值就构成了一个数列。然后结合各个年份市场的状况来分析，即可看出在市场状况比较正常的年份的比值与市场状况不正常的年份的比值之间存在着怎样的差异，并从中找出近期要保持市场供求平衡应有的比值。如果计划期的比值小于应有的值，则说明现金的发行量可能计划得过多，那就可以适当地对计划进行调整，等等。这种分析方法，在原理上是成立的，但它是以其他经济条件不变为前提的；只要经济条件变化了，即使是市场状况正常的年份，比值的大小也并非必定相同。纵然如此，它对于分析消费品供求还是一个重要的方法。当然要考虑到条件的变化，不能把比值看得过死。

此外，我们还有农副产品收购价格总指数，以及流通中现金量与社会农副产品收购总额的历年比值数列等。这些数字一方面可用以分析农村购买力的形成，另一方面可用以分析消费品的供给状况（因为消费品的原材料大部分是农副产品），所以对研究市场状况也是很有必要的。

对于生产资料的供求，我们编制物资平衡表。物资平衡表可以相当具体地说明各种重要生产资料的可能供给数量及需求情况，因而对分别了解各种商品的供求对比是相当有用的。但对于市场供求的总体，这些以使用价值为单位的平衡表则提不出任何概念。在价格方面，由于过去不承认这个领域会出现价格波动，所以如前指出，直到今天也没有编制物价指数。这样，我们如果要从价格方面了解供求对比的变化趋势，可以利用的也只是一些主要生产资料价格升降的素材。至于像把现金量与社会商品零售总额相比较的那种分析方法，在生产资料的供求领域，至少在现在尚无法实际运用。因为生产资料的销售总额和为之服务的货币量都还没有现成的统计数字。

上述情况表明，对于货币流通和市场状况的分析，我们有些经验，有些行之有效的方法，但颇不全面，颇不系统。因而，要想对市场状况作出准确的判断，还有很多工作应该去做。

然而，对于货币流通和市场所存在的矛盾不仅应该能够及时发现，同时还应该能够进行比较准确的预测。比如，能及时发现供不应求的矛盾是好的，但如果这时才开始采取各种调节措施，无疑失之过晚。因为任何调节措施，从开始实施到发生效力，或长或短都要有一个过程。这用具体产品的供求矛盾是很容易说清楚的。比如电视机供不应求，于是大力组织增产。但增产到怎样的限度为止呢？如果等到发现供给已经饱和再停止增产就晚了。因为这时已经形成和即将形成的生产能力必将提供更多的但已不能完全被市场吸收的产品。显然，这是浪费。如此等等，都说明预测的重要性。当然，在我们计划工作中，预测就是重要的构成部分。不过问题在于如何提高预测的科学性、准确性。而要做到不仅能科学地、准确地及时发现问题，并且能科学地、准确地进行预测，那就必须形成进一步完备的系统分析方法。

第五节　保持市场物价基本稳定的方针

市场物价方针的选择和财政信贷综合平衡

现实流通的货币量与货币必要量相符合，市场的供给与需求保持平衡，物价水平保持稳定，一般说来，无疑是理想的。但在现实生活中不仅存在着膨胀与紧缩的可能，而且从市场物价方针上也存在着不同于平衡与稳定的选择。就是平衡与稳定的标准如何把握也还有许多问题值得研究。

这个问题如何回答，对于财政信贷综合平衡有着极其重要的意义。第一章已经指出，本章和后面各章还将不断指出，财政收支和信贷收支对货币流通来说，是反映和控制的关键环节；结合上节分析可知，它们当然也是反映和控制市场供求对比的关键环节。既然是这样，那么要求市场平衡、物价稳定，对财政信贷的综合平衡工作是一种考虑；不要求市场平衡和物价稳定，对财政信贷的综合平衡工作则会是另一种考虑。如果没有对市场物价的要求，财政收支和信贷收支的总量安排就没有目标，没有准则。从这个意义上说，市场物价的基本方针也就是财政信贷综合平衡所应遵循的方针。因而在具体研究财政信贷综合平衡之前，首先应该解决这个问题。

基本稳定的方针是我们的一贯选择

在市场物价方面，我们一贯的方针是保持基本稳定。

问题的提出始于建国之初。在国民党的长期统治下，伴随着连年的战争，通货膨胀发展到极其严重的程度。以上海的物价为例，从 1937 年 6 月到上海解放前夕的 1949 年 5 月，物价在几个统计节点分别上涨了 36 倍，807 倍，692 倍，307 倍，691.3 倍；在 1949 年 5 月这一个月，物价即上涨 84 倍[①]。在物价如此急骤波动的条件下，除去投机活动之外，正常的经济生活完全陷入停顿、崩溃的境地。这种情况不改变就不能安定人民生活和恢复国民经济，就不能为经济建设和生产资料所有制的社会主义改造创造必要的前提条件，就不能巩固新生的革命政权。因而，制止通货膨胀被列为建国初期必须立即解决的一项具有重大政治经济意义的任务。

1949 年底 1950 年初，随着大陆的基本解放和社会秩序的初步安定，国民经济开始复苏，社会主义经济成分开始成长。在这样的基础上，我国于 1950 年 3 月向通货膨胀发动了总攻。就原理来说，要制止通货膨胀，一方面必须停止货币的大量发行以压缩市场需求，另一方面则是依靠社会主义经济的力量控制市场，组织供给，以保证供求的平衡。这并没有奥秘之处。问题是在财政经济极端困难的条件下如何使这样的要求得以迅速实现。然而中国共产党依靠自己在广大人民群众中的崇高威望，依靠自己的正确决策，依靠自己的广大党员艰苦奋斗的模范作用，就在这个月份即制止了绵延十余年的恶性通货膨胀。当时世界上很多国家迫切要求摆脱第二次世界大战所造成的通货紊乱局面却都还没有取得成功，而中国共产党则创造了奇迹[②]。

随后紧接着提出了巩固物价稳定的要求。这既是针对当时还存在着种种威胁稳定的因素而提出的具体工作要求，同时也表达了要求保持住物价稳定局面的长远意向。后来还曾一度提出过争取物价完全稳定的口号[③]，

[①] 《上海解放前后物价资料汇编》，第 48、50 页，上海人民出版社，1958 年。
[②] 关于这个问题当时有很多公开的文献可供参考。后来比较集中的介绍有曾凌和韩雷著的《中华人民共和国的货币流通》，金融出版社 1957 年版；黄达等集体编写的《货币信用学》（上册），中国人民大学出版社 1959 年版。
[③] 参看 1950 年 6 月 11 日《人民日报》社论《为物价完全稳定而努力》。在这篇社论中还有"达到物价最后稳定"的提法。

但不久就把这个过于绝对的口号放弃了，并日益明确地把保持基本稳定作为掌握市场物价的方针。三十多年来我们一直坚持这样的方针，最近党的第十二次全国代表大会又再次强调了巩固地保持物价基本稳定的要求。

坚持基本稳定方针和背离这一方针的交替出现

不过，就我们三十年经济建设的实践来看，基本稳定的提法虽然一直未变，但事实上，坚持这一方针与背离这一方针却是交替发生的。问题主要是存在着"左"的错误路线。

恢复时期的三年间，1950 年经历了年初的物价飞涨，以及 3 月份通货膨胀的制止和随后物价有较大幅度下跌的过程；1951 年物价有所回升，到年底大体回升到 1950 年 3 月的水平；1952 年则基本持平并略有下降。随后的第一个五年计划期间，零售物价总指数上升了 8.5%，平均每年只递增 1.6%。这些年可以说是坚持物价方针并取得显著成就的几年。

1958 年，由"左"倾指导思想所搞起的"大跃进"实际上否定了基本稳定的物价方针。当然，在提法上并无变化，但问题是种种经济措施都在破坏着物价稳定：生产遭到破坏，大量浪费人力从事无效劳动，同时则是无约束的信用膨胀掩盖着巨额的财政赤字，使过多的货币充斥于流通之中，造成严重的供不应求。如果说 1958 年当年物价尚能维持平稳，那么随后的几年则连年上涨。以 1957 年为基期，到 1962 年零售物价总指数上涨了 25.8%，其中 1960—1962 年三年间，平均每年递增 7.5%。这时，粮、布等基本生活资料的牌价是由限量供应来保持的，而黑市价格则高得多。所以物价上涨的实际幅度大于指数所表示的幅度。

1962 年以后，虽然"左"倾错误在经济工作指导思想上并未彻底纠正，但由于初步总结了"大跃进"的经验教训，制订和执行了一系列正确的政策和措施，经济情况有了迅速的好转。在这样的基础上，特别是由于在财政信贷方面实施了严峻的紧缩措施，物价开始回落。以1962年为基期，到1965年零售物价总指数下落到88.2%，不过较之1957年还高出11%。这几年可以说是从背离基本稳定方针到重新坚持基本稳定方针的几年。

十年内乱期间，仍然有保持物价基本稳定的提法。而且单纯从零售物价总指数来看，如果以1965年为基期，以后的十年一直低于基期；1976年与基期比，降低了1.7%。这简直像是达到了建国以来从未有过的物价稳定的局面。但是，十年内乱使得整个国民经济遭到了严重的破坏。在这种情况下，物价指数不动只不过是依靠行政的强制力长期冻结物价和卡死集市贸易的表现。虽然当时保证了最基本生活必需品的起码供应量，但那时的供应品种非常单调，远不足以满足人民消费的多方面的需要。而且更重要的是，冻结物价使得物价体系中的矛盾日益积累，不仅在消费品价格体系中积累了大量矛盾，而且在生产资料价格体系中也积累了大量矛盾。于是，种种摆脱计划控制的抬价方式应运而生，"走后门"不正之风严重泛滥。如果说在十年内乱前，在价格问题上已经积累了一些矛盾有待解决，那么经过这动乱的十年，物价体系已经被搞成了"剪不断，理还乱"的一团乱麻，以致想要解决这纠结在一起的重重矛盾却几乎无从下手。因而，对于这十年，虽然有统计出来的"稳定"的物价指数，但这不意味着坚持了基本稳定的方针。

粉碎江青反革命集团后的头两年，由于经济工作的求成过急和其他一些"左"倾政策的继续，物价问题中的矛盾并没有被揭示出来，更谈不上着手解决。后来，先从工农产品比价问题上取得突破。1978年底，党的十一届三中全会提出了提高农产品收购价格的建议。1979年夏粮上市时农产品收购价格提高，同年11月，在保证粮油等销售价不动的同时，适当地调高了肉、蛋、禽、蔬菜、水果等副食品的销售价，为此，则给职工提供了副食品价格补贴。这次调价使得 1980 年的零售物价总指数比 1978 年提高了 8.1%，比 1979 年提高了 6%。在这先后，有些生产资料的价格，如煤炭、木材的价格也作了一些调整。1980、1981 这两年物价的上涨，实际上是解决十年内乱所积累下来的矛盾和补还欠账所不可避免的结果。或许 1979 年农副产品收购价提高的步子迈得小一点，物价上涨的幅度可能不会这么大。但要求完全不涨则是不可能的。

应该看到，由于多年积累的矛盾太多、太深，要坚持贯彻基本稳定的物价方针，其难度是很大的。如果说第一个五年计划（简称"一五"计划）期间，平均每年在上升幅度不过是 1.6% 的范围内就可基本处理好物价体系中的矛盾，那么 1979 年以来，只是为了调整工农产品比价等一部分物价体系中的矛盾，物价波动幅度已大大超过"一五"计划期间。而且除物价变动外，国家财政还负担着以百亿元计的价格补贴。自 1979 年至 1981 年，用于粮油副食品和相应的工业品的价格补贴达 416 亿元，其中粮食和食用植物油的价格补贴即达 288 亿元[①]。而在"一五"计划期间，价格补贴是微不足道的。可是，价格方面仍然有很多矛盾尚待解决。因此，如何既把矛盾解决得好，又能巩固地保持物价的基本稳定，则是摆在我们面前的一个十分重大的课题。

不管基本稳定方针的贯彻经历几番波折，它在全国人民的心目中是扎根极深的。从历史上说，旧中国的货币流通在人们的头脑中打下了深刻的印记：通货膨胀就是洪水、猛兽、灾难、贫穷。而对新中国成立后的生活改善很自然地就同制止通货膨胀联系起来。即使撇开历史因素，对取得货币工薪收入的劳动者来说，物价的提高就意味着货币收入打折扣，所以总会遭到反对。再从组织经济生活的角度来看，稳定的物价体系对于实现国

---

① 《人民日报》，1982 年 10 月 13 日。

民经济的计划化，对于稳定国民经济各部门之间的经济联系，对于改善企业的经营管理都是理想的条件，这也是由我们多年管理经济的成败得失所论证了的。至于能否实现基本稳定，我们不仅有那些保持了基本稳定年份的事实可以证明，而且从理论上说，可以有计划地保持国民经济基本比例的协调和平衡，这是社会主义的本质优越性。只要我们按客观规律办事，这个优越性就会发挥出来，物价的基本稳定就会得到保证。

除基本稳定的方针外别无其他选择

一般说来，是否必须坚持基本稳定的物价方针似已无须讨论。然而在当今的世界上，控制物价的方针并非保持稳定这一种，它们的实施也并非毫无理由。这在我国有关物价方针的议论中也还有所反映，有时反映甚至颇为强烈。因而对这些不同于基本稳定方针的方针作些剖析是必要的。下面的分析将说明，除基本稳定的方针外，其他的方针，对于我们来说，都是不宜于采用的。

不断降价的方针

一种不同于保持物价总水平基本稳定的方针是要求不断地降低物价。这不是指一时地、偶然地降低某些商品的价格甚或降低物价的总水平。比如，上面提到，在20世纪60年代初，我们曾把物价水平拉下来，但它的目的只是消除一度出现的物价过高的后果。再如，我们曾降低类如化纤产品的价格，但这只不过是把显得过高的某些产品价格降下来以利于销售，而且也不排除同时把其他产品的价格调高。这些都不是实行降低物价的方针；只有把降低价格作为一种长期的要求并不断予以实施的，才能构成方针的问题。

提出这样方针的是 20 世纪 40 年代末 50 年代初的苏联以及东欧一些国家。苏联在 1947 年为了消除卫国战争中发行过多的货币，进行了一次货币改革，随后从 1948 年到 1954 年每年一次连续七次降低消费品价格。当时他们的提法是：有系统地降低消费品的零售价格是依据社会主义基本经济规律的要求贯彻发展社会主义经济方针的体现；其所以可能，则是由于迅速提高的劳动生产率使商品的价值降低，从而也就使得价格有可能降低。

既然是基本经济规律所决定的，遵照这种方针恐怕应是社会主义国家在控制物价方面的唯一选择。但是事实并非如此。20 世纪 50 年代中期以后，苏联以及一些东欧国家都不再执行这一方针。至于在那一段时期之所以强调系统降价则有其具体的背景。就苏联来说，其在第二次世界大战前就形成了消费品价格过高的不合理状况，战争中消费品的价格又大大上涨。随着战后供给的改善，自然有必要把过高的价格降下来。然而，恰恰是抽象掉具体背景而作一般性的论断，遂使适应于一时的政策变成了由规律所决定的绝对方针。事实上，在实践中它们总结的经验是，降价相对说来更有利于高工资收入者。在货币收入高低比较悬殊的情况下，并不是降低物价，而是提高货币收入，才更有利于灵活地、合理地调节各种劳动者实际收入的对比。

虽然苏联等国早已不再执行降价的方针，但是在我们这里仍然有这样的见解：只有实行降价的方针才符合劳动生产率提高，价值下降，从而价格也应下降的原理，才是遵守了价值规律的客观要求。

其实所谓的价值下降价格也应下降的论述并非马克思主义的原理。当价格用黄金表示时，价格既取决于生产商品的劳动生产率，又取决于生产黄金的劳动生产率。所以，只有当生产黄金的劳动生产率不变、下降或其提高程度小于生产商品的劳动生产率的提高程度，从而黄金的价值不变、提高或其降低程度低于商品价值降低的程度，这时生产商品的劳动生产率提高，从而其价值降低，才会由价格的下降表现出来。如果生产黄金的劳动生产率与生产商品的劳动生产率同比例地提高或提高得更快，则商品的价格或不变，或上涨，而不会下跌。关于这点，马克思在分析价值尺度职能时已经说得很清楚。实际上，问题还要复杂得多。比如，当价格用货币单位的名称——如元、镑、马克、法郎等——表示时，价格的决定中又会加入货币单位的含金量因素；至于在纯纸币流通的条件下，纸币的发行量等因素又进入价格决定的变量之中。显然，一个由多变量决定的值，是不可能用一个变量——劳动生产率——来说明它的变化状况的。

然而人们更通常的是绕过有关价值尺度的抽象讨论来提出问题：劳动生产率提高，如果相应地提高货币工资而价格不变，劳动者的实际收入上升；如果相应降低价格而保持原有的货币工资不变，劳动者的实际收入也有同样上升的结果。既然是这样，那似乎就应该有选择任一种办法的自由。不过在现实生活中这个推断并不能成立。货币收入的增减不论多么微小，其数量非常具体，其升降比例也可算得极其精确。至于价格水平，即使其下降了，由于不同种商品的价格不可能按同一幅度下降，而是有的降得多，有的降得少，甚而有的不动，乃至有的上涨，所以对下降幅度很难有统一的估价；而且只要下降的幅度不是足够大，甚而会对是否下降有所怀疑。所以，人们虽然绝不反对价格的下降，但更欢迎货币收入的提高。更现实的是，在价格还没有来得及调低之前，劳动生产率提高的好处往往已经被提高劳动报酬、提高福利、增加课税、增加利润上缴任务等要求吸收完了，以至价格实际无法下降。

现在已无任何国家宣传和采取系统降价的方针，而我们所能看到的恰恰是到处存在着物价水平上升的事实。既然普遍存在着物价上升的趋势，那么通货膨胀是否是一种不可避免的选择呢？

通货膨胀的方针

就物价不断上涨的现实来说，西方国家走的事实上是通货膨胀的道路。然而考察正面的政策宣言,则还没有一个国家公开表明自己所要奉行的是通货膨胀的方针。走得最远的提法也不过是:既然通货膨胀避免不了,那就只能与之相处;应该学会与通货膨胀共处;社会可以适应通货膨胀而不受其损害;等等。但更一般的提法还是把维持物价的稳定作为经济政策的目标。甚而有的把自己的目标定为与通货膨胀作斗争。当然,这并不意味着它们的选择是真正反通货膨胀的方针。第一,所谓的稳定方针虽然在当前不时表现为与过高的,比如两位数字的通货膨胀率作斗争,但从20世纪30年代起,这一方针的提出,毋宁说是由于关注如何保持不出现物价下跌的局势以防止经济衰退。即使在今天,那里更害怕的也还是标志着经济衰退的物价下跌。第二,在西方国家,与物价稳定并列的还有其他的经济目标,如持续高水平的就业,经济成长,对外收支平衡,等等。在这些目标中,最优先考虑的往往是防止经济衰退和设法把高失业率降下来。这样,所谓的物价目标实际上要服从经济成长和就业的目标。

我们知道,当代西方经济政策的主要理论依据之一是凯恩斯主义。凯恩斯主义是把经济衰退归因于需求不足,只要设法使需求增加,经济衰退就可扭转,就业率就可提高。按照凯恩斯本人的论证,在达到充分就业前,增加需求的结果是增加产量,增加就业,却不会导致物价上升。也就是说,稳定、成长、就业这几个目标有可能同时实现。然而,凯恩斯主义付诸实施后许多年的实践却不是这样:当需求的增加尚未导致出现在他们那里可以公认的充分就业水平之际,物价就会上升。因此,他们后来则是讲究通货膨胀率与就业率之间的相互置换关系,即要使失业率降低,需付出通货膨胀率提高多少的代价。这说明,同经济成长和充分就业兼容的并不是通货稳定,而只能是通货膨胀。至于可以选择的只不过是置换代价的高低。但问题到此尚未结束。近年来,西方经济生活的现实又告诉人们,即使在经济衰退和失业增加之际,物价不仅不下跌反而上涨的局面也出现了。这就是经常被谈论的"滞胀"。鉴于这种情况,很多西方学者不得不承认,要扭转产量下降和失业增加,势必不能不容忍更严重的通货膨胀后果。可以看得很清楚,在他们的理论发展中,事实上已经把通货膨胀论证成为不可避免的过程。既然不可避免,所谓的稳定政策至多也不过是表达一种对通货膨胀程度想要加以控制的意向而已。

总的说来,西方这种控制通货和物价的方针执行了几十年,结果并没有给资本主义找到出路——到来的并不是理论设想的持续高涨局面,而是矛盾日益难以解决的"滞胀"困境。不过,二战后这些年,西方世界的经济还是有较快的发展,人们的生活水平也有较为明显的提高。这个事实冲击了我们有时把通货膨胀同经济破产等同起来的观念。本来这个观念就是过分简单化的。但是在否定这个本应否定的简单论断时,又出现了同样简单化的另一种论断,即通货膨胀是经济起飞的杠杆。因而,在我们这里,几年前出现了实质上是主张把通货膨胀作为物价政策选择的议论。比如,一度存在过的"四高"说法就是一例。

所谓"四高"是指"高成长、高物价、高工资、高消费"。而相对的"四低"则是"低速度、低物价、低工资、低消费"。抽象地加以比较,当然是与其四低,何如四高,于是就推导出这样的论断:多发点票子怕什么,搞点通货膨胀划得来,等等。

应该说,这里存在着不少误会。(1)西方国家社会财富的增长,生活水平的提高,是国家经济实力多年积累的结果。经济实力的积累取决于很多因素。至于通货膨胀在这里的作用,有一点倒是可以肯定的,即正是它才使得国家经济实力的积累以"四高"的形式表现出来。如果撇开经济实力的积累而单纯着眼于通货膨胀,结果恐怕只能是一高——物价高,而绝不会是"四高"。(2)西方的政策是以市场机制为前提的。它们要使过剩的生产能力利用起来,使失业人员可以谋求到职业,关键在于通过种种途径，其中主要如较多的需求和走高的物价，使厂商能够得到较高的利润以调动它们扩大经营的积极性。除此之外，别无出路。而我们是计划经济的机制，主要产品的生产和流通是计划安排的，价格是由计划规定的。虽然我们丝毫也不轻视供求对比和价值规律并明确市场调节的必要性，但我们的经济毕竟不是纯市场经济。而且，在我们的经济措施中，相当一部分还是制约企业，使它们不能单纯按照市场气候来组织自己的经营活动。所以西方那一套控制物价的做法，在我们这里是难以行通的。

实际上，在我们这里主张通货膨胀，无非是要摆脱综合平衡和基本稳定方针的约束而放开手脚供应货币资金，特别是向基本建设供应货币资金。如果这样搞：

就会破坏保证重点建设的方针——如供应方向分散，结果将冲击重点建设；如片面集中于重点，"以钢为纲"的教训已经证明，则必将是重点过分突出的比例失调。

就会重蹈牺牲消费来维持过高积累率的覆辙，不能实现继续改善人民生活的允诺，因为过多的建设资金供应正是通过物价波动而把必要的消费压低才能得到保证的。

要想在国营和集体企业的经营管理中推行责任制，不稳定的物价将是极大的阻碍；如要发展多种经济形式，波动的物价则会给自发的活动造成可乘之机，不利于保证国营经济的领导地位。

对国民经济的计划管理实际上难以加强，因为货币资金供应过多必将导致一系列重要比例的不平衡，最终会在事实上否定计划领导；对市场调节也难以运用，因为物价的失控极易造成对经济发展的失控，硬要控制起来，则又会像过去那样，以极度缩小乃至全然否定市场调节为代价，如此等等。

要是发生了这样一些情况，党的十二大所规定的在不断提高经济效益的前提下，到 2000 年力争使全国工农业的年总产值翻两番的战略目标，显然将无从实现。

绝对稳定的方针

除去物价下降或物价上涨这两种控制物价的方针外，还有一种方针是要求保持物价绝对的、完全的稳定。前面提到，20 世纪 50 年代初出现过这类提法，但其仅从字面上看也会让人感到这种提法未免过分"绝对"而被摒弃。然而类似的想法和实践则并非绝对没有，因而还是应该加以研究的。

比如，我们所熟悉的一种设想就近乎保持绝对稳定的要求，即设想在一个相当长的时期内维持绝大部分商品的价格不变，少数商品的价格可有升有降但要升降相抵，从而使物价水平长期处在一个不变的水平上。

这种设想并不那么容易变成现实。

先看看要使占统治地位的绝大部分商品的价格长期维持不变的设想是否能够成立。实际情况是，在劳动生产率提高的总趋势中，分别就各种商品的生产率来说，有的提高得较快，有的则较慢，有的可能暂时没有什么变化，个别的甚至可能降低。这就是说，大量商品的价值降低了，但降低的比例并不一致；与之同时，有的商品的价值则维持原状，有的商品的价值甚至会有所增大。这时，如果把商品调价的范围控制得过小，就会有一部分商品价格的对比不再反映它们价值之间的新的对比。虽然有可能依靠国家的力量使价格对比不符合价值规律要求的状况维持下来，但矛盾逐年不断地积累，就会使物价体系问题重重。我们实际上是有过这样的教训的。

再看看长期保持物价总水平不变的可能性。如果确可以保持绝大部分商品的价格不动，那就可以只对价格偏高的商品进行调低价格，对价格偏低的商品进行调高价格。调高、调低对物价水平的影响只要正好相抵,物价水平即可不变。但刚刚指出,硬性维持大部分商品价格不动往往造成矛盾的日益积累。就是不谈这一点,只说要使调高价格和调低价格对物价水平的影响能够均衡,这也是很难做到的。事实上多少都有些摆动。而且单纯追求价格调高和价格调低相互抵消的效果,群众往往并不给予承认。比如,调高价格的商品较之调低价格的商品,对群众来说,在生活中的地位更重要,群众就会只承认物价上涨而不承认涨落抵消的稳定。

所以,不仅大部分商品的价格绝对不变不合理,物价水平的长期绝对不变也难以做到。硬要坚持这种方针,那实际上是把稳定当成了至上的目标,无疑这是本末倒置的。因此,在这方面不宜强调过分。由于多年矛盾的积累,大家都承认,我们经济生活中价格不合理的现象相当普遍,对国民经济的调整和发展阻碍极大,从而价格体系的改革已成为非常迫切的要求。而改革的成败利钝对于实现党的十二大提出的战略目标也是关键性的一环。改革价格是牵一发而动全身的大事,自应谨慎从事。但如果只怕价格对比的改变和价格水平的更动而一味力图维持现状,其实质无异于自己堵塞自己前进的道路。

"基本"应该如何理解

通过排除其他选择而肯定了我们可行的选择只有唯一的基本稳定方针之后,如何理解基本稳定的"基本"二字则是随之而来的另一个重要问题。因为机械的、过分简单的理解,会导致实际上要求实现绝对的稳定。

基本稳定自然不等于绝对稳定,它意味着物价水平还有波动,不管是向上波动还是向下波动。因而必然会提出这样的问题:在怎样的限界内才可以称之为基本稳定,超过怎样的限界则表明丧失了基本稳定?

通常，人们希望赋予它一个精确的数量界限。比如，物价水平升降百分之几就是稳定与否的分界点。如果有类似的精确界限当然很方便，但企图用一个简单的数字来评价一个极其复杂的经济过程，事实上行不通。比如，1958年的社会商品零售物价总指数较之1957年只提高了0.25％[①]。但正是那一年市场物价稳定的基础被极大地破坏了。而1980年的相应指数比1979年高6％，应该说是一个不小的上涨幅度。但从安定团结日臻巩固的大局和前后年度的物价状况来判断，对于这个6％，还是可以接受保持了基本稳定的提法的。

当然，这并不是一般地否定指数可以用来说明物价状况的作用，而只是要指出不宜简单化。并且，纵然要定一个数字，也会有很多技术上的难点不好解决。比如，应该采用哪种指数作为标准：是零售物价总指数，是职工生活费用价格总指数，还是现在尚未编制的既包括生活资料价格也包括生产资料价格的全物价指数？类似的问题恐怕不少。

或许除物价指数之外，还需概括出几条度量稳定与否的杠杠。比如以下几条：

（1）整个国民经济是否保持着有计划发展的正常秩序。比如，"一五"计划期间，零售物价总指数每年平均递增1.6％，1963—1965年的调整时期，每年平均递减4.1％，1979—1982年这四年，则每年平均递增3.1％，应该说有涨有落，有时涨落幅度还较大。但这些期间，经济秩序正常或向正常方向转化。而以这样的经济形势为基础的物价又反转过来成为经济正常发展或向正常方向转化的积极因素。这时的物价纵然有些涨落，恐怕也应对之作肯定的判断。内乱的十年则是另一种类型。那时的物价指数虽说极少变化，但整个国民经济却问题成堆。以问题成堆的经济为基础的物

---

① 本书所举解放以来的数字，如无说明，均引自《中国统计年鉴：1983》。

价，其本身也问题成堆并反过来加重着经济生活中的矛盾，纵然指数不动，这样的物价状况无疑应对之作否定的判断。显然，如果只停留在指数上而不考虑整个经济背景，对物价状况很容易作出错误的判断。

（2）除必需生活用品的牌价和主要生产资料的调拨价保持稳定之外，国家是否能够事实上控制着生活用品的集市价格水平和生产资料的议价水平。或者更概括一点地说，国家对物价管理的政策是否能够基本上得到贯彻。比如，十年内乱中各种变相涨价的做法层出不穷，纵然牌价指数不变，人们也不相信物价是稳定的。而1980年，在零售物价总指数提高的6%里面，但集市贸易价格指数提高的幅度却大大低于国营商业消费品牌价提高的幅度。这说明，价格变动的幅度虽大，但仍然处于国家的控制之下，因而不会使人丧失对物价稳定的信念。

（3）国家为了控制物价水平所付出的经济代价——主要是财政补贴——有没有超过国家集中的财力所能负担的极限。补贴，这是国家通过物价实现其经济政策的重要手段，世界上大多数国家都有。问题在于补贴负担的大小。如果过大，国家财力负担不起，以致或迟或早不得不放弃补贴或大大削减补贴，那么通过补贴所维持的表面物价平稳则必将由物价的大幅度上涨所代替。这已一再为一些国家的教训所证实。所以，在观察物价指数的同时，也要考虑在补贴方面的矛盾。

（4）指向商品劳务的购买力，其实现是否充分。比如，消费品牌价是稳定的，但定量的供应不能满足人们的需要，从而，对消费资料的购买力不能方便地、充分地实现，造成强制节约的现象。这时，则不能认为市场物价状况良好。在和平建设时期，我们所需要的也不是这种"稳定"，因为它并不利于调动人们的劳动热忱。相反，物价指数虽有一些波动，但供给的数量和品种还比较充分，购买力的实现没有什么困难，只要货币收入的增加超过物价上升的水平，从而实际收入可以提高，生活可以得到改善，对于这样的市场物价状况，人们所作的评价往往优于前者。当然，需要注意的是，绝不能孤立地只从实际收入提高这一条来判断市场物价是否保持基本稳定。假如这样判断，那么世界上很多存在着通货膨胀的国家，甚至包括那些通货膨胀率达到两位数字的国家，也会被归入实现了稳定目标的国家行列之中。在生产资料方面，道理也是一样的。对于虽有不变的调拨价格，但并不能按这样的价格保证供给，以致生产企业和基本建设单位不得不出高价购买的状况，人们也不会名之为"基本稳定"。

可能还应该有其他一些杠杠。姑且就上面几条杠杠来说，如果在分析物价变动状况时能结合着它们一并加以考虑，对于是否达到"基本"稳定的判断恐怕会比较全面一些。当然，这些杠杠本身如何把握，也并非易事。如财政补贴的极限应该如何测量，如计划难以控制的价格波动超过什么程度就应视之为国家已无力控制，等等。这些都不是能简单、即刻回答清楚的题目。

扩张和紧缩均为保持基本稳定所必需

物价不能绝对稳定，供求也不能绝对平衡。上节曾经讨论到现实流通的货币量大于必要量从而供不应求和小于必要量从而供过于求这样两种情况。通货膨胀的方针会造成前一种情况，通货紧缩的方针会造成后一种情况。但由于客观经济过程总是处于不断变化的状态之中，所以就是坚持平衡的方针、稳定的方针，货币的过多或过少、需求的过大或过小也会是经常存在的现象。这里的原则区别在于：通货膨胀的方针也好，通货紧缩的方针也好，其目标是维持不平衡状况；而平衡的方针、稳定的方针则是不断努力克服难以避免的不平衡状态使之实现平衡。

如果以货币必要量和供求平衡为基准线，出现了超过基准线的货币量和市场需求，是通货膨胀；出现了低于基准线的货币量和市场需求，是通货紧缩，那么，对于把超过基准线的货币量和市场需求压回到基准线的过程以及使过少的货币量和市场需求增加到基准线的过程应该用怎样的概念加以表述呢？对此，似乎没有恰当的词汇可供选择。为了与膨胀相区分，这里姑且用扩张这个词来代表从需求不足推向平衡这个过程（实际上，扩张是泛指增加需求，过分的扩张也就是通货膨胀）。至于压缩过多需求的过程还只好用紧缩二字代表，因为在习惯的用语中，合理的紧缩和过分的紧缩还没有合适的词加以区分。

在一定的条件下需要适度扩张，事实上我们是承认的。例如1950年3月制止通货膨胀之后，由于物价大幅度下跌，出现了商品滞销、工厂关门、商店歇业和失业增加等矛盾。为了尽速克服这样的困难，当时在调整工商业的总题目下采取了一系列措施。其中，如国营企业向私营企业加工订货并由国家银行对加工订货给予贷款支持；如整顿税收，减免对一部分工业产品的课征等，就是属于扩张性质的措施。这些措施对于克服当时的困难起了显著的作用。

不过，问题是我们往往在这方面走得过远。如1956年，基本建设支出的规模安排得过大，职工工资提得过猛，支援农业的贷款增加得过多，财政出现了赤字。这些扩张性的措施造成了主要生产资料库存的锐减和1957年上半年市场物价的上升。再如十年内乱结束后，由于急于求成，最初的两三年所采取的一些措施，也失之于扩张的幅度过大，以致市场状况并没有在结束了政治上的动乱之后迅速取得明显的改善。至于1958年，财政和银行都采取了过度的扩张做法，其消极后果更给人以难忘的印象。正是由于三番两次搞过了头，所以一涉及扩张，给人们的印象就似乎与平衡相对立，而与通货膨胀相等同。其实，这样的理解是片面的。

与扩张相比，紧缩在我们这里的声誉较好。其实，只是由于我们在扩张方面往往走过了头以至不得不采取紧缩措施，于是就形成了似乎只有紧缩才是维护基本稳定所必要的印象。当然这也是一种片面认识。例如并没有紧缩之必要而采取了紧缩措施或紧缩过了头，扩张就会成为实现稳定之所必要。

1950年3月的制止通货膨胀，是一次大紧缩。自那以后曾两度采取紧缩措施。一次是1957年，是针对1956年的扩张而采取的。具体措施有：节约财政开支、压缩投资数额、控制工资支出和职工人员编制、控制农副产品收购价格，等等。当时既有紧缩之必要，紧缩的程度又掌握得宜，所以既消除了1956年过分扩张的后果，同时也保持了一定的增长速度。这是一次很成功的经验。再一次是在20世纪60年代初，针对的是1958年开始的"大跃进"。由于"大跃进"中出现了极度的扩张，所以这次紧缩也极其严峻。当时全民所有制职工自1960年底的5 044万人压缩到1963年底的3 293万人，即压缩了1/3。从这个情况就可看出紧缩的严峻程度。通过大力紧缩，物价迅速回跌，国民经济比例得到了迅速的调整，1961、1962年两年连续下降的经济迅速回升。以1962年为基期，到1965年，工农业总产值上升了55.1%，平均每年递增15.8%；国民收入上升了50.1%，平均每年递增14.5%。事实证明，这又是一次成功的紧缩经验。

然而，类如20世纪60年代初的这种极度严峻的紧缩措施并非任何调整时期均可适用。比如20世纪60年代初大幅度压缩城镇职工，那时这些职工有回到农村的退路，而现在这种退路已不存在。再如，那时过多的"小土群"设施可以一扫光，而现在，过多的生产能力大多是价值连城的现代化技术装备，不仅不能一扫光，而且要加以维护。这些都说明，在变化了的情况下即使又提出了紧缩的要求，也不宜于简单套用过去曾取得成功的经验。事实上过去的几次紧缩各有特点，并不雷同。

关于扩张和紧缩当然还有很多问题值得研究。但就我们现在讨论的问题来说，需要肯定的主要是这样一点，即在坚持基本稳定方针的过程中，为了实现稳定，不仅不应排斥，而且应该自觉地掌握对适度扩张和紧缩的交替使用。

第三章　信贷收支

第一节　现代经济生活中的货币都是通过信用程序投入流通的

现实经济中的货币都是信用货币

第二章第二节介绍了流通中货币的各种形态并用图予以说明。图中列出的货币，如果从银行信贷收支的角度看，都体现着银行的负债：

现金，属于不兑现银行券性质的货币符号，体现着发行它们的银行对持有者的负债；

各种存款是银行对存款者的负债；

活放活收贷款的未动用限额是给予接受贷款者的一种权利，使之可以在这个限度内安排银行负债业务增长的数额；

银行的自有资金则是对国家的负债，是国家拨给银行的信贷基金和准许用来扩大信贷基金的银行结益，其动用权在国家。

实际上银行负债的各个项目也没有不是货币的，如果说区别，只不过在于是现实流通的货币还是潜在的货币。其中外汇存款和外国金融机构的往来有些特点，即它们是可以在外国、在不同国家之间流通的货币，而不属于本国货币的范围之内。下面的分析，一般不把它们考虑在内。

既然在我们经济生活中货币无不体现着银行的负债，即体现信用关系，那么它们就都是信用货币。

信用货币都是通过发放贷款投入流通的

信用货币都是通过贷款发放到流通中去的。当然我们说的是今天而不是金属铸币流通时的情况。比如，商业部门申请增加活放活收贷款的限额 100 000 元以收购工业品和农副产品，而银行同意增加限额，这样流通中就增加了 100 000 元货币。如果该商业部门用的不是活放活收的往来账户，而是存贷分开的普通账户，则情况如下①：

商业贷款	商业存款
×××	×××
(1) 100 000	100 000 (1)

这就是说通过贷款引出了以存款形态存在的 100 000 元。

如果商业部门以存款 30 000 元收购工业品，并提出 45 000 元现金用

---

① 本书用账户举例，均采用借贷复式记账法。再者，下面举例涉及商业贷款，为了说明方便，均用普通贷款账户。

于收购农产品，则货币发生如下的运动：商业存款减少 75 000 元，工业存款增加 30 000 元，现金发行增加 45 000 元。如果不算前期余额，商业存款和工业存款共 55 000 元，现金发行 45 000 元，合计两种形态的货币仍是 100 000 元。这就是说，只要贷款不变，流通中的货币量也不变。

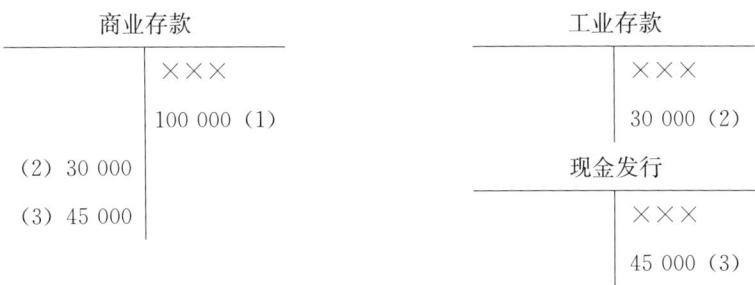

当然，贷款的减少也必然意味着流通中货币量的相应减少。如果工业部门以 20 000 元存款归还过去的贷款，则贷款减少 20 000 元，流通中以存款形态存在的货币也减少 20 000 元。

货币除去通过贷款程序进入和退出流通外，是否也有通过存款程序进入和退出流通的情况呢？只要承认存款也是货币，后一情况就不存在。比如将现金存入银行，是现金发行减少和存款等量增加；如从存款提取现金，则是存款减少和现金发行等量增加。也就是说，只有货币形态的变化而无量的增减。

以上所说，正好可用我们经常采用的一个恒等式来说明：

贷款＝存款＋现金发行

不过，对于这个恒等式通常的解释是：当存款不足以满足贷款的需求时，多出的这部分贷款需求即引起现金发行。这就是说，贷款所引出的只是现金这种形态的货币，至于存款却是先于贷款而存在的。的确，在人们的观念中，是存款构成贷款的基础，而不是相反。但按照我们上面的分析，却产生了一个必然的结论：是贷款引出了存款，而不是相反。到底是先有存款后有贷款，还是先有贷款后有存款呢？这是一个必须搞清的问题。

通常的观念：存款是贷款的基础，没有存款怎么能贷款？那么，对存贷关系是否只应作这样的理解呢？如下的分析说明：先存后贷这种理解有其真理性，但不考虑客观条件的发展而把这一论断绝对化则不正确。

历史上是先有存款后有贷款

历史上，不论是西方的金融业，还是中国的金融业，最初都是从保管业务和汇兑业务开始的。顾客把金锭银锭或金币银币委托给这些金融业的先驱代为保管和运送，为此是要交纳很昂贵的保管费和汇兑费的。当然，顾客一方面不断地委托保管和运送金银，另一方面也不断地取走委托保管和运送的金银。但长久的经营经验告诉这些金融业的先驱，总会有一定数量的金银是保留在它们那里而不取走的，于是就有可能在这个限度内发放贷款——不是用自己的金银，而是用旁人存入的金银去贷款。在这种情况下，存款在前，贷款在后，是明白无误的，而且也只有先吸收存款，然后才能发放贷款。

同时，在这种要用金银进行贷款的古老情况下，也不存在贷款引出货币的问题：如果说金银长期处于保管者手中是贮藏的货币，那么贷款则只不过是把贮藏的货币引进流通,而绝不是创造了新的货币。

随银行信用的发展,贷款也可引出存款

随着银行信用的发展,出现了新的情况。

一是贷款引出了新的货币符号——银行券。简单说来,随着信贷业务的扩大,金融业者发现发放贷款也可以不用金银,而用自己的欠条——允许持有者随时向发行者按票面金额索取金币银币的欠条。因为借者的目的不在于获得金银本身而在于获得流通手段和支付手段,所以有信誉的银行开出的欠条与金币银币一样受到欢迎。这种欠条逐步定型就是银行券。发出的银行券经过或长或短的时间,可能会被持有者拿到银行要求兑取金币银币,或者用来归还银行贷款,但终归有一部分在外面流通。所以,金融业者就可以超出他们所吸收的金币银币存款数额提供贷款,而与这种贷款相对应的则是投入流通的信用货币。开始,一般银行都发行银行券。后来,一般银行发行银行券的权利逐步被剥夺了;发行银行券成了中央银行的特权。

二是出现了贷款引出存款的新现象。在信贷业务日益发展的过程中,金融业者发现,由于转账业务的不断扩大,存款中只有一部分要求提取现金,而贷款有时转为存款用以进行转账,并不要求金币银币。假设,在当时的情况下,经验证明只要保存相当于存款总额 20% 的金币银币库存即足以保证日常提取现实铸币的需要,再假设顾客甲$_1$甲$_2$……在 A 银行存入 10 000 元金币,那么就必然发生类似如下的过程:

(1) 顾客甲$_1$甲$_2$……向银行 A 存入 10 000 元金币。

(2) 银行 A 向在本银行开户的顾客乙$_1$乙$_2$……贷款共 8 000 元,乙$_1$乙$_2$……需要的是用转账方式支付而不需要金币,于是贷款转入他们的存

款账户并使存款增加 8 000 元。

（3）现在银行 A 存款总额是 18 000 元，为此必须保持金币库存 18 000×20％＝3 600 元，这就是说，只要顾客要求现金贷款，银行 A 则具有可以贷 10 000－3 600＝6 400 元的能力；假如现在有顾客丙$_1$丙$_2$……要求现金贷款 6 400 元用以向银行 B 的顾客戊$_1$戊$_2$……银行 C 的顾客壬$_1$壬$_2$……以及银行 D、E 等的顾客支付货款；其中如果向戊$_1$戊$_2$……支付的货款是 4 000 元，他们又都把这些金币存入自己的往来行银行 B，于是银行 B 增加了 4 000 元存款和 4 000 元金币的库存。

（4）银行 B 也会向本行开户的顾客己$_1$己$_2$……提供贷款，比如提供了 10 000 元，这些顾客当时不需要金币，于是他们的存款账户共增加 10 000 元。

（5）这时银行 B 共有存款 14 000 元，按同样的道理，应保留金币库存 2 800 元，还有 1 200 元的金币可以贷出，如果贷给顾客庚$_1$庚$_2$……他们向可能包括银行 A 在内的其他银行的顾客支付金币。

（6）银行 C、D……的顾客把他们从银行 A 和银行 B 的顾客那里所收入的金币分别存入他们的往来行，如果银行 A 的顾客也可能从银行 B 的顾客那里收入金币并把金币存入银行 A，那么银行 C、D，也可能包括银行 A，它们的存款增加 3 600 元（银行 A 的顾客支付给银行 C、D……的顾客 2 400 元；银行 B 的顾客支付给银行 C、D 也可能包括银行 A 的顾客 1 200 元），这 3 600 元也会进行类如在银行 A 和银行 B 中所发生的过程，并将会按照同样的规律形成 18 000 元的存款。

从顾客甲$_1$甲$_2$……向银行 A 存款开始的过程见图 3-1。结果是可以推算出来的：贷款总额将是 40 000 元，这包括银行 A 的贷款 14 400 元，银行 B 的贷款 11 200 元，以及银行 C、D……（也可能还有银行 A、B）将会发放的贷款 14 400 元；存款总额将是 50 000 元，这包括在银行 A 的

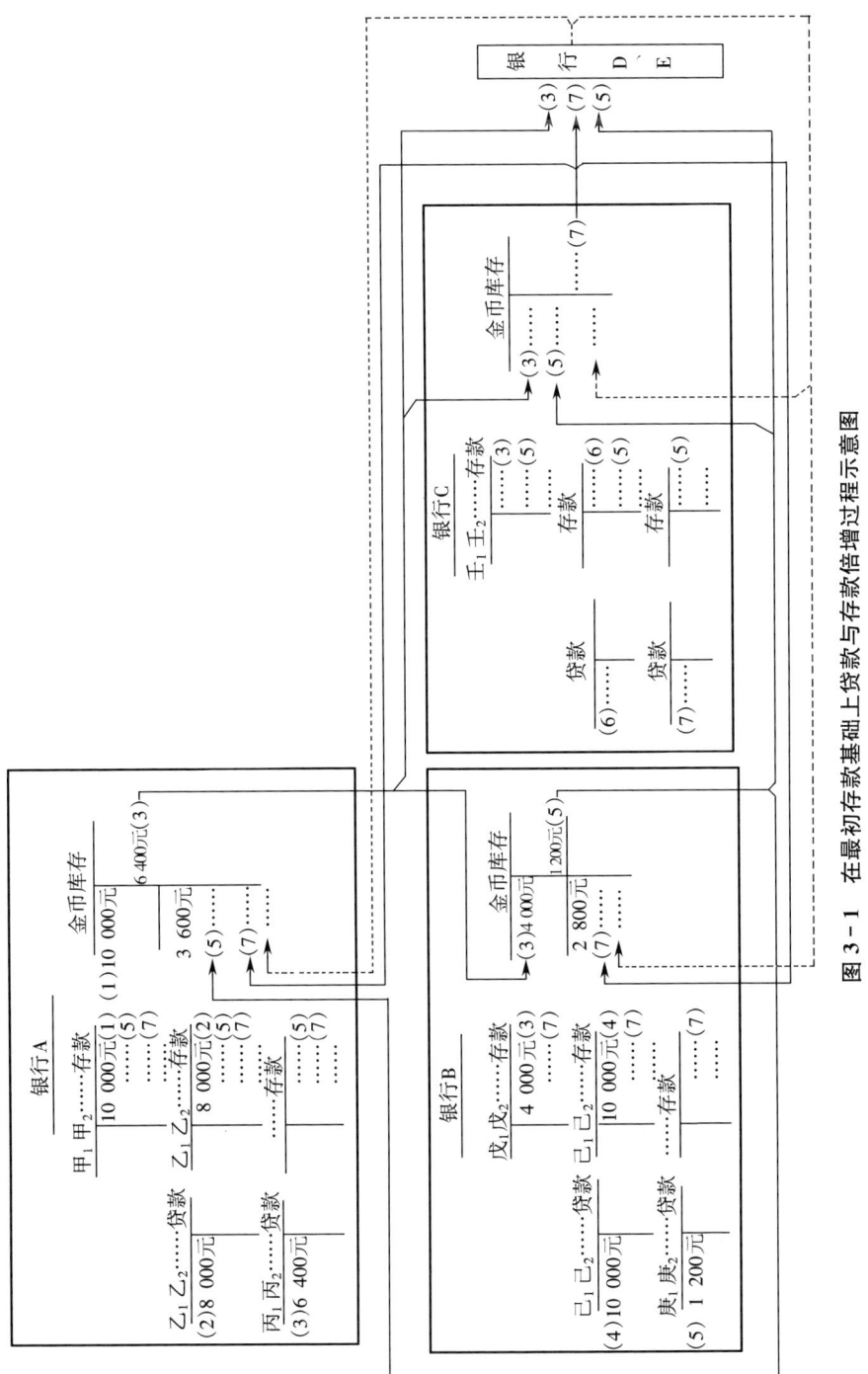

图 3-1 在最初存款基础上贷款与存款倍增过程示意图

存款18 000元，在银行B的存款14 000，在银行C、D……（也可能还有银行A、B）将会形成的存款18 000元。它们之间的数量关系可以这样表示：

存款总额50 000元＝最初存款10 000元÷20%

贷款总额40 000元＝存款总额50 000元－最初存款10 000元

＝新增存款40 000元

不过，不论存款同贷款之间出现多么复杂的情况，从这个例子仍然可以非常明显地看出，存款仍然是贷款的前提——如果银行A没有吸取最初的10 000元金币的存款，就不能有14 400元的贷款；如果银行B没有吸取4 000元金币的存款，就不能有11 200元的贷款；而从总体看，如果没有那10 000元金币的最初存款，不可能出现总额为40 000元的种种贷款并最终形成50 000元的存款。可是，与此同时又必须承认，如果没有积极的贷款活动，超出最初存款的存款也不会产生。具体一些说，也就是没有40 000元的贷款，不可能产生40 000元的新存款。其中，（2）（4）以及类似的过程是典型的贷款引出存款的过程，所谓派生存款最初指的就是这种情况。由于50 000元存款中有40 000元是超出最初存款的，而且它们没有金币库存与之相对应，所以也往往称这40 000元为派生存款。

吸收存款仍然是现代商业银行扩大业务活动的基础

现代商业银行已经没有过去商业银行曾经有过的发行银行券的权利。它们要开展经营活动首先是要筹集一定数量的自有资本，然后在这个基础上则要大力组织外来资金，就商业银行来说，主要是存款。

顾客如果是用现金——现在已无金银铸币而只有中央银行发行的不兑现的银行券——来存款，则存款和现金库存均增加。如存入 100 000 元，则：

存款	现金库存
×××	×××
100 000 元（1）	（1）100 000 元

顾客如果再用其他银行的支票存入，支票通过中央银行交换，则存款和存在中央银行的准备金均增加。如存入 200 000 元，则：

存款	现金库存	存在中央银行的准备金
×××	×××	×××
100 000 元（1）	（1）100 000 元	
200 000 元（2）		（2）200 000 元

现在假如有顾客需要现金，该银行可在 100 000 元的限度内发放贷款，因为有 100 000 元现金库存；假如有顾客需要向其他银行的顾客用转账方式付款，则该银行可以在 200 000 元的限度内贷款，因为当其他银行通过中央银行要求该银行付款时，该银行在中央银行有 200 000 元存款准备金可用以支付。

现金存入中央银行即转化为存款，在中央银行有了存款也可提取现金。所以现金和在中央银行的存款这两者共同构成商业银行的准备金。

是否准备金有多少，银行就只能发放多少贷款呢？就如同金币银币的库存量并不直接限制银行贷款的数量一样，现在的银行准备金，其数量也不是贷款的最高界限。而且，只要把这里的准备金看作上面所谈的金币库存，则准备金同存款贷款总额的关系与上面所谈的金币库存与存款贷款的关系完全一样。如果把准备金——为了保证存款提取现金和对其他银行支付而需要留有的准备金——同存款的比称为准备金率，则：

可能的存款最高额 = 准备金总额 ÷ 准备金率

可能的贷款最高额 = 可能的存款最高额 − 准备金总额

需要说明一点，由于准备率决定着创造存款这种信用货币的数额，所以现在它的意义首要的已不是保证银行履行自己的支付义务，而是成为控制货币供给量的主要手段。

分析到这里，结论依旧。对于私人商业银行来说，吸收存款仍然是第一位的，即只有吸收存款才能形成准备金，才能扩大贷款等金融业务。然而，共同点到此就结束了：在上面说明的情况中，基础是 10 000 元金币，而现在，基础却是不兑现的银行券和中央银行的准备存款。这两者是有很大区别的。金币的存在是独立于银行信用之外的——银行信用无论如何大都不能创造哪怕一枚金币；而银行券和处于中央银行的准备存款，它们本身就是一种信用关系，因而还需进一步分析。

从整个银行体系看则会得出相反的结论

先看银行券。银行券的发行权现在都已集中在中央银行。银行券的发行是中央银行的负债业务，与之相对应的资产，在历史上，首先是发行银行掌握的贵金属。但银行券的发行如不能突破贵金属准备的限制，也就没有什么意义。特别是今天，贵金属已停止流通，银行券已停止兑现，贵金属保证对银行券发行的限制，即使有，也只不过是象征的意义。其次是国家债券。银行把对国家的贷款作为与银行券发行相对应的资产也是很早就出现的，但在和平时期其数量不大，现在却占相当重要的地位。不过为了简化这里的分析，我们暂把国家信用抽象掉，到后面的第四章再谈。如果撇开贵金属准备与国家信用,那么与银行券发行相对应的资产主要是对商业银行的贷款(有的中央银行也同工商企业发生直接的信用联系,那么这种资产中也就包括对工商业的贷款)。具体的过程也颇简单:商业银行用再贴现、再抵押或更简捷的方式向中央银行借款,如果需要现金,中央银行则用自己发行的银行券提供贷款。如用现钞贷款30 000元,则账务处理如下:

对商业银行的贷款	银行券发行
×××	×××
(1) 30 000元	30 000元 (1)

再看商业银行在中央银行的准备存款。这种存款对中央银行来说也是负债业务,那么与之对应的资产是什么呢?主要有两种情况:一种情况是商业银行用银行券向中央银行存款,比如存入2 000元,则账务处理如下:

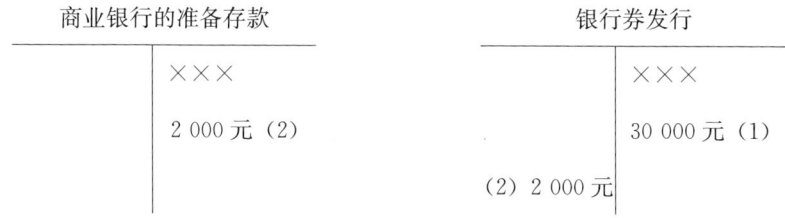

这就是说,存款增加的2 000元与银行券回笼的2 000元相对应。但这2 000元银行券原来是与对商业银行贷款30 000元中的2 000元相对应的。现在,贷款依然存在,依然是30 000元,而银行券却消失了2 000元,代替它的则是2 000元的存款。这样,2 000元存款不过是原来引出银行券的那种贷款的结果。

再一种情况是对商业银行的贷款直接转化为商业银行的准备存款。比如，商业银行向中央银行请求贷款 150 000 元，如果不要求现款，就会转化为商业银行的存款：

对商业银行的贷款	商业银行的准备存款
×××	×××
（1）30 000 元	2 000 元（2）
（3）150 000 元	150 000 元（3）

商业银行申请贷款是要用来支付的。比如商业银行 A、B、C、D 的顾客开出支票向商业银行 N、O、P、Q 的顾客付款，这些支票将会由 N、O、P、Q 代收。在中央银行结算时，A、B、C、D 需向 N、O、P、Q 付款。但是只要后者不要求现款，则 A、B、C、D 的准备存款减少，N、O、P、Q 的准备存款增多，存款总额不变。如要求现款，存款减少了，银行券发行等量增加。就如同贷款引出的银行券发行可转化为存款那样，贷款引出的存款也可转化为银行券发行。

所以，无论哪一种情况都说明，商业银行在中央银行的准备存款是由中央银行对商业银行的贷款引出的。

虽然就各个商业银行来看，它们所筹集的准备金决定着它们贷款的规模，但是就准备金而言，不仅其中的银行券是由贷款引出的，大量的准备存款也是由贷款引出的。于是从整个银行体系来看，我们就看到了这样的链条：中央银行对贷款的控制决定着准备金的规模；而准备金的规模又决定着各个商业银行扩大贷款并从而扩大存款的规模。这就是说，当流通中存在的都是在银行信用基础上所创造的信用流通工具时，整个银行体系中的存贷关系出现了一个根本性的变化，即不是存款先于贷款，而是贷款先于存款。

在我们的经济生活中也是贷款先于存款

在我们的经济生活中，存款与贷款之间是一种怎样的关系呢？应该说，在人们的心目中占统治地位的仍然是"吸收存款，发放贷款"这种传统观念。其实，这种观念只是对信用合作社来说才是正确的。信用合作社吸收存款，然后发放贷款，发放不出去的存款转存到国家银行，存款满足不了贷款需求也可从国家银行取得贷款支持。在这里，只有有了资金来源才能谈得上资金运用的关系是一目了然的。然而，如果从整个国民经济的角度来考虑问题，就可看到这种观念并不成立。不仅对整个银行体系来说，这种观念不能成立，对国家银行的每一个分支机构来说，也不宜简单套用。

在这里有一个很重要的问题必须先搞清楚，即我们的银行体系完全不是西方那样的一家中央银行加众多家商业银行的体系。

西方任何一家私人银行，都是一个独立运用资金的单位。就像前面所举的例子，它们开展金融业务活动的规模是受它们通过吸收存款等方式所筹集的准备金多少所制约的。如果一家商业银行超过允许的界限发放贷款，以致顾客开出的支票金额大于该银行在中央银行的准备存款，它的支票就会被拒绝支付——习惯上称之为"顶票"。要是真的发生了这种情况，就意味着该银行的破产。

我们的银行体系则是国家银行的体系。过去很长一段时间，除专营外汇的中国银行外，全国只有一家银行——中国人民银行。现在就先从只有一家银行的状况分析起。

虽说只有一家银行，分支机构却为数极多。但与西方商业银行比较，我们国家银行的任何一个分支机构都没有它们的那种独立性。第一，国家银行的分支机构无论吸收多少存款，它们也不会掌握一分钱的资金——资金全部归总行掌握支配。一个私人商业银行吸收1 000元现金的储蓄，它的现金库存即增加1 000元。而我们的银行分支机构吸收了1 000元现金的储蓄，现金则要缴入发行库并上划总行——该分支机构的现金库存一分钱也不会因之增加。一个私人商业银行通过转账代顾客从其他私人银行收入一笔款项，如1 000元，该银行在中央银行的准备存款即增加1 000元可供它支配。而我们的银行分支机构代顾客从其他分支机构收入一笔款项，如1 000元，那么除了联行往来账户上记上1 000元说明它来自"联行"之外，该分支机构本身在总行也是不会有一分钱的存款的，因为分支行在总行根本没有准备存款账户。第二，国家银行的分支机构要发放贷款，它们靠的完全不是像私人商业银行所掌握的那种准备；它们要贷款，则需要有总行的贷款指标，即计划期内分别允许它们发放贷款的最高限额。只要不超过指标，贷款时要现金，可从发行库提取；贷款要用于转账，通过联行，任意金额的款项都会记入收款人账户。类似准备存款不足而被顶票的现象在我们这里根本不存在。这套办法，我们这里习惯上称之为"大联行"。在这种情况下，不论分支机构有多少，从信贷资金的管理体制上看，全国就是只有一张资金平衡表的一家银行。

近些年，银行资金管理体制有些改变：从简单分配贷款指标的办法改为"存贷挂钩，差额包干"的办法。但后者仍然没有超出指标管理办法的范围。只不过过去的指标是一个不变的金额，而现在的指标则是随某种条件的变动而变动的金额。其所以这样说，因为对任一分支机构来说，它们仍然还是一分钱的实实在在的资金也没有把握在手的。

因而，分析我们经济生活中的存贷关系，就可以用全国唯一的一张信贷资金平衡表来分析。

当我们考察任一时点上的银行资金平衡表时，都会发现该平衡表上负债方的存款、现金发行，连同其他负债科目，总是同以贷款为主的资产科目处于平衡状态。如果用存款是贷款基础的观点来分析这种情况，即任何一分钱的存款都已经被贷款所利用。这时对于新的贷款需求应该怎样满足呢？如果根据先存后贷的原理来考虑，无论如何需要先有新的存款。那么新的存款从何而来呢？假如有金银铸币流通，自可开展吸收存款的活动，把金币银币吸收进来再贷放出去。但现在已完全禁绝金银币的流通。因而唯一可能的途径是吸收现金——中国人民银行发行的钞票——存款。但问题是，现金发行已经是贷款的资金来源，所以用减少现金来增加存款并不会使资金来源总额增多（在银行资金平衡表上是存款增加和现金发行减少），从而也不会有新增加的贷款出现。如果把现金发行量这个因素视为给定的，那么存款一分钱也无从增多。这样一来，贷款也同样是一分钱也不会增多。自然，人们并没有走进这条死胡同里。当新的贷款需求提出来的时候，只要判断这种贷款要求合理（就私人商业银行来说，就是贷款的还本付息有保证），就可以发放。如果用现金发放，这笔贷款就有了一笔现金发行的资金来源；如果是把贷款转入借款人的存款账户或借款人需支付的对方的存款账户，则这笔贷款就有了一笔存款形态的资金来源。在这里，贷款的扩大引起了存款的增加而不以存款的增加为前提，是一个一目了然的过程。所以，当全国只有一家银行而这一家银行的资金平衡表也就是整个国民经济中的信贷收支平衡表时，存贷的相互关系更加简明了。

当然，我们现在并不是只有一家银行。在中国人民银行之外还有中国农业银行、中国银行、中国人民建设银行以及为数众多的信用合作社。但这并不否定我们在分析整个国民经济中的信贷资金运动时可以采用全国一家银行的模型。因为中国人民建设银行是财政系统的拨款银行，信用合作社虽然为数众多，但它们还没有创造存款的独立作用，至于其他银行，就国内信贷活动来说，实际上资金还是统一的。

1983年9月，国务院决定改革银行体制：中国人民银行专门行使中央银行职能；成立中国工商银行承担工商信贷和储蓄业务。"大联行"的资金管理办法恐怕也要改变，如专业银行在中央银行保存一定准备金的办法也不排斥有可能采用。但纵然变得像西方银行体系那样复杂，从整个国民经济角度看，也改变不了贷款引出存款的结论。更何况不论如何变化都改变不了我们的银行体系是国家银行体系这一本质特征，因而我们经济生活中的存贷关系较之西方经济生活中的存贷关系总会简明得多。

不存在尚未运用的信贷资金来源

刚才我们说，任何时点上的信贷资金平衡表总是平衡的。这就等于说，所有的资金来源都被占用在资金运用之中。如果说得更粗略一些，我们会发现，所有的存款没有一分钱是闲置在那里而未被作为贷款的资金来源的。这个现象似乎很奇怪。按照通常的思路，吸收进来的存款可能全部贷出，但不会任何时候总能全部贷出，然而事实却与这个观念相抵牾。

当存贷都用金属铸币进行时，无疑不可能把存入的金银币全部贷出。那时在吸收的存款中能够贷放出去的比例对金融业者来说，是极其重要的问题，因为它关系到盈利；而且在估计金融业者的实力方面也很重要，因为表示金融业者的实力的不只是吸收的存款多少，更重要的是贷出款项的能力有多大。就是到现在，对一个私人商业银行来说，它的现金库存和在中央银行的准备存款——这是它所吸收的资金中未被运用的部分——在其所吸收的资金总额中占多大比例也是人们经常关注的问题。

然而从整个现代银行体系来看，这完全是另外一回事。现在已经没有金属货币的流通，从而也就没有不依存银行贷款业务的存款来源。如果说，只能是先有存款后有贷款，那么从逻辑上推论，当金属铸币停止流通之后，也就不可能有任何银行信用业务发生。但这个矛盾是早就解决了：不是先存后贷，而是先贷后存；不是有了资金来源才有资金的运用，而是资金的运用引出资金的来源。所以，在估计银行信贷的力量时，还有多少存款没有贷出、还有多少资金来源未被利用这样的问题已不存在。如果说有，只是在这样的一些情况之下：

孤立地就一个信用合作社的信贷收支来说，确有没有被利用的存款——它所吸收的存款尚未全部贷出。但不论是用现金存入的，还是用转账来的款项存入的，这些存入的现金和转来的存款，其实早就都是贷款——比如农副产品收购等贷款——的资金来源了。

在"存贷挂钩，差额包干"的体制下，国家银行的分支机构在可以保证包干差额的条件下，如果还有多余的存款金额尚未利用，也往往被看作存在着多余的资金来源。但上节指出，任一分支机构吸收任意数量的存款是全属中央的；它所享有的只是贷款指标——随存贷差额的变动而变动的指标。指标并不是已经存在的资金来源，只有当动用指标发放贷款之际，才同时有现实的资金来源——不论是现金投放还是存款增长——出现。

只有在对外关系上才存在本来意义的未动用的资金来源。比如我们吸收了外币存款或借来了现汇却没有加以运用就属于这种情况。当然，现在的外汇也都是以信用形式存在的：它们都是银行的负债，从而都是资金运用的结果。不过这种对应关系是存在于外国的银行体系之中，而对于我们来说，就像一个信用社那样，是存在着吸收进来的存款能否最大限度地加以贷放的问题。

所以，只要暂不考虑对外关系，从整个银行体系看，提出还有多少存款、多少资金来源未被利用这样的问题是没有意义的。代替这一问题的应是：扩大贷款的客观界限何在？这就是下一节要讨论的问题。

第二节　对银行信贷力量的分析

银行扩大信贷在技术上的无限可能和在经济上的客观界限

不是存款制约着贷款，而是贷款引出存款，是有多大的资金运用，在账面上就有多大的资金来源与之相对应。这样，从技术上看，银行作为一个整体，其扩大信贷的能力就会是无限的。如果说贷款要求用现钞来提供，还有一个印钞机的转动速度问题——钞票能不能印得出来；要是不用现金，任意的金额只要记上两笔账——贷款账户和存款账户各记一笔——就意味着该金额的贷款已经发放，同等金额的货币已进入流通，则整个过程只不过是举手之劳。

这种账务处理的过程在金属铸币流通时即已出现，但那时，信贷的扩大要受银行体系掌握的金准备状况所制约。当然，贷款可以比金准备多好多好多倍，从而由贷款引出的存款和银行券的发行也比金准备多好多好多倍。但是周期性危机的征兆一旦呈现，就会引起大量存款要求提取金币、大量银行券要求兑换为金币的过程。在这种情况下，由于企业、银行的破产，扩大了的信贷则会重新缩小。对此，马克思曾这样概括："随着信用制度的发展，资本主义生产不断地企图突破这个金属的限制，突破财富及其运动的这个物质的同时又是幻想的限制，但又不断地碰到这个限制"[①]。

金属货币停止流通，贵金属这条限制没有了，但还有一个更一般性的

[①] 《马克思恩格斯全集》中文版，第25卷，第650页，北京，人民出版社，1974年。

限制，即借款需求的限制。比如，当人们企图扩大贷款时却缺乏借款需求，贷款也难以扩大。这种情况曾是20世纪30年代世界性萧条时的典型现象。就是近些年，有些国家用降低利率刺激扩大信贷需求而需求却不随人们的意愿扩大的情况也屡有发生。这就是说，信贷虽然有无限扩大的可能，但问题是人们要求不要求借款；如果不要求，现实的信贷规模也只能处于低水平上。不过，客观经济生活即使本来没有对信贷的需求，通过其他途径，如扩大财政支出，以信贷弥补巨额赤字，就可以人为地创造对信贷的需求。所以借款需求对于限制信贷扩大的规模仍无决定的意义。

由于扩大信贷的实质是向流通扩大货币投放，所以最后的客观界限应从货币流通方面来寻找。

第二章第三节谈过，现实流通的货币有个必要量的问题，投入流通的货币可以转化为潜在货币的量也应有其规律，这两者之和我们约定称之为流通对货币的容纳量，即：

$$M_d = M_{dc} + M_{dp}$$

这个 M_d 也就是银行信贷力量的客观界限。第二章第二节以图的形式列出了流通中货币的各个项目。这些项目有现金总量，有包括汇兑在途资金在内的存款总量，有活放活收贷款的未动用限额，还有银行自有资金。这几项，除去活放活收贷款的未动用限额这一项，其他就是我们信贷资金平衡表上的国内信贷资金来源总和。至于活放活收贷款，只要把这种贷款账户改为普通贷款账户，则未动用限额就随时会变成存款。所以，流通中的货币供给，即 M_s，就是现有的银行信贷的资金来源，或者说，银行信贷资金来源总额就是 M_s。我们知道，货币的供给应以流通对货币的容纳量为度，所以，客观可以容纳多少货币，即 M_d，当然也就是银行所能"创造"的信贷资金的客观数量界限。有了这个界限，那么可以"创造"多少信贷资金来源，是"创造"得少了还是"创造"得过了头，就都有了个衡量的尺度。而资金的来源是由资金的运用创造的，所以这个界限也就是扩大资金运用，或者不那么精确地说，也就是扩大贷款的客观界限。

这样，有以下对应关系：

$$\text{现在的或将要实现的资金运用总额} = \text{现在的或将要实现的资金来源总额} = M_s$$

$$\text{客观允许的资金运用总额} = \text{客观允许"创造"的资金来源总额} = M_d$$

这两者之间应实现 $M_s = M_d$。

当然，完全有可能造成 $M_s > M_d$ 的局面。但只要出现了这样的局面，则必将导致货币贬值和货币流通的紊乱。假如信贷一股劲地扩大从而货币供给一股劲地增加，最终则会导致货币流通的彻底崩溃瓦解和信用关系的完全停顿。

所以，当我们明确不是存款在先，而是贷款在先时，同时还要明确贷款扩大的客观界限。否则就会得出银行信贷力量是无限的这种错误结论。

银行信贷的力量有多大，这是一个使人很头痛的问题。但通过上面的分析可以看出，这个问题其实会还原为一个货币问题，而货币问题在马克思主义的理论中则早有定论。所以，只要把握住这一点，这个问题的解决，至少从理论上说，也不那么困难。

举个例子

为了把这样的关系搞清楚，设一例子加以研究。

先不考虑潜在货币问题。假设：

（1）第一周开始，工农业生产单位向国民经济提供产品100，产品由各式各样的商业单位（也包括经营生产资料的）收购，收购所需资金由银行贷款。

工农业生产单位收入的销货款作如下分配，40存在银行用于补偿和积累，按照资金周转规律，它们需要分别在第二周和第三周开始时各支出20；60提取现金用于向个人支付劳动报酬，而个人收支规律大体是随后各周开始时依次支出30，20，10（为了简化，财政收支和各种社会性消费均不单独列出）。

这样，在本周所发生的是，通过对商业的贷款把100货币投入流通并分解为工农业生产单位掌握的货币资金40，个人掌握的货币收入60，流通中货币量为100。

价格为100的商品物资掌握在各个商业单位手中。

（2）第二周开始出现两个过程：

a. 继续（1）开始的过程：

工农业生产单位支出20向商业单位购买，用于补偿和积累；个人支出30向商业部门购买，用于消费；

商业单位用销货款20＋30＝50归还贷款。

b. 工农业生产单位第二次向国民经济提供产品100，从而开始（1）所描述的过程。

这两个过程交错在一起的结果是：

工农业生产单位有货币资金（40－20）＋40＝60，个人手中有货币收入（60－30）＋60＝90，流通中货币量为150；

商业单位的贷款余额是（100－50）＋100＝150，掌握着价格为150的商品物资。

（3）第三周开始，出现三个过程：

a. 继续（2）a 的过程：

工农业生产单位支出 20 向商业部门购买，用于补偿和积累，预定用于补偿和积累的 40 货币资金用光；个人支出 20 向商业部门购买，用于消费；

商业单位用销货款 20＋20＝40 归还贷款。

b. 继续（2）b 的过程，这个过程同（2）a。

c. 工农业生产单位第三次向国民经济提供产品 100，从而开始（1）所描述的过程。

这三个过程交错在一起的结果是：

工农业生产单位有货币资金

$$[(40-20)-20]+(40-20)+40=60$$

个人手中有货币收入

$$[(60-30)-20]+(60-30)+60=100$$

流通中货币量为 160；

商业单位的贷款，商业单位所掌握物资价格总额是

$$[(100-50)-40]+(100-50)+100=160$$

（4）第四周开始，出现四个过程：

a. 继续（3）a 的过程：

个人支出 10 向商业部门购买，用于消费，预定用于消费的收入用光；

商业单位用销货款 10 归还贷款。

b. 继续（3）b 的过程，这个过程同（3）a。

c. 继续（3）c 的过程，这个过程同（2）a。

d. 工农业生产单位第四次向国民经济提供产品 100，从而开始（1）所描述的过程。

这四个过程交错在一起的结果是：

工农业生产单位有货币资金

$$[(40-20)-20]+[(40-20)-20]+(40-20)+40=60$$

个人手中有货币收入

$$\{[(60-30)-20]-10\}+[(60-30)-20]$$
$$+(60-30)+60=100;$$

流通中货币量为 160；

商业单位的贷款量，商业单位所掌握的物资价格总额同样是

$$\{[(100-50)-40]-10\}+[(100-50)-40]+(100-50)+100=160$$

（5）第七周开始，出现四个过程：

a. 继续（4）b 的过程，这个过程同（4）a；

b. 继续（4）c 的过程，这个过程同（3）a；

c. 继续（4）d 的过程，这个过程同（2）a；

d. 开始（1）的过程。

实际上这与第四周的过程完全一样，以后每周开始的过程也相同。恐怕不需要解释，如此均衡的生产过程，每周只在开始的那一瞬间进行交易等都是为了简化说明而假设的，现实的运动当然要复杂得多，不过基本道理也就是这样。

上述过程如用账户形式表示会更清楚一些（见表 3-1）。

表 3-1

周次	对所有商业单位的贷款 (库存增加)	(库存减少)	所有工农业生产单位的存款 (开支)	(销货收入)	现金发行 (商品销售回笼)	(劳动报酬投放)
Ⅰ	(1.1) 100			100 (1.1)		
			(1.2) 60			60 (1.2)
	100			40		60
Ⅱ	100			40		60
		20 (1.3)	(1.3) 20			
		30 (1.4)			(1.4) 30	
	(2.1) 100			100 (2.1)		
			(2.2) 60			60 (2.2)
	150			60		90
Ⅲ	150			60		90
		20 (1.5)	(1.5) 20			
		20 (1.6)			(1.6) 20	
		20 (2.3)	(2.3) 20			
		30 (2.4)			(2.4) 30	
	(3.1) 100			100 (3.1)		
			(3.2) 60			60 (3.2)
	160			60		100
Ⅳ	160			60		100
		10 (1.7)			(1.7) 10	
		20 (2.5)	(2.5) 20			
		20 (2.6)			(2.6) 20	
		20 (3.3)	(3.3) 20			
		30 (3.4)			(3.4) 30	
	(4.1) 100			100 (4.1)		
			(4.2) 60			60 (4.2)
	160			60		100

从这个账户表可以看出，通过不断地提供贷款，不断地把货币投入流通；进入流通的货币，通过购买商品和归还贷款又不断地回笼。由于从货币收入到支出有个过程，所以总会有要买而尚未买的货币。而根据这个例子假设的条件，那就是工农业生产单位的存款账户将经常有存款60，个人手持现金将经常有100，即流通中必要量将是160。其形成过程还可以用表3-2说明。

表3-2　各周处在流通中的货币

I	II	III
100	$100-(20+30)=50$	$100-(20+30)-(20+20)=10$
	100	$100-(20+30)=50$
100		100
	150	
		160

IV	V
$100-(20+30)-(20+20)-10=0$	
$100-(20+30)-(20+20)=10$	$100-(20+30)-(20+20)-10=0$
$100-(20+30)=50$	$100-(20+30)-(20+20)=10$
100	$100-(20+30)=50$
	100
160	
	160

流通中货币必要量160是由将会有的存款60和将会有的现金发行100所构成。存款与发行是信贷资金来源，所以信贷资金来源将有160。这也就决定了贷款发放的可能规模应该是160。

说到这里，就把信贷的数量界限取决于货币必要量的问题通过例子进行了印证。

上面的例子没有涉及潜在货币的因素。只要我们假设货币收入中有5%长期不动用，即假设第一周销货款中归生产单位的40在第二周支出

20 后，在第三周不是支出 20 而是支出 18，即留下 2 长期不动用，归个人的 60，在第二周支出 30 和第三周支出 20 之后，在第四周不是支出 10 而是支出 7，即留下 3 长期不动用，这样就有了潜在货币。从而流通中的货币将如表 3-3（其中潜在货币用括号括起来）所示。

表 3-3　各周处在流通中的货币

I	II	III	IV	V	VI	……	年末
100	50	10+(2)	(2+3)	(2+3)	(2+3)	……	(2+3)
	100	100	50	10+(2)	(2+3)	(2+3)	……	(2+3)
		150	100	50	10+(2)	(2+3)	……	(2+3)
			160+(2)	100	50	10+(2)	……	(2+3)
				160+(7)	100	50	……	(2+3)
					160+(12)	100	……	(2+3)
						160+(17)	……	……
							……	10+(2)
							……	50
								100
								160+(252)

在这样的计算中，流通中的货币清楚地分而为二：一部分是货币必要量，它是一个不变的值，即还是那个 160；另一部分则是将转化为潜在的货币量，它是不断积累增大的，到年底将积累到 252。

潜在货币的存在，无疑增大了银行信贷资金的数量，即可以扩大的贷款规模不是 160，而是 412。

银行信贷力量在社会产品分配上的反映

信贷收支与货币运动的对应关系在数量上是分厘不差的，但信贷资金与社会产品的对应关系则复杂得多。一个颇为常见的说法是：信贷资金是与社会产品相对应的,对信贷资金的支配也就意味着对社会产品的支配。这样的概括是否全面需要作些分析。

分析还可就上例进行。从例子可以看出,社会产品的分配是在信贷收支和货币收支的交错过程中实现的。在这个过程中,贷款投出货币并使取得贷款的部门掌握了同等价格量的商品物资;投出的货币经过分配和再分配将被用于购买,这一方面使取得贷款的部门所掌握的商品物资减少,同时销售收入用于归还贷款也使得贷款以同等金额减少。这种情况说明,信贷资金是有社会产品与之相对应的。其中,从信贷资金来源方面说,只能说有商品物资与之相对应但说明不了这些商品物资在何处;而从信贷资金运用方面说,则是谁取得贷款,谁就掌握着与之相对应的商品物资。但不论如何,通常所说的对信贷资金的支配也就意味着对社会产品支配的观点,在这个例子中得到了解释。

问题是,只要考虑到现实生活还会存在的其他一些情况,这样的论断就须修正。

比如,商业各单位从工农业生产部门所收购的产品中,由于种种原因,有一些是不能销售的或必须折价销售的。那么与信贷资金相对应的就将是较少的商品物资。这种情况是否一定会引起不能容忍的消极后果以致必然要迫使信贷资金也相应减少呢?那倒不一定。这里,比如说,涉及必要库存的问题。

在例子中,商业单位每周销售额是100,库存是160。我们知道在一定的经济条件下,库存与销售额的比例是有其规律性的。因此,对于100的销售额来说,库存160到底是多、是少,还是恰好,则有三种可能:

假如库存量160恰好可以保证销售。在某一周,当其中的一些商品,比如,数量相当于价格总额10%的商品,由于种种原因不能销售,从而实际库存不过是160－16＝144的时候,结果必然是该周用于购买的100

货币也将会有一部分，假设也是 10%，买不到商品物资。这 10 积累起来使货币量增到 170，从而信贷资金来源增大到 170，而商业单位由于销货款减少 10，从而贷款的归还数量也会相应减少 10，贷款余额则会增大到 170。这种情况说明，虽然资金来源与资金运用平衡，但当信贷资金没有商品物资相对应时，就会使一部分货币成为过多的，市场供求就会失去平衡。这样的论断与通常的论断——信贷资金代表商品物资——还是一致的，只不过它是从反面作出的论断，即如果信贷资金没有商品物资相对应则要出问题。

假如库存 160 对于保证销售额 100 不仅足够，而且有余，比如有余 20%，即 32，那就会出现新的情况。这时，如果库存都是适销对路的商品物资，那么，就必须扩大贷款——如向工农业生产单位贷款——创造新的货币以使多余的物资转移到需要的部门加以充分运用。如果其中有些商品物资有问题，但只要其金额不超过 32，则货币必要量、信贷资金来源、信贷资金运用都不会因之变动，再生产过程仍可按原有规模顺利进行。这种情况则说明，在一定条件下，信贷资金虽然没有商品物资与之相对应，但并非必然出问题，并非正常经济运转之所不能容忍。换个更一般的提法，即信贷资金并不一定要求在任何条件下都有商品物资与之相对应。

假如库存 160 不足以保证日常销售的需要，实际上我们假设的例子也就不能成立，因为经济运转将会中断。当然，问题是可以解决的，但那涉及其他条件，在后面是要讨论这种情况的。

通过上面分析，可得出这样几点：

（1）在信贷资金运动的过程中同时进行着社会产品的运动。

（2）它们是相对应的：就信贷资金来源说，这种对应不是直接的，而是从整个国民经济来说的；就信贷资金运用，主要是就贷款来说，则谁取得贷款就意味着谁支配着商品物资。

（3）它们的对应并非必然总是等量的，有一部分信贷资金没有商品物资与之相对应往往难以避免（后面还要指出，它有时是必要的）。

（4）对于没有商品物资相对应的信贷资金必须具体分析：有的意味着是过多的信贷资金，是过多的货币，从而是不利于经济发展的；有的则并不意味着是过多的信贷资金和过多的货币，对于正常的经济运转它并不是不能容忍的。

以上这些分析的结论，如把潜在货币的因素考虑在内，也仍然可以成立。

计划存款和组织存款的意义

在本节结束之前，还有两个问题需要作些说明。

根据上节的分析，符合实际情况的不是先存后贷而是先贷后存，那么自然会产生这样的问题：编制存款计划和要求大力组织存款——它们都是以扩大贷款的基础在于吸收存款的观念为指导的——是否还有意义？

对存款进行计划的意义，通常的理解是计划信贷资金来源以估算贷款扩大的可能。如果计划期应该增发的现金量已经计算出来，假定是50亿元，当计划的存款增长量假定是200亿元而计划的贷款需求量是250亿元时，由于存款增长的可能加上现金增发的必要正好可以支持贷款的需求，这就叫作平衡的计划；而当计划的贷款量过大，假定要增加400亿元，那么，存款增长的可能加上现金增发的必要满足不了贷款需要，这就叫作不平衡的计划。然而，经常有一个令人苦恼的问题，那就是存款计划不好捉摸。比如生铁，可以计算它在计划期内的可供量。只要计划比较实事求是，实际的可供量就会与计划数无大出入。这时如果有关计划的安排造成生铁的需求量过大，在计划的执行过程中那就有一部分需求没有生铁可以供应。这是人人都能明白的道理。存款则不然。假如在计划期内想多发放一些贷款，那么在计划执行过程中却不会有过多的贷款需求因为没有足够的存款而满足不了的问题。假如，贷款扩大400亿元，与贷款扩大相伴随的可能是现金发行量超计划，假如发行量增加到80亿元，那么存款量则必将增加到320亿元，即超过计划数120亿元，于是贷款扩大的资金来源得到了"充分的"保证。在这里，存款可随贷款需求增加而增加的特性同物质资料并不会随需求增加而增加的特性显然有别。但只要了解先贷后存的原理，这种区别并不足为怪。不过，既然存款必将伴随着贷款出现，那似乎对存款进行计划就没有什么意义了。其实不然，当我们在本节研究了银行扩大信贷的客观经济界限后，就可看出，对存款进行计划还是很必要的。问题是它的真实意义在于计划流通中到底可以容纳多少货币：转化为潜在货币的存款将增加多少；现实流通的以存款形态存在的货币必要量将增加多少。这与现金计划是计划现金的必要量将增加多少的意义完全相同。如果从这方面来理解，那就清楚了。假如根据有关经济指标以实事求是的态度计算出来存款将可增长200亿元，而实际存款却突增到320亿元，这多出的120亿元绝不能理解为起了保证贷款扩大的好作用，而是起了货币过多的坏作用。就如同现金发行多出了30亿元是起了坏作用的性质一样。后面这个问题将反复提到。

只要有贷款就会有存款相对应，那么，要求大力组织存款岂不是毫无意义了？这个疑问之所以提出是由于把组织存款的意义仅仅理解为给贷款提供资金来源。其实，在当今的经济条件下，组织存款的意义是多方面的。全面地剖析这个问题不是本书的任务。不过为了避免误解，这里简单列举一二。

先看储蓄。（1）不动用的现金和不动用的储蓄都是潜在的货币，就这点来说，不动用的现金转化为不动用的储蓄不会影响现实流通的货币量与货币必要量的对比。但是，不动用的现金处于银行之外，不易掌握其分布，不易预测其动向；而吸收到银行中，反映在账面上，其分布，其动向，就有了比较确切的剖析依据。而且大量不动用的现金存在个人手中，这些钞票的印制是一笔很大的流通费用。如果转化为储蓄，账面记载数字的费用比起钞票印制要节省得多。（2）开展储蓄不仅可以吸收不动用的现金，而且也可以使一部分准备动用的现金转化为不动用的储蓄。这意味着现实流通的货币量的减少，从而有利于稳定货币流通；同时也意味着积累份额的增大，从而会增加建设资金的供给。（3）开展储蓄可以培育勤俭节约的风尚和计划个人用度的习惯，其深远意义就不是用经济尺度所能说明的了。

再看各种非储蓄存款。长期以来，我们是用"现金管理"的办法来保证企业和机关单位把款项存入银行的。但不管用什么方法，款项存入银行并通过银行进行转账结算有着重大的意义。一方面银行可以监督存款各单位的支付周转，以保证国家计划的实现和政策的贯彻；另一方面则是大量节省流通费用，加速资金周转，有利于经济发展。随着多种经济形式的发展和企业自主权的扩大，单纯依靠行政办法来保证存款恐怕是不适宜的了。这就需要开展多种经济服务以促使款项存入银行。比如，迅速发展的个体经济和小型集体经济，它们现在多以现金进行结算。这实际是社会的浪费。而且对它们来说，货币携带很不安全，支付也颇不便。但强制它们存款是不行的，这就需要采取适当的措施，开展能够促使它们愿意把款项存入银行的宣传和服务工作。只要作出效果，对这类经济形式的发展必将大有助益。在类似的情况下，银行能动地组织存款的必要性是十分明显的。

第三节 信贷资金来源和运用的期限问题

银行信贷的力量有多大，不只要看总量，而且要看其中有多少可用于长期性贷放。从这几年开办设备性贷款以来的情况看，人们对这个问题议论颇多。但要解决这个问题却不很容易，首先要把资金来源和资金运用的期限划分搞清楚。

资金来源的期限如何划分

先考察对信贷资金来源的期限划分。通常的划分口径似乎不太统一。

一种是从资金所处的状态即是否经常动用加以区分的。其中，其所有者长期不加以动用的属长期性来源：

（1）基层经营单位和经费单位的定期存款在约定的期限内是不动用的；有些专用基金账户的存款，虽无约定期限，其中的一定比例部分事实上也是较长期限之内不动用的。

（2）定期储蓄在我们这里允许提前提取，只是在利息上加以区别对待，实际是"定活两便"的储蓄。不过其提前提取的比例不大，仍可视为在约定期限内不动用的。

（3）财政结余过去多年有大量的滚存不动用，在长期性资金来源中占重要地位。但自1979年以来，过去的结余已全部动用。今后再有结余，则并不一定不再列入下年预算。所以它是否作为长期性来源需视对它的处理原则而定。

（4）银行自有资金。只要银行存在，是不会把自有资金抽走的。但自有资金也会减少，比如银行发生亏损、冲减呆账等。

其所有者要经常加以动用的属短期性来源：

（1）基层经营单位和经费单位用于日常结算的各种存款。这种存款今天支，明天收；此单位支，彼单位收；此地支，彼地收，经常处于流动状态之中。就一个存款户来说，则有时存款大增，有时存款接近于零，变化幅度极大。

（2）活期储蓄，它经常处于存取的过程之中，各个账户上的储蓄余额波动甚大。

（3）财政金库日常收支解拨过程中的存款。

（4）现金发行，这是在每天千百万笔从银行支取现金和向银行交纳现金的过程中实现的，一年四季的发行余额也不断变化。

另一种划分资金来源的口径是从银行所能支配的期限长短出发。自有资金、定期存款、定期储蓄、按政策不动用的财政结余等，由于没有随时提取的威胁，均可由银行长期支配，自然要叫长期性来源。问题是那些处于经常运动中的资金来源。这些来源虽然不断运动，但从银行来看，此单位减少存款，彼单位增加存款，这个人提取储蓄，那个人增加储蓄，商业、服务业把收入的现金交回银行，各单位取工资又会把现金提走，等等，所以它们也有一个最低余额是不动的。这个余额银行也完全可以长期支配。至于不能由银行长期支配的其实只是季节性波动的那一部分。如果以这样的口径划分，则长期性资金来源就会大于前一种划分口径的长期性来源。

不论从理论分析上，还是从实际工作掌握上，这两种划分口径都需要，不宜相互排斥。问题是在表述上应有所约定，以免混淆。

前一种划分口径，如果从上一章的分析来看，其实是以现实流通的货币和潜在的货币这两者之间的分界为区分标准的。这种区分对于我们研究信贷资金来源的数量界限极为重要。是否可以这样约定：由现实流通的货币所构成的信贷资金来源称为"短期性资金来源"；由潜在的货币所构成的信贷资金来源称为"长期性资金来源"？

后一种划分口径，是从银行对资金能否长期支配角度出发的，这对银行安排资金运用有意义。是否可以这样约定：不论按前面那种划分标准来说是长期性来源还是短期性来源，只要这种资金在银行内有稳定余额从而可以长期支配的就称为"可长期支配的资金来源"；反之，就称为"只可短期支配的资金来源"？

它们的关系如图 3-2 所示。

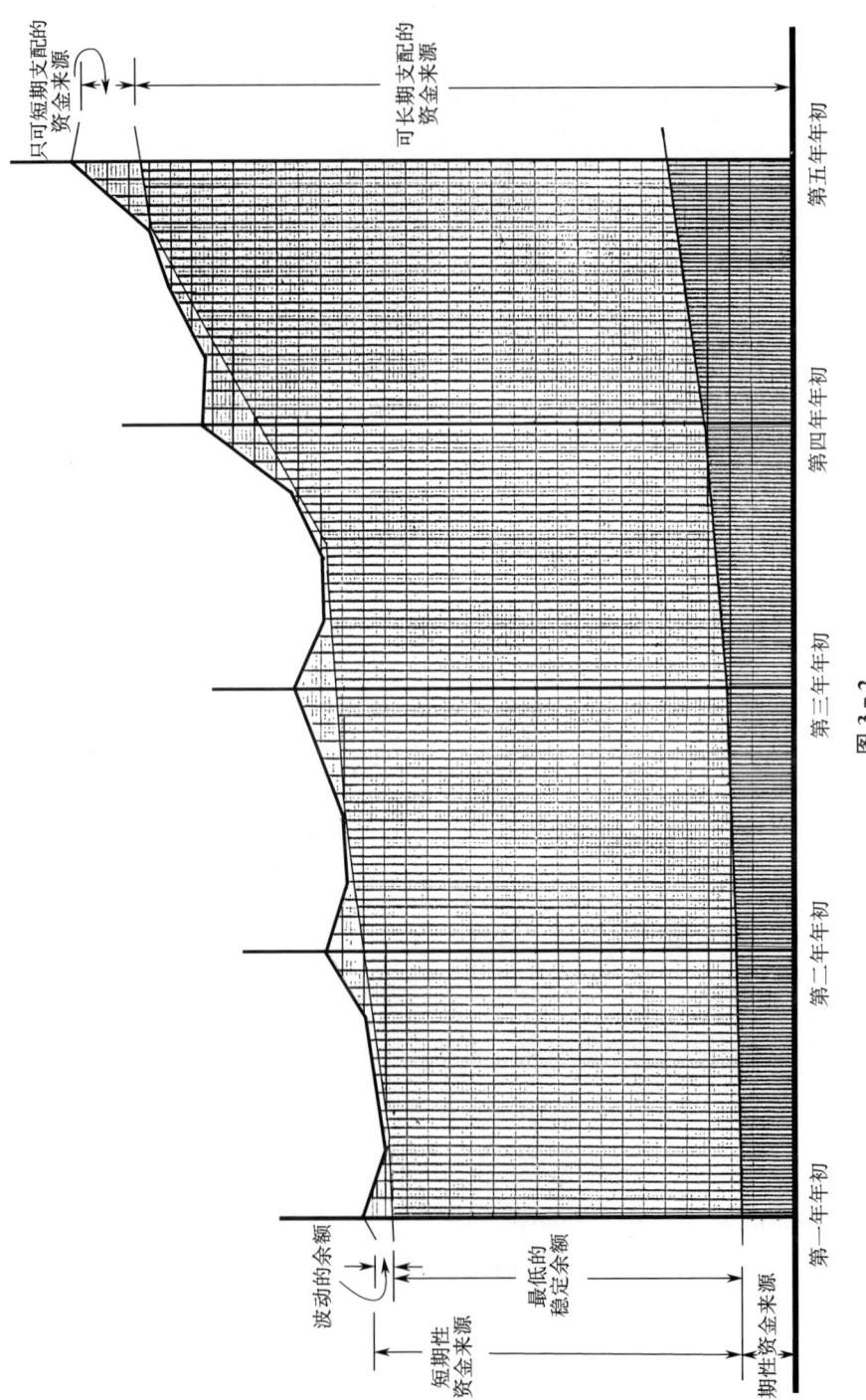

图 3-2

可长期支配的资金来源是否一定可用于长期贷放

可由银行长期支配的资金来源是否就可现实地用于发放长期信贷呢？按照通常的思路，人们往往认为这是毋庸置疑的。近几年来，在讨论银行发放设备性贷款有没有资金来源的时候，主张来源充沛的大多从储蓄来论证：储蓄中的定期储蓄，是长期不动用的，就是活期储蓄，也有一个稳定余额，所以给发放设备性贷款提供了资金来源；近来，储蓄余额的增长还有越来越快的趋势，然而与外国比较，我们的储蓄率（储蓄增长与货币收入的比）还是低的，因而增长加快的趋势不会很快减缓，这又说明设备贷款的资金来源会日益充足，如此等等。

类似的论断能否成立呢？不一定能，因为论据不充分。这种分析方法是以"其他条件不变"作为前提的，或者说，是把一个事物孤立起来进行分析的。不是说这种分析方法应根本摒弃，而是说它只能作为分析的一个阶段。当然就这个阶段来说，这种分析方法是不可或缺的。比如，我们分析储蓄，首先自然要就储蓄本身来考察，要看到它有很大部分具有长期不提取的特点，而这个特点本身又说明了一种"可能性"，即银行可长期加以利用，或更具体地说，可作设备性贷款的来源，等等。只说到这里当然是正确的。但须注意，分析是抽象了周围的条件。只要把周围条件放进分析之中，"可能性"就不一定能变成现实性。所以，忽略了分析的必不可少的阶段就作结论往往是有问题的。

现在就看看一个绝不能不考虑的条件——关于信贷资金运用方面的问题。

资金运用的期限如何划分

要说清楚信贷资金运用方面的问题，也得把期限划分的概念搞清楚。

为了简化说明，主要对贷款进行分析。

通常我们把贷款划分为两大类：一是流动资金贷款；一是设备贷款。流动资金贷款我们习惯上称之为"短期信贷"；设备贷款虽有中短期、中长期的叫法，但与流动资金对应，我们可称之为"长期信贷"。其实，有些中短期设备贷款生效极快，周转期不到一年，类似这种情况，视同短期信贷也未为不可。

用于长期贷放的资金，至少在计划年度不能归还，通常要占用三五年，甚至还要长一些。所以长期信贷必然伴随着对信贷资金的长期性占用。但短期信贷，其相当大的部分也必然伴随着对信贷资金的长期性占用。姑且不说生产资金和成品资金的积压，流通过程库存的过大和商品的霉损等问题，就是在完全正常的经济周转条件下，流动资金贷款也总会有一个经常占用的不能再压低的稳定余额。不只从整体说是这样，对一个企业来说也是这样。比如一个工业企业用贷款购进原料，本来到产品销售后可以归还贷款，但有可能归还贷款之际，企业购进新的原料又需贷款，等等。所以，只有纯季节性贷款才确确实实是短期性占用的。

这样，在区分信贷资金运用的期限时，就可同区分信贷资金来源的期限一样，也要看到有两种口径。就每笔贷款来说，短期可以归还的我们称之为短期信贷；长期——至少超过一年——才能归还的我们称之为长期信贷。这是一重口径。另一重口径，是信贷资金的占用期限。按这样的口径则可把贷款划分为"长期性占用"和"短期性占用"两类。这两种口径的关系可以用与说明资金来源期限相类似的示意图（见图 3-3）说明。

安排各项资金运用的顺序

有短期贷款，有长期贷款，有流动资金贷款，有设备贷款，那么，有限的信贷资金来源如何加以分配呢？

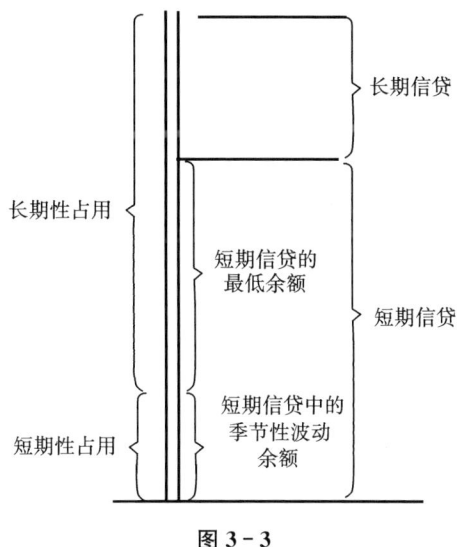

图 3-3

这里有个顺序问题。所谓顺序，就贷款来说，就是哪种贷款先安排、先满足；哪种贷款后安排、后满足。一般地讲，用于支持流动资金周转方面的，对比用于支持扩大生产能力方面的，要占优先地位；在流动资金方面，用于支持商品流通的，对比用于支持产品生产的，要占优先地位。不仅当前是这样的顺序，从银行信贷业务的发展历史上看也是这样的顺序。其所以如此，自然涉及信贷资金周转本身的特性。比如对商品流通贷款，其归还最有保证；短期贷款比长期贷款更能保持银行的清偿能力；等等。但更重要的是，这种轻重缓急的顺序是经济发展进程的客观要求，比如，"先生产、后基建"就是我们总结出的一条必须遵守的客观次序。

发放长期信贷的条件

分析了资金运用的期限和顺序，现在回答可长期支配的资金来源是否必然能用于长期信贷的问题就会稍微具体一些了。

假设资金来源已知，其中长期性资金来源为 x，短期性资金来源中银行可长期支配的部分为 y，$x+y$ 是银行可长期支配的信贷资金总额，只可短期支配的资金来源为 z。对于信贷资金的需求，按照顺序，设季节性短期信贷的需求为 u，经常性短期信贷的需求为 v，长期信贷的需求为 w，则两方面的对应顺序大体应该如下：

短期信贷的需求 $u+v$ 首先由短期性的资金来源 $y+z$ 来满足。抽象推论，一种可能是 $y+z>u+v$，即短期性资金来源大于短期信贷的需求，那么，就可发放长期信贷 $x+[(y+z)-(u+v)]$，即长期信贷数额可大于长期性资金来源①。

如果 $y+z<u+v$，即短期性资金来源小于短期性信贷的需求，那么其差额就必须由长期性资金来源 x 来补足；这时长期信贷所能提供的数额则为 $x-[(u+v)-(y+z)]$，即小于长期性资金来源；如果其差额等于 x，则意味着银行没有丝毫提供长期信贷的力量；假如差额大于 x，那还必须寻求补充的信贷资金来源，否则连必要的短期信贷也满足不了。

上述的分析可用图 3-4 表示。

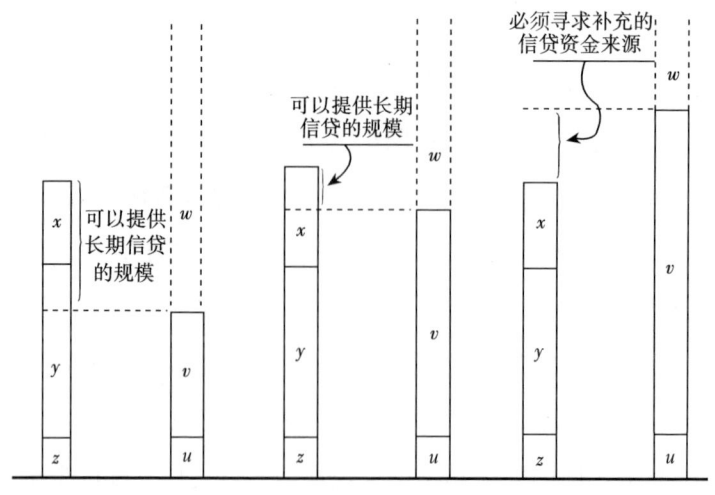

图 3-4

---

① 第六节将要说明，这种情况实际是不可能存在的。

有这样两点需要说明：一是长期信贷的需求 w，不管它有多么大，最终只能看信贷资金供应的状况，能贷多少贷多少，一点不能贷就不贷；而短期信贷都是保证当前流通和生产之所必需，因而必须满足，如果资金来源不够，则要寻求新的来源（下节就要讨论这个问题）。二是季节性波动的短期资金来源 z 和季节性短期信贷需求 u 之间的关系。从信贷资金运动的结果看，资金来源和资金运用的季节性波动，其数额是相等的，因为资金平衡表任何时候都处于平衡状态：来源和运用要升则同升，要降则同降。从资金运动规律看，只要季节性信贷需求是合理的，那就必须提供，而提供信贷，则必然会创造出同等数量的资金来源。或许它们之间还有一些复杂的关系有待研究，因而推论的 $u=z$ 可能不很确切。但由于季节性波动在信贷资金运动中所占的比重较小，即使有些出入，也不至于影响上面的分析。

现在我们可以明确，只要把资金来源放在周围必然存在的条件之下进行分析，那么，不仅包括短期性资金来源在内的可由银行长期支配的信贷资金 $x+y$ 并非必然都能用于发放长期信贷，就是长期性资金来源 x 也并非必然都能用于这个方面，而且在一定条件下则一点也不能用于这个方面。换一个提法，那就是银行能否现实地提供长期信贷，不仅要看有没有可供长期支配的资金来源，有没有长期性的存款和储蓄（其实只要有银行就必然有这种性质的资金来源），而且要看全部资金来源在满足了必不可少的短期信贷的全部需求之后是否尚有余力。显然，只孤立地就某些信贷业务，如储蓄，来判断是否具备提供设备性贷款的条件，其根据是很不充分的。其实，我们这里还只是就信贷资金运动本身来作考察，而且应该说还不是"全面的"考察，比如很重要的一项——金银外汇占款还没有论到。要是再从整个国民经济来看，那还有财政与信贷的关系，两大部类的生产比例关系等问题必须考虑进去。

第四节　短期信贷与信贷收支平衡

在我们这里存在着一个似乎是毋庸置疑的论点，那就是：正确地组织短期信贷的发放和回收必然伴随有信贷收支的平衡。对这样观点的论证可能不尽相同，但基本的根据都是组织短期信贷的物资保证原则。

物资保证原则

我们组织短期信贷的原则有计划性、物资保证性、归还性，还有择优贷放等。就这里所要讨论的问题来说，需要特别加以剖析的是物资保证原则，即信贷必须与物资运动相结合。

其实，这是银行发放贷款的一个很古老的原则，其基本要求是贷款应以真实的商业票据为根据。商业票据，这是资本家之间发生赊买赊卖时约定在一定期限，如三个月、半年之后支付货款的信用文书。它们或是由债务人向债权人签发的到期支付款项的债务证书；或是由债权人命令债务人支付款项给第三人或持票人的文书。在票据到期之前，债权人如需要现款，则可到银行贴现——把票据卖给银行，或以票据为抵押取得借款。所谓真实票据是指确实是在进行了商品买卖的基础上所产生的票据；而与真实票据相对的则是并没有商品买卖发生却要从银行取得贷款而签发的票据。银行所以强调真实票据原则，是因为这种贷款的偿还比较说来有保证：债务人取得了商品，这些商品直接出售或加工后出售就是归还贷款的资金来源。不过，当时人们已经看到，在经济繁荣时期，那些没有商品交易为根据的票据，由于资本回流顺畅，也能到期偿还；在危机时期，即使有真实商品交易为根据的票据，往往由于商品滞销也不能到期支付。不过一般说来，真实票据这个原则不只银行家重视，而且从整个国民经济来看，对于稳定信用关系、对于控制过度的信用扩张等都有积极作用。

在我们这里，取消了商业信用[①]，实行直接银行信贷制度。所以商业信用的工具——商业票据——不存在了，当然也就谈不上要求真实票据的问题。相应地，则是确立了短期信贷的物资保证原则。上面指出，我们的短期贷款总的说来是对流动资金的贷款。物资保证原则，则是要求贷款必须与处于物资形态的流动资金相对应。比如，对工业生产单位的贷款必须有生产储备、在产品储备、成品储备作为保证；对流通单位的贷款必须有处于流通过程的商品——不论是生活资料还是生产资料——作为保证；等等。有些贷款情况比较特殊。如农业生产费用贷款，其物资保证如果说有，那是尚未生长出来或正在生长的作物，与一般物资保证显然有别；商业的预付订金贷款以及一部分结算贷款则无直接对应的物资保证。但这类贷款或数量较小，或使用方式固定，在我们现在进行的大轮廓性质的分析中可不作专门的考察。

物资保证原则，在我们这里首先不是强调它保证贷款归还的意义，而是强调它对于保证短期贷款直接用于产品的生产和流通过程的意义，对于防止这些贷款被占用于基本建设领域盲目拉长基本建设战线，被利用于赊销预付破坏资金的计划分配等方面的意义；同时也强调它对稳定货币流通的意义。如果从考察财政信贷综合平衡的角度来说，这后一重意义至关重要。

对物资保证原则与货币流通相互关系的通常理解

物资保证原则是稳定货币流通之所必要，对于这点，人们的理解是无

[①] 商业信用是否需要彻底取消？如果不是，应在怎样的范围内保留和利用？这是一个专门的问题，本书不作讨论。从信贷资金运动的总量分析来说，有了商业信用，因素自会复杂一些，但不会改变基本规律。

大出入的。最粗略的解释大体是这样：贯彻物资保证原则直接保证着产品生产和流通的扩大，从而意味着会有大量商品投入流通并保证着货币流通的稳定。其所以是粗略的，是因为这种解释只是分析了商品流通的一面，而且没有量的规定性。

进一步的解释是：贷款的发放如果遵循着物资保证的原则，那就可以使货币流通量的增减在总体上与商品物资运动对货币的需求相适应。贷款的增加意味着货币的投入流通，它们将形成购买力，这是一方面。另一方面，如果贷款有物资保证，那就意味着或是流通部门有商品物资储备随贷款的增加而等量增加，或是生产部门有生产储备、在产品储备和成品储备随贷款的增加而等量增加。由于流通部门的商品储备、生产部门的成品储备或直接可以投入流通，或经过运送、包装等过程即可投入流通，由于生产部门的生产储备、在产品储备经过加工等过程也可投入流通，所以贷款之后，或迟或早，一般不超过一年，就会有新增加的商品供应在流通中出现并提出对货币的需求。这就是说，在贯彻物资保证的原则下，一笔贷款所增发的货币及其所形成的购买力，无论它流入哪个部门和哪个地区，无论它处于现金形态还是存款形态，从总量上说，总会有等量的商品供给和对货币的需求与之相对应。货币量与其必要量符合，商品物资的供给与需求平衡，货币流通的稳定显然是无疑的。反之，如果贷款的增加没有物资作保证，那就是说有了货币投放而没有商品供给与之相对应，由此增发的货币自然是过多的。

正是从这样的理解出发，似乎只要坚持物资保证原则，货币流通就不会出问题。即使出问题，那也是在结构上，即货币的流向与商品供给的构成不协调，而不会发生在总量上。

问题还有复杂之处

然而问题并不这么简单。就我们的实践经验来看，"一五"计划时期，贷款基本是短期贷款，那时贷款原则，包括物资保证原则在内，贯彻得是比较好的。按上面所说的道理，信贷收支可自求平衡。但当时信贷收支的平衡和货币流通的稳定还要靠财政结余和增拨一部分信贷基金来保证。这样的事实说明，短期信贷即使都有物资保证，也并不等于信贷收支可自然而然地平衡，而是有可能不平衡。这是为什么？再看近几年，其一，在物资保证原则的贯彻方面问题是比较多的；其二，有相当数量无物资保证的贷款；其三，过去长期存在的财政对信贷的支持已不存在。按理说，信贷收支是难以平衡的。然而这几年，货币流通虽说有些问题，但还能保持基本稳定。这就证明，纵然有些贷款没有物资保证，信贷收支却有可能平衡。这又是为什么？因而还需要进一步分析。

贷款意味着货币的投出，这是无疑的。但投出的货币却不一定完全是现实流通的货币，从而不一定是现实的购买力。比如，对商业收购工业品的贷款，或对工业购入原材料的贷款，使相应金额的工业品实现，而通过贷款投出的货币则成为工业企业的存款。存款用于流动资金补偿的部分要立即花用，从中提取的折旧基金则不一定全部立即花用；存款用于发放工资，大部分要立即支用，但或多或少总会有一部分或以现金形态存放起来，或到银行储蓄起来，较长时期不支用；存款用于利润分配，上缴财政的，有一部分可能作为结余不用，支用出去的，分配给工教人员的，也将会有储蓄，分配给机关部队等经费单位的，如允许结余留用时，也会有一部分不花用；留给企业的利润，则视财务管理体制而会有多一点或少一点的不动用专用资金；等等。如果贷款是用于收购农副产品的，货币则流入农民手中，其中会有一部分储蓄或沉淀；至于流入农业集体单位手中的货币，其中有一部分不立即花用也是必然的。总之，贷款投出的货币必然有一部分会转化为潜在的货币。

如果我们以 L 表示任一笔短期贷款的数量，r 代表由贷款所投出的货

币中将转化为潜在货币的比例,那么贷款所引出的现实流通的货币和潜在的货币将分别是:

$$L(1-r); Lr$$

在一定期间,短期贷款会有许多许多笔,每一笔所形成的现实流通的货币,在流通中所停留的时间有长有短,可能是几小时,可能是几天,可能是几个月。如过长,例如超过一年,则可归入潜在货币的概念之中。至于每一笔贷款所形成的潜在货币,至短也应是在一年之内不动用的。就一定时点看,贷款余额是过去所发生的许多许多贷款中到这时尚未归还的贷款的累计额。与之相对应的现实流通的货币是过去许多许多笔贷款所形成的现实流通的货币到这时仍未花用部分的累计额;而与之相对应的潜在货币则是过去许多许多笔贷款所形成的潜在货币的累计额。如果用 L_1 代表一定时点上的贷款余额,也即货币供给额,以 r_1 代表供给的货币中潜在货币的比例,则该时点上的现实流通的货币量与潜在货币量分别为:

$$L_1(1-r_i); L_1 r_1$$

再看贷款的物资保证这另一面。物资保证——我们这里先假设都是符合要求的物资保证——经过或长或短的时间是可以投入流通的。但是,就如同贷款投入流通的货币有一部分要转化为潜在的货币那样,贷款的物资保证事实上也会有一部分并不能形成现实的商品供应。从流通过程来说,随着商品流转额的扩大,除非有过去库存过多等特殊情况,必然也要求库存增大。这是保证商品不间断地供应市场的必要条件;甚至可以说,没有这种库存的增大也不会有商品流转额的扩大。所以,本期商品供给增加的金额并不是流通部门本期收购增加的金额,而是这个金额减去库存的增加额。生活资料的流转是这样,生产资料的流转也是这样——如果不是物资部门所集中的库存增加,也要求分散在各厂矿的成品库存增加。从生产过程来说,生产的扩大也必然伴随生产过程资金占用的增多,如原材料的储备、辅料燃料的储备要增多，在产品的数量会加大。这也是保证生产扩大的必要条件。而随着产品的增加，脱出生产过程的成品，其库存量也势必加大。所以，本期生产部门增加的商品供给额并不等于增产的产品总值，而是要从这个总值中减去资金占用的增加额。总之，在生产和流通扩大的情况下，贷款的物资保证总会有一部分不能形成现实的供给量。当然，这是就客观经济条件，如技术条件、管理体制、管理水平等没有发生重大变化的情况来说的；如果发生了重大的变化，商品库存对流转额的比例、生产资金占用对生产规模的比例则可能有脱出常规的升降。但变化了的情况一旦相对稳定下来，这个规律又会在新的基础上起作用。

与这个规律同时存在的是：物资从开始作为贷款的保证到投入流通作为现实供给的间隔可能要长于货币——现实流通的货币——从投入流通到实现购买力的间隔。进入商业系统的物资看来都是可以立即投入流通的，但也要有从批发分到零售、从此地运到彼地、从这个季节存到另个季节、从大包装加工为小包装等一系列的过程。至于作为生产储备的物资，则更要有个加工过程。这里需要时间。当然，货币也要有分配过程。如从取得销售收入到发放工资有过程，工资支出也有过程，上缴财政税款和利润有过程，财政的集中和分配也有过程，等等。这于是也需要时间。假如货币从投入流通到实现购买力平均是一个月，物资从作为贷款保证到可以现实地供应市场也是一个月，那么在一个月后的市场上则有供求平衡。如果货币从投入流通到实现购买力只需要半个月，那么半个月后则只有货币购买而无物资供给。为此，我们就需要有一部分库存作准备，以平衡这时间上的差距。由于经济发展是个连续过程，这类性质的库存本已存在。不过只要生产扩大，这类性质的库存也就会有加大的需要，那么，也就会使相应的物资保证不能成为本期的供给。是否物资保证形成现实供给的间隔较之货币从投入流通到实现购买力的间隔会较短一些呢？当然，这是一个需要专门研究的问题。

上面，先仅就规模，后仅就时间作了分析，或许还应有其他的分析角度和更科学的论证方法。不过可以肯定一点，即贷款的物资保证假设全部合乎要求，那么也会有一个合乎规律的部分并不能形成现实的商品供给。

从一定时点上看，如果短期贷款的发放都坚持了物资保证原则，那么，物资保证所值金额的总和就是贷款总额。因而对物资保证的数量也可以用 L_1 来表示。不过，物资保证所值金额是按"信贷价格"计算的；比如从产成品来说，这种价格小于销售价格，因为它不包含利润。所以，如果从市场供给角度来说，物资保证所值金额是一个大于 L_1 的金额，比如可表示为 $L_1(1+x\%)$。

然而，由于物资保证并不是全部而只是其中的一定部分能够形成现实的商品供给并向流通提出对货币的需求，所以它们向流通所提出的货币必要量不会是 $L_1(1+x\%)$，而是一个较小的量，比如可表示为 $L_1(1+x\%)(1-y\%)$。由于 $x\%$ 是一个较小的百分值，所以在一定时点上的货币必要量可用一个更简化的式子来表示：

$$L_1(1-i)$$

而不能形成现实商品供给并从而不会提出对货币需求的量则可表示为 $L_1 i$。

这里有一个问题需要加以说明，即在现实生活中，就是在物资保证原则贯彻得较好的年代，除了合乎要求的物资保证外，还往往有一定数量的不合乎要求的物资保证：可能在贷款时就不合乎要求，也可能是贷款后变成不合乎要求的。对于这种情况的通常评价是：它们是不应该存在的，我们应该努力消除它，等等。当我们的管理体制和我们的工作有比较突出的缺欠时，改革体制、改进工作无疑会大大减少不合乎要求的物资保证。但管理体制和工作条件都很好，而且也注意努力消除不合要求的物资保证，是否这类"保证"就可以不存在了呢？就如同非常注意交通安全但并不能使交通事故一点也不发生一样，这种不合要求的物资保证也总会以一定的概率存在，问题只是在于比重的大小。所以，我们虽号召在具体信贷工作中要努力贯彻物资保证原则，但就全局来说，现实的目标则只能达到在现有的客观条件下尽力缩小它的比重的结果。如果承认这一点，那么，也就得承认在物资保证与商品供应之间的差额中还必然存在着这样一个扩大差额的因素[①]。对于这个不可避免的因素可以不作专门的表示，只需记住，在 i 中还包含有这样的内容。

再有一个需要说明的问题，即短期信贷的物资保证并不等于流通储备和生产储备的总额，而是小于后者的额。我们知道，流通领域的储备基本上是信贷的物资保证，而在生产领域中，则只有部分储备构成信贷的物资保证。比如，本章第二节所举的例子，工农业生产单位购进生产储备物资所需资金靠的就是销货收入而不是贷款。这种情况并不妨碍前面的分析，因为直接决定货币必要量的还是流通过程的商品物资。不过问题是，由于管理体制的变化，信贷的对象有时大，有时小。比如，原来对工业企业增补自有流动资金的需求是由财政拨款解决，现在则改由银行贷款解决。那么这种变化对上面的分析有没有影响呢？从物资保证的金额来看无疑是增大了，但只要其他条件不变（如生产和流通的规模、经济周转的顺畅程度、生产储备和流通储备的对比等不变），则对货币的必要量不变，那么 L_1 的增大就会由 i 的增大所抵消。所以对货币的必要量仍可用 $L_1(1-i)$ 来表示。

归结上面对贷款所投出的货币和对贷款的物资保证的剖析，可以看

[①] 在《经济研究》1981年第11期我和周升业同志合写的《什么是信用膨胀，它是怎样引起的？》一文中，在论及短期信贷时，把长期性的后备物资储备说成是信贷物资保证中不形成现实供给的商品。这是有问题的。战略后备物资的储备当然不是现实的商品供给，但它们也不是短期信贷的对象。

出，由于种种原因，贷款所投出的货币并非都是现实的购买力，并非都是现实流通的货币；而贷款的物资保证则并非都是现实的商品供给，从而并非都能提出对货币的需求。所以，事实并不像通常所理解的那样简单，即贷款总额与其所对应的物资保证总额相互比较，而是它们双方各自的一部分——现实流通的货币与现实市场供给所决定的货币必要量——的相互比较。用上面的符号来表示，即：

$$L_1(1-r_1) : L_1(1-i)$$

这里出现了一个 r_1 与 i 的关系问题，因而需要进一步分析。

必须有补充的平衡措施

就 r_1 与 i 的数量关系来说，不外乎三种可能，即 $r_1=i$、$r_1<i$ 和 $r_1>i$。

如果 $r_1=i$，那么市场供求平衡，现实流通的货币量适度，也就意味着信贷收支平衡。但问题是，并不存在 $r_1=i$ 的必然性。因为决定流通中的货币转化为潜在货币的原因同决定物资保证的一部分不能转化为现实商品供给，从而不提出对货币需求的原因并不是同一的。比如，定期储蓄的多少，取决于职工的收入水平，取决于购买耐用消费品的需要，等等。显然，这与类如商品储备随生产增长而增长的趋势并无直接联系。所以，r_1 与 i 即使相等，也纯属偶然。

如果 $r_1<i$，则 $L_1(1-r_1)>L_1(1-i)$，即现实流通的货币量、现实的市场需求多出了 $L_1(i-r_1)$。如果没有可能通过通常的途径使流通中的货币更多地变成潜在的货币，或者没有可能通过通常的途径进一步扩大商品供给把过多的货币吸收，那就必须寻求非同一般的平衡途径。比如，借外债进口紧缺商品就是可能的途径之一。如果矛盾很大而且不是暂时现象，这样的途径显然不能选择。如果要动员内部力量解决这样的矛盾，关键在于控制现实流通的货币量。在这方面，像冻结存款也是一种方法，当然是副作用很大的一种方法，不宜随便采用。就我们的经验看，主要还需借助于财政。那就是财政把自己收入中相当于 $L_1(i-r_1)$ 这样的金额，或是通过向银行增拨信贷基金的方式，或用通过减少支出以扩大结余的方式，使相应金额的货币变成潜在的货币。这样，均衡状态即可实现。

自建国之初经济恢复时期的后期，这样的矛盾即已出现。1953 年出现了财政动用结余、商业库存大量下降的现象。这就削弱了国营经济对市场的控制力量。当时是这样分析的：财政结余是银行信贷的资金来源，结余动用意味着来源的减少；商业库存的形成依靠的是银行贷款，来源的减少则迫使贷款减少，库存下降。如果用我们现在的分析方法来说，那就是动用结余，把潜在的货币转化为现实流通的货币，而过多的现实流通的货币把本来不应作为现实供给的一部分库存买走；或者说，必要的库存积累是靠财政以结余方式把相应数量的现实流通的货币变成潜在的货币来保持的。但不论如何，当时总结了财政收支对信贷收支平衡的意义，从而使过去不自觉地用财政结余平衡信贷收支的做法过渡到对这一方式的自觉运用。然而，我们却没有透过这一现象取得对短期信贷运动规律的进一步理解——如前指出，我们一直认为只要有物资保证，短期信贷是可以自求平衡的。

如果 $r_1>i$，则 $L_1(1-r_1)<L_1(1-i)$，即现实流通的货币不足，商品供过于求，其差额为 $L_1(r_1-i)$。在这种情况下，自然可以设想用类如减少生产任务的办法来减少一部分市场供给。一般说来，这不是好办法；有增加商品供给的可能而不增加，这是人为地抑制经济增长速度，是消极的。积极的则应是增加现实流通的货币数量，形成新的购买力，使商品物资及时实现，以加速经济的发展。要增加现实流通的货币，一是动员潜在的货币，一是增加贷款。潜在的货币往往不是主观采取什么措施就能使之

减少的，因为潜在货币的增加，在正常的状态下，是人们自愿的经济活动的结果。至于贷款，则必须指出，在这种情况下，增加有物资保证的短期信贷是无助于解决矛盾的。现在的问题是 $r_1 > i$。所以，无论我们再投出任意有物资保证的短期信贷，比如其金额是 L_1^l，则必然有 $L_1^l(1-r_1) < L_1^l(1-i)$，依然是货币不足。这样，从逻辑上就会得出必须投放没有物资保证的贷款的结论。当然，如果我们增加的短期信贷主要用于形成生产储备，特别是周期较长的生产储备，那个 i 的值就会增大，r_1 与 i 对比就会发生变化。不过为了简化，对这样较为细致一步的分析是暂且抽象掉了。

上面说的 $L_1(1-r_1) > L_1(1-i)$ 有历史上的事实为据，这里说的 $L_1(1-r_1) < L_1(1-i)$ 也同样有事实根据而非臆造。对此下节要进一步分析。在这里需要概括一句的只是：上述分析说明，短期信贷并不存在自求平衡的规律。

信用发行

明确了上述论点，可以对"信用发行"这个概念作些推敲。信用发行是我们常用的一个概念。它也叫作经济发行，与它相对的概念是财政发行。所谓信用发行，最粗浅地说，就是通过银行信贷的发放和回收组织货币的发行和回笼；精确一点地说，则是对银行信贷再加以限制，即只限于短期信贷，而且要遵守信贷原则。可以说，通常一致的看法是：只要这样组织货币发行，就是符合经济需求的发行，由此投出的货币量一定与货币的必要量相符合。与它相对的财政发行是指当财政收支不平衡并出现了赤字时，为了弥补赤字的货币发行。以下也是一致的看法：只要是这样的发行，一定不符合经济需要，一定会出现货币过多的局面。这里说的货币，一般是指现金，但主张货币流通不只限于现金的，在这个问题上也似乎没有什么分歧见解。

在极端的情况下，这样的论点无疑是能说明问题的。如建国之初，当我们不能不用货币发行支持军政开支时，结果只能是货币过多、物价上涨；而当我们平衡了预算，使信贷和货币发行转向支持经济发展时，自然就出现了根本性的变化——使恶性通货膨胀一去而不复返。但是在经济建设的条件下，如果从保持市场供求平衡、保持货币投放数量符合客观要求这样的标准出发来考察，本节的分析则说明，通常理解的"信用发行"观念，纵然是比较精确理解的信用发行观念，也嫌过分笼统。因为上面的分析说明，遵守信贷原则的短期信贷并不能自求信贷收支与市场供求的平衡：可能是货币过多的不平衡，也可能是货币不足的不平衡，都需要其他的调节措施。而且后面我们还会论到，弥补财政收支不平衡的货币发行，也并非任何时候都将引起货币过多的不良后果。

由体制原因引起的无物资保证贷款

多年来，无物资保证的短期贷款数量颇为可观，其中相当大的部分是导源于体制上的原因。

我们过去的计划管理体制是一种过分集中、过分死板的体制，以致给一些极为明显的不合理现象提供了庇身所在。比如，有一些同我们现在讨论的问题有直接关系的情况，现列举如下：

有些产品明显为市场——无论是生产资料市场还是生活资料市场——所不需要，但往往还要在计划中安排生产。这可能是出于使产值达到一定数量争取所谓速度的考虑，也可能是出于维持一些本应关停的企业以解决本地区需要赖以解决的某些矛盾的考虑，等等。但不论如何，不需要的产品生产出来了。而只要产品是按计划生产的，即使不为客观需要，其中的生活资料，商品部门就得收购；生产资料，物资部门则要全部兜下来。

有些产品质量、性能明显地不过关，但为了某些局部的、眼前的利益等，也放在计划中安排生产。同样，产品按计划生产出来就要保证其价值"实现"，甚至有关部门往往硬性要求本地的企业必须购买这种不过关的仪表、零部件等，以致企业不得不在买下这些不合格产品的同时，再购入合乎质量要求的产品以保证生产的正常进行。

有些产品在订计划时是需要的，但执行计划过程中情况发生了变化。要使生产安排适应新的情况必须等待计划调整，而在等待计划调整的过程中，大量有问题的产品仍然照旧生产，原来签订购买合同的单位也必须"执行"计划，照样收货付款。

有些产品价格不合理，或收购后有时只得削价处理，或计入成本有时不能得到补偿，但只要是计划价格，就不能更易。这种情况有时可以得到有关部门的承认并给以补贴，但往往不能立即补贴；有的干脆还得不到承认。如此等等。

类似如上情况的共同特点就是产品的价值本来是不能实现或必须削价实现的却人为地要使它们实现。问题是实现它们所需要的货币资金则大部分要由工商业短期信贷来支持。不能实现或必须削价实现的产品不是或不完全是物资保证，于是大量无物资保证的贷款出现了。由于存在着这种相当数量的无物资保证的贷款，自然不能不给信贷收支的平衡加上负担。假如正常发放短期信贷的结果是货币不足，从而给进一步扩大信贷提供了可能，但这种可能性首先就要用来平衡这种极端不合理的亏空，如果正常发放短期信贷的结果是货币过多，那就会使矛盾更加扩大。

上面曾经指出，即使坚持物资保证原则，由于种种客观上无法完全避免的原因，无物资保证的贷款也必将以一定的概率出现。不过需要明确，上面所指出的情况与这里所说的问题是两码事：上面谈的是说在正常情况下，在坚持贷款原则的前提下所不可避免的矛盾，而这里所说的却是不合理的管理体制人为地破坏了这一贷款原则。不过，在现实生活中，要把这两者从数量上区分开是不容易的。

第五节　长期信贷和信贷收支平衡

这一节是从信贷收支平衡的角度分析信贷资金运用中的长期信贷以及就其资金占用性质来看与长期信贷相类似的部分，并分析扩大这部分资金运用的可能性。

设备贷款

设备贷款是指用于固定资金方面的贷款。我们现在有中短期设备贷款，贷款期限以五年为限，同时也试办中长期设备贷款，期限是五年以上[①]。

我国银行举办设备性贷款不过几年，它是个新的贷款种类。过去虽然也有一些，如小水电贷款，但为数甚微。经过这几年的发展，到1982年底，贷款余额达151.98亿元，占银行信贷资金运用总额的4.45%。实践说明，这种贷款在加速生产能力的形成、促进经济结构的调整和提高固定资产再生产的经济效益等方面都有其积极作用。同时，财政收支紧张，基本建设资金短缺。所以，能不能以较大幅度扩大设备贷款的问题受到了多方面的重视。问题是有没有充裕的资金来源。第三节已经论到了这个问题，但还需要作具体的研究。

如果从账上面看，设备贷款与短期贷款一样，一笔贷款必然伴随着一

[①] 从1982年开始，国家财政的基本建设投资试行拨款改贷款的办法，由中国人民建设银行组织实施。目前，这种贷款只是财政资金运用方式的变化，仍然属于财政收支的范围而不涉及信贷收支平衡，所以，在本书中不作为贷款研究。

笔存款或现金发行。然而从经济过程来看，短期信贷一方面投出货币，同时其物资保证就在另一方面提出了对货币的需求。虽然不是必定相等的，但对应关系则确定无疑。而设备贷款则不存在这种对应关系。当然，有些设备贷款期限甚短，比如不超过一年，前面曾经指出，这也可以视同于一般用于流动资金方面的短期贷款。因为这种期限很短的设备贷款是以能够很快建成投产并提供足够的产品为条件的。所以，一方面投出了货币，另一方面经过不长时间就有物资供给出现并从而提出对货币的需求。然而设备贷款的一般特点是：贷款所形成的购买力从流通中取走物资，而这些物资的价值在较长时间之内却不回到流通之中构成商品的供给。这就是说，只就设备贷款本身来看，在较长时间之内是没有经济来源支持信贷资金的投放的，从而只就它本身来说，由此投出的货币是过多的。

这种贷款短期不回流，不等于根本不回流。今年通过贷款投入的货币是过多的，过几年还款后这笔过多的货币就消失了。所以从长期过程来看，是否也不存在货币过多的问题呢？我们可以随便举个例子看看。假设，贷款后平均两年形成生产能力，然后每年年底还款一次，分三年还清贷款（为了简化，不考虑利息），再设每年发放的贷款额相等，假定是100，而且都是年初发放，则有如下的情况（见表3-4）。

表3-4　各年贷款余额

I	II	III	IV	V	VI	VII	……
100	100	100	$66\frac{2}{3}$	$33\frac{1}{3}$			
	100	100	100	$66\frac{2}{3}$	$33\frac{1}{3}$		
		100	100	100	$66\frac{2}{3}$	$33\frac{1}{3}$	
			100	100	100	$66\frac{2}{3}$	……
				100	100	100	……
				400	100	100	……
					400	100	……
						400	

这个例子说明，如果说贷款发放是过多货币的投出，贷款归还是过多货币的回笼，那么，有贷有还，如贷款周期和每年贷款规模不变，则经常有等量的过多货币存在流通之中。如每年贷款规模递增，设递增率为20%，则情况如下（见表3-5）。

表3-5　各年贷款余额

I	II	III	IV	V	VI	VII	……
100	100	100	$66\frac{2}{3}$	$33\frac{1}{3}$			
	120	120	120	80	40		
		144	144	144	96	48	
			$172\frac{4}{5}$	$172\frac{4}{5}$	$172\frac{4}{5}$	$115\frac{1}{5}$	……
				$207\frac{9}{25}$	$207\frac{9}{25}$	$207\frac{9}{25}$	……
				$637\frac{37}{75}$	$248\frac{104}{125}$	$248\frac{104}{125}$	……
					$764\frac{124}{125}$	$298\frac{374}{625}$	……
						$917\frac{619}{625}$	……

这个例子则说明，其他条件假设不变，贷款规模递增，则流通中过多的货币量也递增，后者递增的速度取决于贷款递增的速度。

设备贷款与短期信贷的联系

设备贷款没有直接的物资保证，并且就其本身来说意味着过多的货币投入流通，这样的论断在从贷款发放到贷款项目产生经济效益这段期间里是确定无疑的。但是，如果贷款的发放是正确的，那么在贷款的帮助之下，为再生产过程所必要的改善了的或新的生产能力将会形成，更多的社会产品将会被生产出来并投入流通。这时，原来发放的设备贷款是否就会从无物资保证转化为有物资保证，过多的货币是否就会转化为流通所必要的货币？从经济实质上可这样理解，如就信贷业务来说，则答案是否定的。原因则在于设备贷款的发放和偿还并不是一个孤立的过程，而是一个与短期信贷交错消长的过程。

先从设备贷款的发放来考察。设备贷款的发放投出了货币，这些货币或用来直接购买建筑材料和机器设备，或通过发放工资购买消费品。于是，与短期信贷相对应的物资保证下降了，相应金额的短期贷款归还了。但原来发放短期贷款时，曾向流通中投入了相当于贷款金额的货币。这些货币与短期信贷的物资保证相对应，因而一般说来是流通所必要的。如果用这些货币购买生产资料和生活资料，而销货单位用这些销货收入归还短期贷款，那么在物资保证下降和贷款偿还的同时，原来通过短期信贷投入流通的货币也就退出流通。但现在，归还短期信贷靠的是通过设备贷款新投入流通的货币，所以原来通过短期信贷投入流通的货币却依然停留在流通之内。问题是原来投出的货币有物资保证，而现在却有相当于设备贷款金额的部分丧失了物资保证。于是，这部分货币就成为超过流通需要的货币。我们说设备贷款是无物资保证的贷款，其具体过程应这样理解。

再看设备贷款的项目发挥经济效益并向流通提供了新增加的社会产品之后的情况。在新增加的社会产品总值中，与设备贷款相对应的是由贷款所形成的固定资产的折旧部分；如果从还款的角度来说，还可把一部分新增利润列入。至于这些产品中类如原材料的价值和相当于工资的那部分新创造的价值，就是从还款角度考虑，也不能看作是与贷款相对应的。更重要的问题还在于，全部新增产品的价值，包括与设备贷款相对应的那部分价值在内，都不是设备贷款的物资保证，而是当这些产品投入流通时所引出的短期信贷的物资保证：或作为商业库存与商业贷款相对应；或作为生产储备与工业流动资金的贷款相对应。不过，短期信贷投出的货币变成了利用设备贷款取得经济效益的那些单位的销货收入，其中一部分要用来归还设备贷款，其结果则是相应金额的货币回笼而物资保证并不因之下降。我们说设备贷款的归还意味着过多货币的回笼，其具体过程就是这样。其所以有这样的过程出现，基础则在于设备贷款发挥效益从而使流通中增加了社会产品。

对于这个过程可举个例子说明：

（1）假设，原来现实流通的货币量为 A，是通过短期信贷投入流通的，它们都有物资保证。现在发放了设备贷款 200，设备贷款用于购买生产资料和生活资料，销货单位则用销货收入归还短期贷款，于是短期信贷及其物资保证以同等金额下降。结果是贷款总额为 $(A-200)+200=A$，物资保证总额为 $A-200$，即现实流通的货币量中有 200 是过多的[①]。

（2）经过一段时间，设备贷款的项目开始有可能发挥经济效益，预计每批（如一年一批等）新增产品的价格总额是 100，其价值构成是：折旧 10，原材料转移价值 30，新创造的价值 60（其中工资部分是 20，利润部分是 40）。

为了使之现实地发挥经济效益，国民经济必须保证有追加的原材料供应和必要的劳动力，假设这些条件都具备；于是取得设备贷款的单位为了取得原材料向银行申请短期贷款，银行对之发放短期贷款 30，其物资保证是取得设备贷款单位的生产储备。

这时，贷款总额为 $(A-200)+30+200$，物资保证总额为 $(A-$

[①] 为了简化分析，在这个例子中我们假设短期信贷投出的货币都是现实流通的货币并且都为流通所必要。

200)+30。

(3) 取得设备贷款的单位按预定计划组织生产并生产出产品100，银行给商业单位贷款100收购这批产品，取得设备贷款的单位则有了100的销货款，其中的30用来归还购买原材料的贷款。

从贷款看，由于商业贷款增加和生产储备贷款减少，总额变成$(A-200)+(30-30)+100+200$；从物资保证看，生产储备没有了，商业库存增加了100，总额则是 $(A-200)+(30-30)+100$。

(4) 取得设备贷款的单位的销货款归还生产储备贷款后剩70，作如下分配：

20用于发放工资，这部分货币存在于流通之中；

折旧和利润的全部，即$10+40$，用于归还设备贷款（假设利润全部用于还款是为了简化分析），这意味着货币回笼。

于是贷款总额为 $(A-200)+100+(200-50)=(A-200)+100+150$；物资保证总额还是 $(A-200)+100$；无物资保证的货币，或过多的货币是150，比原来的过多货币200少50，原因则是设备贷款的归还。表3-6描述了这个过程。

如果取得设备贷款的单位再生产三批金额各为100的产品，则过多的货币将由于设备贷款的还清而全部消失。

通过这个例子可以看得很清楚，设备贷款的发放和偿还是如何与短期信贷交错在一起的。如果不把它们的关系搞清，显然难于进行量的分析。其中最主要是这样两点：

一是设备贷款余额总是表示现存于流通中的无物资保证对应的货币投放，它是过去期间设备贷款发放和偿还的结果；

二是物资保证只是与短期信贷相对应，不应作重复计算。

表 3-6 设备贷款与短期信贷的交错过程

	对各经济单位的短期贷款	对取得设备贷款的单位发放的短期贷款	商业贷款	设备贷款	现实流通的货币 —— 取得设备贷款单位的存款	各经济单位存款和现金发行	贷款总额 —— 短期信贷	贷款总额 —— 设备贷款	物资保证	流通中过多的货币
(1)	A 200			200	200 200	A	A	$A-200+200$	$A-200$	200
(2)	A 200	30		200	200 30 200 30	A 30		$(A-200)+30+200$	$(A-200)+30$	200
(3)	A 200	30	100	200	200 30 100 200 30 30	A 30	$(A-200)+(30-30)+100$	$(A-200)+(30-30)+100+200$	$(A-200)+(30-30)+100$	200
(4)	A 200	30	100	200 50	200 30 100 200 30 20 50	A 30 20		$(A-200)+100+150$	$(A-200)+100$	150
	$A-200$	30	100	150		$A+50$				

设备贷款投放的货币中也有一部分转化为潜在的货币

当现实流通的货币量与客观需要恰好相符时，是否可以这样论断：发放多少设备贷款就意味着流通中将有多少过多的货币呢？上面我们举例时是这样说的，但实际不是这样。因为设备贷款投出的货币也必然有一部分要转化为潜在的货币。比如，建筑安装工人的工资会有一部分储存起来，建筑材料工业和机电工业的销货收入中转化为工资的会有储存，留归企业的利润可能有一部分以专用基金形式存储起来，上缴财政的部分在再分配的过程中也会有一部分暂不花用，等等。所以，通过设备贷款投出的货币，其作为现实流通的部分要小于投出的货币总额。如果以 L_{21} 代表一定时点上的设备贷款余额，以 r_{21} 表示转化为潜在货币的比例，那么，由设备贷款所引起的现实流通货币量的增加额等于：

$$L_{21}(1-r_{21})$$

发放设备贷款也并非必然导致货币过多

设备贷款的发放将使现实流通的货币量增加 $L_{21}(1-r_{21})$，那么，如果原来的货币量已能满足客观需要，无疑，这 $L_{21}(1-r_{21})$ 的货币必然是过多的。不过，从上节的分析得知，所谓货币量与客观需要相符，其条件是：

$$L_1(1-r_1) = L_1(1-i)$$

然而，更多的情况是货币过多或货币不足，即：

$$L_1(1-r_1) > L_1(1-i)$$

或 $\quad L_1(1-r_1) < L_1(1-i)$

在前一种情况下,如果发放设备贷款,其结果将是:

$$L_1(1-r_1) + L_{21}(1-r_{21}) > L_1(1-i)$$

即货币过多的矛盾更为加剧。

在后一种情况下,只要设备贷款的发放掌握得当,则完全不会出现货币过多的问题,其条件是:

$$L_{21}(1-r_{21}) = L_1(1-i) - L_1(1-r_1)$$
$$= L_1(r_1 - i)$$

或 $\quad L_{21} = \dfrac{L_1(r_1 - i)}{1 - r_{21}}$

在这种情况下发放设备贷款,不仅不会出现货币过多的矛盾,而且还有着解决货币不足矛盾的积极作用。上节曾经指出,对于解决这样的矛盾,动员潜在的货币和扩大短期信贷往往是无能为力的。设备贷款则不同。如果说潜在货币是否动用的主动权在分散的个人和单位,设备贷款是否提供的主动权则在银行;如果说短期信贷在一般情况下总有物资保证相对应,从而创造不出"过多"的货币,设备贷款则肯定是将无物资保证相对应的货币投入流通。所以,当存在货币不足——从供求上看即供给比较充裕——的时候,或可能出现这种趋势时,考虑发放设备贷款是适宜的。当然,假如货币不足和供过于求主要表现在消费品方面,则不宜用发放设备贷款来协调矛盾。

财政借款及其与信贷收支平衡

财政向银行借款,在世界各国,在今天和过去,都是相当普遍的现象。这种借款有短期的,有长期的。短期的主要是解决年度过程中先支后收的矛盾；长期则是用来弥补赤字。借贷方式则多种多样。

建国以后不久，我国财政大部分年份是结余，至于有赤字的年份，动用结余即可解决矛盾而无须向银行借款①，直到1979年才开始出现财政向银行借款的现象。1982年底的金融统计数字中，财政借款是170.23亿元，占银行信贷资金运用总额的4.98%。

财政向银行借款，我们这里的传统看法一直认为是坏事，而且似乎没有什么可以讨论之余地。至于到底应当如何看，下章再作讨论。这里只从信贷收支平衡的角度作些分析。

财政向银行借款，一个通常的提法是用于非生产性开支。这种说法就是用于西方国家也嫌过分简单，当然，用在我们这里更不适宜。我们的财政支出有非生产性的，有生产性的；就支出安排的顺序来讲，首先应是国防、行政等非生产性支出，其次是文教、卫生等非生产性支出，然后才是经济建设各方面的生产性支出。当然事实并非如此截然划分，但道理上的顺序则不能不是这样。因为社会性消费对积累来说无疑应摆在前面。所以，当我们的财政收支出现赤字而必须向银行借款时，借款是可以视为用于经济建设的。假如借款数额大于经济建设支出，那无疑有一部分用于非生产性开支。但在我们这里还远远没有出现这种情况。

既然用于经济建设，建设的结果终归会带来经济效益。所以这种贷款具有还款的经济来源。从这个角度来看，性质与设备贷款相类似。但向经营单位发放的设备贷款是以具体项目为贷款对象并以项目投产后的收益为直接还款来源；而对财政的贷款则不与任何具体项目挂钩并且是笼统地以将来的财政收入为还款来源——如果收不抵支的矛盾是长期的，实际上就

---

① 建国后，我国曾举借外债和发行公债券，外债和公债收入列入财政收入，还本付息则列为财政支出，但均不直接涉及银行垫款的问题，所以本节不研究。

不存在还款的过程。

所以，单就财政借款本身来说，贷放时丝毫没有物资保证，从而无物资保证对应的货币进入流通；还款没有具体的经济来源，还款期限往往还不确定，这即是说，这些无物资保证对应的货币在这项信贷业务中并没有具体安排退出流通的期限和渠道。分析到这里作判断：对这样的贷款不能不认为它是破坏货币流通、破坏供求平衡的坏事。

然而，就像上面分析设备贷款那样，如果把它放在信贷收支的总体中来分析，问题就不这么简单了。如果存在着 $L_1(1-r_1) < L_1(1-i)$，而且 $L_1(r_1-i)$ 足够的大，那就有可能既保证对设备贷款的需求，又可保证对财政借款的需求。假如经济生活中设备贷款的需求不能补足 $L_1(r_1-i)$ 这个差额，即银行想贷这么多设备贷款却贷不出去（现在事实上虽不存在这种假设情况，但并不一定全然不存在这种可能），那么主动安排财政向银行借款或许成为必要。

把财政借款考虑进去，保持信贷收支平衡应遵守的条件是：

$$L_{21}(1-r_{21}) + L_{22}(1-r_{22}) = L_1(r_1-i)$$

其中 L_{22} 代表财政借款，r_{22} 代表财政借款所引出的货币中转化为潜在货币的比例。

金银占款

金银和外汇占款也是银行信贷资金运用的项目，对于银行信贷资金运用总额来说，所占比例不算大。如 1982 年底，视作国际支付准备用的黄金，其占款为 12.04 亿元，外汇占款为 142.79 亿元，两项共占信贷资金运用总额的 4.53%。但由于这种占用的相当部分也是长期性占用，因而在考虑信贷收支时也需予以注意。

金银，是工业生产和科学研究所需要的物资，而黄金，实际上仍是世界货币。根据规定，金银由国家银行统一收购。收购金银要付出人民币——可能付现金，也可能转账结算。当金银是用来供应工业生产和科学研究时，这种业务与短期信贷业务的性质相同：一方面投出货币；另一方面有可形成供给的物资保证相对应。对于这种情况不需要单作讨论。在这里需要研究的是作为国际支付准备的黄金所占用的信贷资金。当黄金作为国际支付准备时，它只是窖藏的黄金，一点也不会使市场的物资供给增加；而收购它的人民币却会在流通中不断运动。至于这些货币的回流，如果仅就这种占款本身来分析，则要以这些黄金的出售为条件。货币用黄金是要在世界黄金市场上出售的。在黄金市场上出售黄金换回的是外汇。如外汇储备起来，则黄金占款转化为外汇占款，这在下面分析；如用外汇支付进口的货款，那么，进口单位以进口商品为物资保证取得短期贷款并用以冲销黄金占款，或者说黄金占款转化为短期贷款（当然，实际过程复杂得多）。通过黄金占款所投出的货币本是过多的货币，但在后一种情况下，则与可供销售的进口商品相对应，从而不再是过多的。而当进口商品售出从而进口单位用销货款归还短期贷款时，则这些货币回笼。

由于一个经济独立的国家必须保存一定数量的黄金储备，因而黄金占款也就必然长期保持一定的余额。这也就意味着同等金额的没有物资保证对应的货币处于流通之中。

外汇占款

国家银行的外汇占款是通过不同途径形成的，最主要的是外贸部门收入的外汇所占用的信贷资金。

这种占款的起点实际是在发放对外贸易收购贷款之际。外贸部门收购出口的工业品和农副产品靠的是银行发放的外贸贷款。这种贷款通常归入短期信贷之内，但实际上它有很大特点。一般的短期贷款，其物资保证可视为近期国内市场的商品供给。而外贸贷款的物资保证则不同。除去"出口转内销"的那部分外，它并不是国内市场的供给，而是国外市场的供给。这就是说，从市场供求平衡的角度来看，由这种贷款投出的货币实际上是无商品供给对应的货币。当出口货物在国际市场售出并取得外汇之后，国家规定，外贸部门必须到国家银行结汇，即把所得外汇卖给银行。银行支出人民币买进外汇，外汇占款增加；外贸部门用结汇收入的人民币归还外贸贷款，外贸贷款减少。这时，最初通过外贸贷款所投出的货币则与外汇占款相对应。由于外汇本身并不等于现实的市场供给，所以这些货币仍是无商品供给对应的货币。只有当外汇用来支付进口货款时，情况才发生变化：进口的商品成为一般短期信贷的物资保证，短期信贷增加；通过这种短期信贷投出的货币用于购买支付进口货款的外汇，从而外汇占款相应下降。于是最初通过外贸贷款投出的货币则与以进口商品为物资保证的短期贷款相对应，即成为并非过多的货币。最后，进口商品销售，相应贷款归还，货币回笼。上述过程可示意如下：

对收购出口 商品的贷款	外汇占款	以进口商品 为保证的贷款	流通中的货币 （存款与现金）
(1) L	(2) L	(3) L	L (1)
L (2)	L (3)	L (4)	(4) L

通过如上分析可以看得很清楚，不仅是外汇占款，连同在它之前的收购出口商品的贷款，都是国家为了发展对外贸易的"铺底"资金。只要对外贸易不断扩大，在其他条件不变的情况下，这种铺底资金的数额也需不断地扩大。当然它不一定是等比的。而铺底资金，就信贷收支来看，则意味着货币的投放，而且是无物资对应的投放。

外汇占款的形成还有如下的一些途径：如侨汇，国外华侨汇入外汇，外汇由国家银行收购并为此付出人民币；如在政治、文化、旅游等活动中，外汇持有者把外汇卖给银行，银行付出人民币；等等。但不论是怎样一种情况，就其本身来说，都毫无例外地是，与占款相对应的货币无物资与之对应。

外汇占款多，说明国家有较多的外汇储备，这对于保证国际收支的平衡无疑是有利的，一般说来，是国力增强的表现。但通过上面的分析得知，表示国力的外汇储备却是与过多的货币投放相对应，即必须为之付出代价。因而，这就有个权衡得失利弊的问题，而不是外汇储备越多越好。以1982年为例，这一年的外汇占款从年初的62.18亿元增至年末的142.79亿元，即一年之间增加了约80亿元。很显然，要把80亿元的过多货币吸收以保持信贷收支平衡和货币流通的稳定，从下面的分析可以看出，这不是一个很轻松的任务。

黄金外汇占款与信贷收支平衡

孤立地就黄金外汇占款来说，占款意味着无物资对应的货币投放。当然，这种投放也会有一定部分转化为潜在的货币，但终归会使现实流通的货币增多。不过，与上面分析设备贷款、财政借款一样，如果放在信贷总收支之中，就会有不同的结果。即只要有 $L_1(1-r_1) < L_1(1-i)$，这类占

款投出的货币就不一定是过多的。而且与设备贷款、与财政借款比较来说，保证这种占款恐怕还是应该优先考虑的。

把设备贷款、财政借款也考虑进去，令黄金外汇占款余额由 L_{23} 表示，这种占款投出的货币中转化为潜在货币的比例用 r_{23}，则信贷收支总平衡的条件是：

$$L_{21}(1-r_{21})+L_{22}(1-r_{22})+L_{23}(1-r_{23})=L_1(r_1-i)$$

当然，除去上面所分析的设备贷款、财政借款和金银外汇占款之外，还有一些长期性的贷款，如对战略物资储备的贷款；也还有一些名义虽然不是但实质却是长期性的贷款，如实际变为救济款的一部分农业贷款甚至是永远难以归还的；等等。但不论情况如何复杂，原理则没有什么区别。如果用 L_2 代表 $L_{21}+L_{22}+L_{23}+\cdots+L_{2n}$，用 r_2 代表 r_{21}，r_{22}，r_{23}，$\cdots$，r_{2n} 的平均值，则上式可简化为：

$$L_2(1-r_2)=L_1(r_1-i)$$

或 $$L_1(1-r_1)+L_2(1-r_2)=L_1(1-i)$$

关键在于潜在货币增长的潜力

各种无物资保证对应的货币投放可以扩大到何种程度而不破坏信贷收支平衡，不破坏市场供求平衡，不破坏货币流通的稳定，关键在于 r，也就是潜在货币占流通中货币量的比例。这是一个很重要的因素。

从上面所指出的第一个等式看，等号左方的 r_2 越大，则 L_2 所引出的现实流通的货币量越小；而等号右方的 r_1 越大，则从短期信贷看的流通中货币不足的差额则越大。所以 r 越大，扩大各种长期信贷的可能也越大。

r 的大小，在正常的经济发展时期，往往是通过人们的自愿活动形成的。比如储蓄在正常时是自愿的，企业、机关的定期存款在正常时是自愿的，将现金藏在柜子里更是自愿的，等等。除非在非常时期，否则这些都必须贯彻自愿原则。既然 r 并不是强制形成的，那么也就不宜用强制的办法使之减小，即不宜强制使潜在的货币变成现实流通的货币。总之，它不随主观意志而升降。

那么，潜在货币的增长有没有潜力呢？当个人货币收入极少，几乎没有储蓄的可能，而企业和经费单位实行统收统支，没有余钱可以积累时，在一定期间，比如在一年间，这种转化的量对投入流通的货币来说只能占一个"极小"的比例。在这种情况下，就是把几年、几十年的"极小"累积起来，r 也仍然是一个微不足道的值。但是，一旦由于个人货币收入的提高，由于企业有了可以自己支配的资金，由于经费单位被允许保留结余，等等，向潜在货币转化的过程显然可见时，那么历年的 r 就会呈现为一个不断增大的数列。假如，今年投入流通中的货币有一定的量转化为潜在货币，明年向流通中投入的货币量不变，向潜在货币的转化的量也仍然维持今年的水平，由于潜在货币的特点是不会在短期内又转回为现实流通的货币，那么它们累积起来的余额就会比今年增加接近一倍。即如果今年潜在货币量对流通中货币余额的比是 r，那么明年的比就会接近 $2r$。同理，后年的比就会接近 $3r$，以此类推。本章第二节举的那个例子，其中有一个说明包括潜在货币在内的流通中货币余额是如何形成的图表，从那个图表可清楚看出这种累积的趋势。

再者，每年向流通投入的货币量并不是不变的。当潜在货币转化的过程显然可见时，如果投入流通的货币量逐年是增长的并且这种增长反映着个人、企业和经费单位收入的增长，r 的值更会增大。因为，收入增长时，其中转化为潜在货币的部分往往不是按同一比例增长，而是会以递增的比例增长。

当然，r 的增大不会是无限的。比如，潜在货币虽然不会在短期内又向回转化为现实流通的货币，但其相当部分经过几年或更长期间终归会转化回来。只要有这种向回转化的过程，那么 r 就不会像上面所说的从 r 到 $2r$，再到 $3r$ 这样一直地增长下去。再如，不花用的货币占收入的比例虽有随收入增长而递增的一面，但由于不论是个人，是企业，还是什么其他单位，一般说来都不会单纯以货币储存的本身为目的。因而这个递增既不可能是无限的，也不可能是连续不断的。例如，个人收入增加而消费习惯无大变化时，储蓄占收入的比例可能有递增趋势；如果收入的增长已经引起消费需求的变化，储蓄占收入的比例则可能陡然下降；等等。所以，对于潜在货币量增长的潜力既要给予充分的估计，同时也要看到它绝不是无限增大的。为了掌握其变化规律，需作专题探讨。

第六节 信贷差额、信用膨胀和平衡信贷收支的措施

通过如上的分析，现在可以对有关信贷收支总体的一些问题作些讨论。

对信贷差额的通常解释

信贷差额是我们通常用来说明信贷收支对比状况的一个概念，即信贷资金来源不足以满足信贷资金运用的差额。那么，怎样来度量这个差额呢？最简单的解释是：在一定期间，比如一个计划年度，贷款（当然也包括金银外汇占款等项）增长额大于存款（也包括自有资金等来源）增长额的差，也即现金发行的增长额，就是信贷差额。同样意思的另一种说法为：现金发行是弥补信贷差额的手段。在这种说法中，所谓的信贷差额实

际上只不过是"存贷差额"。而且现金发行既然被看作是弥补差额的手段，那它是不是信贷资金来源呢？说现金发行不是信贷资金来源显然不能成立——不是来源，如何能用来弥补信贷差额？但如果是来源，那为什么在计量信贷差额时把它排除在信贷资金来源之外？因而，它又像是来源，又不像是来源；即使算来源，似乎较之存款也是"差一等"的来源；等等。

实际上，对于这个一直沿用到今天的说法，人们的解释已经是有所充实，有所修正。其中最核心的一点就在于把现金发行区分为两部分：一部分是满足客观需要的发行，一部分是超过客观需要的发行。这样，信贷的差额就不是由现金发行总额来度量，而是由超过流通需要的过多的现金发行来度量。这样的解释无疑是前进了一步。在人们的习惯里个人收支的差额是亏空，企业收支的差额是亏损，财政收支的差额是赤字，即差额都是用来概括一种不理想的状态。那么，把信贷差额与现金发行等同起来，就自然而然地把现金发行整个地置于否定的地位。然而，绝不能说任何现金发行都不是好事情，比如：没有现金发行，消费品如何分配？因而区分必要的发行与过多的发行并把差额与过多的发行联系起来，就比较合理一些了。

不过这样一来，差额却似乎难于把握了。本来，对于信贷资金的平衡表永远是资金来源总额等于资金运用总额这一点，很多人就觉得难以理解：个人收支或有储蓄或有亏空，企业收支或有盈利或有亏损，财政收支或有结余或有赤字，为什么信贷收支两方的金额却永远相等呢？既然相等，为什么还有"差额"呢？

当把差额用存贷的对比来说明并用现金发行来度量差额的大小时，似乎问题得到了解释。而且由于现金发行的数字是具体的，差额是大是小、是有是无也无怀疑之余地。而现在，从概念上要把现金发行一分为二，账面上却仍然只能有一个数字，这样，差额是大是小，乃至是有是无，都会有不同的解释。于是信贷差额反而变成说不清、道不明的问题。

然而症结不在这里。用过多的现金发行来度量信贷差额所存在的问题，并不在于它比用整个现金发行度量信贷差额难于把握，而在于它仍然没有把信贷差额的实质解释清楚。

现在我们先看看用通常的观念分析信贷差额会产生怎样的矛盾。在编制信贷计划时，差额是这样出现的：根据国民经济发展的一些有关计划指标和这些指标与信贷收支各个项目的历史对比规律，并考虑到客观条件变化对这些比例可能产生的影响，分别计算出计划期存款将会增长的数额，假定是80；现金发行可以允许增长的数额，假定是20；至于贷款需要增长的数额还要结合着各部门所提出的对贷款的需求加以估算，假定是110。分别计算之后，按照简单的概念，是把贷款需要增长的数额与存款将会增长的数额加以比较，前者大于后者的差额称为信贷差额，根据上面假设的数字是30；按照加以充实的概念，则是先把存款将会增长的数额与现金发行可以允许增长的数量加起来，然后与贷款需要增加的数额比，前者小于后者的差额称为信贷差额，根据上面的假设数字计算则是10。但这两种说法对现金发行的估计则都是一样的，区别只在于前一种说法是笼统地说，现金需要增加发行30以补差额，而后一种说法则是分别说20是正当的现金发行，补差额的10是过多的现金发行。到了编制信贷计划执行结果的平衡表时，存款、贷款和现金发行之间却可能出现另一种情况：假定贷款增长的结果恰是110，存款增长却不一定是80，并且往往会大于80，假定是88，那么现金发行也不是30，由于存款加现金发行恒等于贷款，所以只能是22。按照简单的概念，信贷差额是22。按照加以充实的概念，首先要通过分析看看客观允许现金增发多少，假如通过分析认定计划时的估算数字可靠，那么信贷差额则是2。如果说差额是22，那比30小；如果说差额是2，那比10小。总之，执行结果的差额小于计划的差额。只要拘守于我们现在习惯的信贷差额概念，这种矛盾就是必然出现的。当然，通过实践，人们也掌握了这样的规律，即贷款的过度扩张也会引起存款的增大，从而现金过多发行的数量不会与过多的贷款金额相等。但只要概念不搞清楚，这样的结果往往给不太了解信贷规律的人们以口实：既然贷款的过分扩张，比如多贷了10，并不会使信贷差额以同等金额扩大，即差额不是30而是22，或不是10而是2，那么对信贷就可以放手扩大而不必过分拘谨。显然，这样的结论是危险的。

其实，在信贷差额概念上所产生的这些矛盾，关键在于对存款的看法。例子中过多的贷款10所以没有引出过多的现金发行10，很显然，是因为存款比预计多出了8。只要我们不把存款看成货币（在习惯的用语中，现金发行叫货币发行，存款则是完全排除在货币概念之外的），从而认为存款越多越好，那么存款就只能视为减少差额的因素而不会成为差额的构成部分。然而前面的分析说明，存款的相当部分是现实的购买力，过多的存款也同样是破坏供求平衡的因素。如果认识到这点，那么，例子中过多的贷款10事实上引起的差额不只是过多的现金发行2，也还有过多的存款8。所以，只从现金发行方面是说明不了信贷资金来源不足以满足对信贷资金需求的程度的。因而对信贷差额我们应有新的解说。

应该怎样解释为妥

根据前面几节的分析，信贷差额可以从也必须从货币流通角度加以说明。因为贷款（包括各种其他占款）的发放无不意味着货币投入流通，而作为贷款资金来源的存款和现金发行又无不意味着存在于流通之中的货币，所以，这里的矛盾不能不是货币投放量 M_s 同流通对货币的容纳量 M_d 两者之间是否相符的矛盾，其中特别是现实流通的货币 M_x 同流通对

货币的必要量 M_{dc} 这两者之间是否相符的矛盾。本章第二节指出，M_s 是现存的或将要实现的资金来源总额，M_d 则是客观允许"创造"的资金来源总额。如果信贷的需求大于客观允许"创造"的资金来源，这是计划上存在着信贷差额；如果信贷投放的实绩使得现实的资金来源大于客观允许"创造"的资金来源，这就是现实地出现了信贷差额。

对信贷差额的这个解释克服了只用现金说明差额的片面性。当然，如何确认有差额存在以及如何估量差额的大小是不容易的。对此，可以回顾第二章第四节的分析。但有一点可以肯定的是，这方面的困难较之分析现金发行是否过多以及多出多少的困难并无本质区别。

现在可结合上几节所分析的信贷收支平衡条件进一步地作些具体说明。上节指出，信贷收支总平衡的条件是：

$$L_1(1-r_1)+L_2(1-r_2)=L_1(1-i)$$

其中 r_1 和 r_2 的值可能是有区别的。至于区别有多大，甚至是否有别，还可进一步研究。为了分析方便，以 r 代表其平均值恐不会使分析的理论判断有多大出入。这样，上式则可简化为：

$$(L_1+L_2)(1-r)=L_1(1-i)$$

等号左方是通过贷款投出的现实流通的货币 M_{sc}；等号右方是表示货币的必要量 M_{dc}。这就是说，信贷平衡以 $M_{sc}=M_{dc}$ 为条件。把这个式子变换一下：

$$L_1+L_2=L_1(1-i)+(L_1+L_2)r$$

等号左方是各种贷款和占款的总和，即 M_s；等号的右方，$L_1(1-i)$ 是 M_{dc}，$(L_1+L_2)r$ 则是可能转化为潜在货币的量 M_{dp}，而 $M_{dc}+M_{dp}=M_d$。这就是说，信贷平衡以 $M_s=M_d$ 为条件。

简言之，破坏了这些等式，也就意味着出现了信贷差额。

回答第三节留下的一个问题

第三节在论及发放长期信贷的条件时，在脚注中，曾经提到短期性资金来源大于短期信贷需求的情况实际是不存在的。如果表述得确切点应是这样：在作计划时，是将要形成的短期性资金来源不会大于将要提供的短期信贷总额；在分析已形成的状况时，则是现存的短期性资金来源不会大于已经提供的短期信贷总额。同时，这里有一个前提，即从信贷收支平衡的目标出发，要求现实流通的货币量与货币必要量相符。

第三节指出，我们区分信贷资金来源的口径之一是货币流通，所谓的短期性信贷资金来源就是由现实流通的货币构成的。从第四、第五两节的分析中得知，现实流通的货币是各种长短期贷款和占款所投出的货币减去转化为潜在货币部分后的余额，其最简单的表示为 $(L_1+L_2)(1-r)$；如果长期性贷款和资金占用能否提供尚属未定之数，因而只能就短期信贷来考察现实流通的货币量，则用 $L_1(1-r_1)$ 表示。

再看货币必要量，这是由商品物资的供给所决定的。根据第四、第五两节的分析：（1）短期信贷的物资保证可以形成市场供给并提出对货币的需求，但形成现实的市场供给并提出对货币需求的并非物资保证的全部；（2）长期信贷以及就其资金占用性质与长期信贷相类似的资金运用项目均无可以形成市场供给这种意义的物资保证，从而产生不了货币必要量。因而货币必要量的表示只是 $L_1(1-i)$。

上面刚刚说过，市场供求平衡和信贷收支平衡的条件是 $(L_1+L_2)(1-r)=L_1(1-i)$，那么必然有：

$$(L_1+L_2)(1-r)<L_1$$

$(L_1+L_2)(1-r)$ 是现实流通的货币，是短期性信贷资金来源，所以，短期性资金来源必然小于 L_1——短期信贷总额。

如果仅就短期信贷来看，市场供求平衡和信贷收支平衡的条件是 $L_1(1-r_1)=L_1(1-i)$，那么也必然有：

$$L_1(1-r_1)<L_1$$

也是短期性资金来源必然小于短期信贷总额。

在第三节的那一段中，短期信贷是用 $u+v$ 表示的，短期性资金来源是用 $y+z$ 表示的。既然在信贷收支平衡的要求下，不论是 $(L_1+L_2)(1-r)$，还是 $L_1(1-r_1)$，都应小于 L_1，那么 $y+z$ 也就不能大于 $u+v$。如果不谈信贷收支平衡这个约束条件，当然，$y+z$ 大于 $u+v$ 这种情况是完全有可能出现的。

信用膨胀

信用膨胀是近几年来引起人们广泛注意的一个问题。当什么是信贷差额的问题搞清楚了之后，信用膨胀应如何理解也就不困难了。

膨胀这个词，在我们的习惯中往往是一个贬义词。比如，膨胀之前加上通货就是指货币流通方面出了问题；同理，膨胀之前加上信用也就是说在信用领域出了问题。过去的一些译文中，对于像信用过分扩大这样的意思往往就译为信用膨胀。其实，在外文中，通货膨胀有确定的对应词，而信用膨胀则无确定的对应词或词组。本来，经济理论中很多概念是引进的，通货膨胀这个概念就是其一。但信用膨胀却并非引进，而是我们自己构造的一个比较稳定的词。在我们这里，对经济概念的理解往往存在很大分歧，这种常见的现象在信用膨胀问题上表现得更为突出。

比如，1958 年后，将那时所发生的贷款过分扩大从而引起的存款过多称为信用膨胀，而把现金发行过多称为通货膨胀。不过当时这些也未引起人们对这样的概念加以探讨的兴趣。近几年来由于这个概念使用多了，于是人们就企图对它的含义加以解释。有的是把它与西方国家的有价证券交易联系起来；有的是把它与派生存款联系起来；有的认为长期信贷就有信用膨胀的危险；有的则认为这个概念只能用来说明银行工作的好坏，而财政透支对信贷所引起的问题则不应包括在这个概念之中；等等。

按照习惯，一个经济概念所要概括的是一定的经济现象、一定的经济过程。而引起这种现象、这种过程的原因，则需另作说明。至于像引起这种现象的经济部门的职责则根本不能揽到经济概念中来。信用膨胀，粗略地理解无非是信用过度、过大、过松之类，而这些则只能归结为信贷资金来源与信贷资金运用的对比关系。资金来源与运用应该取得平衡。如果运用大于来源，这不是好现象，可以概括为信用膨胀；如果运用小于来源，则可概括为信用紧缩。但无论是膨胀，还是紧缩，总会导源于很多原因，通过很多渠道，比如有价证券的运动，派生存款的规模，财政政策和金融政策的变化，财政收支对比的状况，等等。显然，要使用一个概念把哪些原因纳入，把哪些原因排除是不可能的，如果硬要这样做那只能造成混乱。

如果说，信用膨胀只宜于用来概括信贷资金运用超过信贷资金来源这种现象和过程，那么从上面分析可知，它也可这样表述：（1）过多的信用投放造成了信贷差额；或者（2）过多的扩大贷款和占款使得投入流通的货币，考虑到转化为潜在货币的部分，仍然超过客观所必要的货币量；等等。不过，类似的表述似乎把通货膨胀与信用膨胀这两个概念混淆了。其实，在现代的经济生活中，它们本来就是同一的经济过程。如果说区别，则只是在于：通货膨胀所要说明的只是投入流通的货币超过货币必要量这一面；而信用膨胀则是从贷款等信贷资金运用超过国民经济客观需要这个角度来说明问题。由于贷款过多就意味着过多的货币投放，所以信用膨胀还包含着通货膨胀就是通过过度发放贷款的途径而出现的这重意思。

如何平衡信贷差额

现在再回过头来看看信贷差额可以通过怎样的途径予以平衡的问题。

或许还需指出，绝对平衡的信贷收支，就如同绝对平衡的市场供求和绝对稳定的货币流通一样，不应作为企求的目标。我们要求保持的是基本平衡；而在保持基本平衡的前提下，则不应排斥根据客观需要对信贷的掌握交替采用适度偏松与适度偏紧的做法。道理也就是在第二章最后几段所说明的。其所以在这里提醒一笔，是因为上面关于信贷收支平衡原理的讨论易于给人造成所谓平衡就是要求数字严格相等这类绝对的观念。下面，具体讨论平衡的途径。

信贷差额的实质是现实流通的货币量大于货币必要量。所以要解决这样的矛盾不外乎两个方面：一方面是设法缩小现实流通的货币量；一方面是设法扩大货币必要量。关于后者，从根本上说，取决于产品的生产和流通状况，在我们现在讨论的问题中可以视为给定的。因而需要讨论的是前者，即缩小现实流通的货币量。实现这样要求的途径有两条：一是相应减少流通中的货币量；一是把相应数额的现实流通的货币转化为潜在的货币。

减少流通中货币量的措施，就信贷方面讲，主要是压缩新的长期信贷和催收到期的贷款。压缩短期信贷虽然会减少货币投放，但如果它造成流通的阻塞，这又会减少对货币的需求。所以，在一般情况下，不论有多大信贷差额，有物资保证，特别是有流通领域的物资保证的短期信贷是不能压缩的。如果有可能，用财政收入来归还国营企业拖欠的贷款，这则是回笼货币的有效措施。

使现实流通的货币转化为潜在的货币或许是更主要的方面。比如，个人把本来打算用于消费支出的货币储蓄起来，企业把打算用于更新改造的生产基金暂缓支出，经费单位把预定的开支节约下来增加定期存款，等等，都意味着现实流通的货币转化为潜在的货币，从而减少了现实流通的货币量。不过前面曾经指出，向潜在货币的转化，在正常情况下是一个自愿的过程，因而一般只能宣传、号召，而不宜强制。这就使得这种转化在数量上有其限度。非常情况下，如战时，可采取冻结存款措施：可以冻结一切存款，也可以分别不同性质的单位或分别不同性质的账户采取有的冻结有的不冻结；就是实施冻结的账户，既可以是全部冻结，也可以是超过一定限额的冻结，或限制每天、每月提款的金额，等等。但不论如何，这种强制使现实流通的货币转化为潜在的货币或强行限制潜在的货币转化为现实流通的货币的措施对经济生活的影响过大，通常是不轻易采取的。非常的措施不宜轻率采用，而只靠经济周转中现实流通的货币向潜在货币的"自愿"转化又解决不了矛盾，那就必须另寻途径。这就是把财政的部分收入转化为潜在的货币。这是一个很重要的问题，下章还要进行讨论。

从可能性来说，还存在另一种信贷差额，即信贷资金来源得不到充分的利用。在西方国家，这是不时出现的矛盾：想扩大贷款但贷不出去。在我们这里似不多见，但可能性则不能排除。如果出现这种情况那就需要采取相反的措施：扩大长期贷款和设法使部分潜在的货币转化为现实流通的货币。必要时，或许还要扩大对财政的贷款，等等。

要实现信贷收支平衡只控制现金是不充分的

出现了信贷差额，自应采取措施恢复平衡。但更重要的还是如何有计划地控制信贷收支使其不出现差额。

我们多年来一直是通过控制现金发行来实现对信贷活动的控制。那就是首先考虑现金发行可以增加多少，然后根据不突破现金发行指标的要求来控制贷款以实现信贷收支平衡。现行的银行内部资金管理体制——存贷挂钩，差额包干——也是基于这样的思路，那就是把现金发行指标以存贷差额的形式分给各个分支机构，通过各个分支机构保证不突破各自包干的差额来保证整个现金发行指标不被突破，并从而实现信贷收支平衡。

很明显，这样考虑的根据，就是上面提到的那种多年因袭的论点，即把信贷差额单纯视为存贷差额，并把现金发行视为度量信贷差额的尺度和弥补信贷差额的来源。然而，如上分析，信贷差额是一个关系整个货币流通的问题，它不仅涉及现金，也涉及存款转账。只控制现金，在现金流通主要服务于消费品流通领域的情况下，实际上是只注意调节这一领域的数量和供求对比，因而也就意味着把生产资料运动领域中的货币量是多是少、供与求是平衡还是不平衡的问题置诸视野之外。显然，这样的控制只不过是控制了货币流通和信贷收支的一部分。

不过有这样一种现象，即多年来在流通中的现金数量与存款数量之间存在着一种相对稳定的比例关系。特别是在经济生活比较稳定的年份，年度之间的波动往往很小。以近几年为例，存款总额与现金发行量的比值，1979年底是5.01，1980年底是4.79，1981年底是5.13，1982年底是5.21，变化的幅度不算大。在这种情况下，可以推论，只要把现金的数量控制住了，实际上也就等于把整个货币流通控制住了。我们多年只控制现金也能程度不同地实现着信贷收支平衡，恐怕应该承认这是一个原因。但现金的运动毕竟只是货币流通的一部分，它会影响另一部分却代替不了另一部分。这另一部分，即存款转账，服务于生产资料流通，服务于国营经济内部流通，服务于大额交易，并由这些因素所制约，从而也就不能不具有独立于现金流通之外的规律，至少在数量上它并非直接由现金数量所决定。这从两者的比例虽然具有相对稳定的趋势但也不时出现明显差异可以得到说明。所以，通过部分控制是不能充分实现对总体的控制的。

通过多年的实践，人们感到更成问题的是，现金发行事实上很难控制得住。比如，在农副产品收购中，如果上市量多，现金就得多投放。我们的政策是不允许用现金数量来限制农副产品收购量的。如果限制了，农副产品的生产就会受到打击而必将影响市场的供给。再如劳动报酬，国营企业的工资或可卡住，奖金就不那么容易控制，至于本来意义上的集体企业的劳动报酬等支出更会随其收益的变化而变化；都卡死了，积极性也就没有了。虽然我们现在实行着现金管理，但只要符合现金管理的规定，银行就必须保证存款人有从存款账户提取现金的权利。而客观经济过程的变化、经济管理体制的变化都会直接、间接地影响客户对现金的提取数量。诸如此类的情况概括起来说，现金发行事实上是国民经济活动的结果。所以，不解决发生在前的导致现金过度发行的矛盾，而只想把现金发行数字控制住，无疑是不可能的。

近几年来有一种要把现金发行从信贷日常业务中独立出来的观点颇为流行，这也往往是主张建立中央银行的理由之一。似乎只要这样做了，现金发行的指标就可以不受各方面干扰地保证实现。至于日常的信贷业务则只能在既定的现金发行指标之内做文章，似乎这样就可保证货币流通的稳定和商品物资供求的协调。这种见解能否成立，能否行得通，前面的分析已可回答，这里无须重复。或许有这样一点可以指出：控制钞票的发行，从马克思当时曾多次讨论的 1844 年英国的比尔条例起，曾以不同形式出现，并在金融立法中占重要地位。但随着货币流通状况的变化，特别是金币停止流通和银行券停止兑现，对货币流通控制的重点早已经转向控制包括存款在内的货币总供给量。这种变化过程会对我们有所启发。

关键应是控制贷款的发放

控制信贷收支，实现信贷收支平衡的关键应该是贷款的发放。道理很简单，因为任何形态的货币，如本章第一节所说明，都是通过贷款的发放而投入流通的。因此，控制出水闸口无疑有更关键的意义。其中最基本的有两条：

一条是控制短期贷款。对这种信贷的控制，关键在于要求物资保证。当然要是真正的、合格的物资保证，即它们确是适销对路的，或者确是可以用来生产适销对路的产品而储备量又不是过多的，等等。计划当然需要，但计划不仅要有灵活性，更重要的是必须确实反映生产、流通的客观需要。对于有计划而没有合格物资保证的不应贷款；对于符合条件的短期贷款要求，从原则上说应充分供应。因为像第四节所分析的，这种贷款一方面投出货币，同时也意味着对货币需求的形成。至于在这种贷款中可能出现的不平衡，即该节所指出的 $L_1(1-r_1)$ 大于或小于 $L_1(1-i)$，这是调节短期贷款本身所解决不了的。如果货币不足，前面指出，扩大这种贷款仍然改变不了货币不足的矛盾。而且，如果原来针对合理的物资保证已充分贷款，也没有再行扩大这种贷款的余地。如果货币过多，前面也指出，紧缩这种贷款将会损害生产和流通而更加重货币过多的矛盾。因而无论出现货币过多或货币不足的矛盾，都无须改变按信贷原则发放这类贷款的方针。至于有计划却无合理保证的贷款需求，从原则上讲，本来不应贷款。但我们经济管理体制的毛病使得这种贷款的数量颇大而且也一时难以全部消除。我们这里所谈的对短期信贷的方针当然不能把它包括在内，它是需要寻找长期性资金来源的问题。

另一条是要从总额上控制各种长期贷款。当然，如果短期信贷本身已造成货币过多，长期信贷就谈不上。如果不是这样，那就要在考虑到黄金、外汇占款，计划中预先安排的财政借款以及短期信贷中要求用长期资金来弥补的部分之后，确定设备贷款的规模。在这里突出强调的是要控制住总的规模——不只是贷款的余额，而且是一定期间的发放累计额。因为正是这种累计额直接关系到商品物资的供求关系。

这类贷款是没有短期信贷那种物资保证的，不过要求有可以供应的设备物资。有物资供给这是必要的条件之一，但不是充分的条件，即有设备物资供给也不见得可以贷款。因为除去设备物资之外，还会涉及建筑材料，还会涉及增加消费资料的需要；长线的物资虽然是现成的供给，但还不可免地要求有短线材料配套；等等。设备贷款的发放还有另一些必要条件，如项目有否经济效益，地质水文条件如何，等等。但这些条件的弹性也很大，所以不控制总额，很容易超过应有的规模并造成货币过多的局面。

以上两条道理并不复杂，实行起来却并不简单。但要保持信贷收支平衡，至少从信贷工作本身来说，控制这两条是最基本的。当然，绝不排斥继续控制现金发行这种行之多年并积累有丰富经验的做法。

第四章 财政收支

第一节 为了便于讨论的几点约定

财政收支的范围

多年来，对财政这个范畴的理解一直存在着分歧的意见。有的理解得大些，如认为社会主义财政包括国家预算、银行信用和国营企业乃至集体农业组织的财务。这种观念来自苏联。有的则把财政的范围理解得小些，如认为不管是资本主义财政还是社会主义财政都是指政府的财政，至于银行信用就是银行信用，企业财务就是企业财务，不必纳入财政的概念之中。这似乎是上述观念从苏联传入之前就存在的传统看法。当然，其间还有多种多样的主张。近来，极力把财政的概念扩大的趋势似乎有些变化。

比如在苏联，有的教科书已把财政体系和信贷体系明确分开而不再把后者归属于前者；在我们这里，大的财政概念也好像正在逐步被一个存在着争议的"综合财政"的概念所代替。至于小的财政概念，到底应该怎样定义，也仍然有很多不同的见解。对于这个理论问题，本书不作研究。不过为了进行下面的讨论，对财政收支的范围必须有个说法。对此，我们作这样的约定：下面所说的财政收支指的只是各级财政部门所直接进行的收支，其中主要的就是列入国家预算的各项收支；同时对于从中央到地方的各级财政收支我们是作为一个整体来看待的。至于财政内部的中央和地方的关系不作专门的讨论。

所谓预算外资金

这里涉及一个预算外资金问题。

预算外资金是一个非常含混的概念，到底包括哪些内容尚无比较确定的界说。粗略说来大体有以下几方面：

（1）地方各级财政部门所掌握的各项税收附加等收入，县办工业利润留成由地方集中支配的部分，地方集中掌握的更新改造资金等；

（2）行政、事业单位不上缴财政的各种收入，如公路养路费、农林水事业收入、附属工厂收入、房产管理收入、城市公用附加、招待所宾馆收入、学杂费等，此外还有允许结余留用之后这些单位的结余；

（3）国营企业及其主管部门所集中的基本折旧基金、大修理基金、育林基金、油田维护费、利润留成、企业基金等；

（4）城市集体企业缴纳所得税后的利润和各项专用基金；

（5）农村社办企业缴纳所得税后的利润和各项专用基金；等等。

十年内乱前，在统收统支的体制下，预算外资金主要是前两项，为数不大，对经济生活也起不了多大作用；十年内乱中预算外资金开始扩大，到近几年其规模的增长更为迅速。据统计，1981年预算外资金的总数已达620多亿元，比1953年增长66倍，相当于当年预算内国内财政收入总额的60%以上，比当时预算内用于经济建设的资金还要多出约200亿元[①]。

对于这样一种对经济进程已经具有重大作用的资金力量，无疑需要解决如何有计划地加以控制的问题。对其中用于基本建设和挖潜改造方面的部分更需要有统一的控制办法。不过，组成预算外资金的各个项目差异很大，所以，有计划地加以控制绝不意味着要把它们完全纳入预算收支，或实质等同于纳入预算收支，由财政部门直接支配。

从资金管理体制和研究财政信贷综合平衡的角度来看，这些资金大体可分三个部分：

一部分是行政单位和事业单位手中可以由单位自己支配的部分。在过去统收统支的体制下，这些单位的收支绝大部分列入预算——预算的支出是它们的收入，收入不足以满足支出则向预算申请，有余则少数交回预算。其中有些单位有经常性收入并可用以抵补部分开支，这部分收入在预算中无直接反映，但单位的收支全额仍由财政部门管理。在这种情况下，它们的收支就可以看作财政收支而无须单独讨论。近年，由于管理办法的改变，这类单位开始有了可由自己支配的钱，如结余。对此，银行还开办了定期存款。以结余为例，当结余全部上缴财政时，这笔钱将由财政花用；而当留归单位支配时，在其未动之际，则成为银行信贷资金的长期来源。显然对于这类性质的钱再简单地归入财政收支范围之内看待就不适宜了。它们应该列为与财政、信贷、企业资金相并列的一项。不过目前其数

---

① 王丙乾：《关于财政工作的若干问题》，《人民日报》1982年11月26日；金鑫：《加强预算外资金管理 提高资金使用效果》，《财政》1983年第3期第5页。

量还较小。

再一部分是基层经营单位可以自己支配的资金。这又有三种情况。一是农村社办企业税后利润和各项专用基金。过去，对于农村社队所掌握的资金，如用于增加生产费用的资金，如公积金、公益金等，是不算预算外资金的。可能是由于从所有制上看，这是属于集体的资金，不宜纳入带有应由国家控制这种意思的预算外资金的概念之中；但更可能是由于其数量有限，还不足以促使人们形成要对之进行控制的想法。近些年来，社办企业的发展迅速，它们每年可以动用的资金在有些省份可以达到几亿元，而且其相当部分是用于形成固定资产。这就不能不影响到最敏感的基本建设规模问题。于是对这类资金遂出现应纳入预算外资金范围之内加以管理的主张。纵然需要加以管理，但它们毕竟是属于集体的资金，干预过头就会否定所有权。至于纳入预算外资金之中是否适宜暂且勿论，但它与财政收支有别，并绝不能混入财政收支范围之内则是肯定无疑的。二是城市集体企业税后利润和专用基金。城市集体企业主要指所谓的"大集体"，其实它们的性质是地方国营。所以它们资金的支配权实际也掌握在地方政府手中。当这些资金由地方政府支配时，不论是否由地方财政部门经管，其性质都应视为财政收支。其中留归企业支配的部分，其性质则与一般留归国营企业支配的部分相同。三是留归国营企业的各种专用基金，其数量的迅速增大是近几年体制改革的结果。在统收统支下，至多不过是有点集体福利基金由国营企业支配，现在国营企业支配的各种专用基金，其数额在各类预算外资金中已占首位。自1979年扩大企业权限试点逐步开始之后，至1981年三年间，通过实行企业基金制度、利润留成、盈亏包干等办法，留下归企业支配使用的已达280亿元[①]。这样巨大数额的资金，如使用不

---

① 王丙乾：《关于1982年国家预算草案的报告》，《人民日报》1982年5月6日。

当，无疑会成为冲击国家计划所安排的比例的力量。但如果要把它们全部纳入像统收统支那样的轨道，扩大企业权限的改革也就名存实亡。这样，现在纳入预算外资金范围内的可由各基层经营单位自己支配的资金，除去城市集体企业所支配的资金中事实上仍由地方政府支配的部分外，都不属于财政收支，而是具有独立意义的企业资金周转中的构成部分。

第三部分是地方各级财政部门所掌握的各项税收附加以及地方所集中掌握的地方国营企业和大集体企业的一部分资金。这类资金虽然不列入预算，但实质与预算内资金的性质完全一样，是财政收支的一部分。未直接纳入预算的行政和事业单位的收入，由于财政部门也要对之管理，令其抵补支出，似乎也应视为财政收支的一部分。

总起来看，预算外资金中只有一小部分属于本章所要讨论的财政收支范围。剩余部分的大部分属于企业资金周转领域，下两章将有所论及。再有一小部分则是行政和事业单位可以自己支配的一点财力，由于其数量较小，所以下面的分析中往往把它略掉。

这样，我们所说的财政收支除列入预算的收支之外，还有一小部分虽未列入预算但却应归入财政收支范围内的预算外资金。为了简化分析，在财政收支中占不了多大比重的这后一部分往往不单独指出。所以通常仅就预算收支来分析财政收支。

什么叫财政收支平衡

什么叫财政收支平衡这个在过去较少讨论的问题，近几年来也引起了人们的注意。实际上这并不是一个很简单的问题，在经济理论界颇有不同的看法。目前，争议主要集中在两个问题上：

一个问题是赤字与国家债务的关系，即：发行债券（当然也包括外债）是应当视为弥补赤字，还是把发行债券的收入估计在财政收入之内，如仍不足以抵补支出才叫有赤字？

建国以来，我们对这个问题有两种处理办法。1950年发行人民胜利折实公债，当时很明确，就是为了弥补财政赤字。但1954年开始发行国家经济建设公债，发行收入是列入预算收入的，后来的还本付息则列为支出，预算收支相抵，如再有差额才叫有赤字。对于外债，动用外债也是全额列为收入，还本付息列为支出。这后一种做法，即把借债——除去向银行透支——视同收入的做法一直延续到今天。

反对把借债列为预算收入的，认为这种做法实际是人为地缩小赤字。而且如果把借外债和发行内债债券列为收入，也没有多大理由把向银行的借款排斥在收入之外。只要借债一般地列为收入，那么从决算上看，必然会有收入恒等于支出的结果，即预算永远是"平衡"的预算。主张现行做法的，则认为把借债列为岁入的，苏联东欧国家有，西方国家也有，并非不合常理。而且把事先计划的债务收入列入预算便于反映收支的全貌。如果把这些债务抵补的支出都看作是导致赤字的支出，则会夸大矛盾。

的确，世界上各国对这个问题的处理是颇不一致的。苏联一贯把发行债券的收入列为预算收入。1953年以后我们走的就是这条路子。至于西方国家，情况则很复杂。国际货币基金组织编制的政府财政统计年鉴，可以说是把举债同平衡赤字联结在一起的代表。年鉴所说的赤字或结余是如下两项比较的结果：（1）岁入和补助总额。岁入包括税和非税的各种传统财政收入项目以及出售固定资产和股票等的资本性收入；补助则是指来自国内外的无偿的补助收入。（2）支出和净增贷款。支出包括行政、国防、文教卫生、社会福利、经济服务、对国内外的补助等传统支出项目以及获得固定资产和购买股票等资本性支出；净增贷款指本期对国内外所提供的贷款数额与贷款回收数额之间的差额。（1）减（2）等于赤字或结余：赤字，则国内外债务相应增加；结余，则国内外债务相应减少。在这里，举债明确被看作是平衡赤字的手段。然而在西方国家也有不同的处理法。如日本国就把发行政府债券和借款列入国家岁入之中。不过它们把公债分为两类：一类叫"建设公债"，其收入用于公共事业费；另一类叫"特例公债"，实际是用来弥补税收和建设公债收入不足以抵补财政支出的差额，所以，人们也称之为"赤字公债"。由于赤字公债也列入岁入，因而日本国政府所公布的决算统计数字是"没有"赤字的。

当然，不论国内还是国外，对赤字概念的不同处理都有各自的理论依据，其是非曲直是需要专门研究的课题。对于本书来说，重要的是把使用的概念所包括的内容明确加以约定，以便前后一以贯之，从而把我们所要研究的财政信贷综合平衡问题说清楚。

对此，我们约定使用如下几个概念：

（1）经常性收入：这包括企业利润上缴收入、企业上缴财政的基本折旧基金、各项税收（包括利改税后的所得税）、规费、资源管理收入、公产收入、罚没收入、接受援助收入等。如果建立新的项目，只要是无偿征集，也应视为我们这里所说的经常性收入，比如1983年开始向国营企业、城镇集体企业、行政事业单位、部队系统征集能源交通重点建设基金就属于这种情况。

（2）经常性支出：这可分两大类。一类是经济建设支出，这包括用于各部门的基本建设支出，对企业挖潜改造的支出，增拨流动资金的支出，地质勘探支出，新产品试制、中间试验和重要科研补助支出，农林水利气象等部门的事业费，以及举办中等专业学校、技工学校、干部训练班等支出。另一类是行政、国防、文教、科研、卫生、抚恤和社会福利救济、债务利息（不包括本金）、对外援助等支出。

在西方，他们是把与资本形成有关的支出称为资本性支出，而传统的国防、行政、文教等支出才叫经常性支出。如果按这种口径，那就是说，像我们经济建设支出中的一个相当大的部分是不能称为经常性支出的。不过，在我们社会主义国家中，经济建设支出自始至终是"经常"存在的，称为经常性支出或许更贴切。是否如此，自可研究。

（3）经常性收入大于经常性支出，我们称之为经常性收支结余；反之，则称之为经常性收支差额。其所以宁可多费几个字而不用赤字这样的概念，只是为了不在这类问题上纠缠。

（4）平衡经常性收支差额是靠国家信用。这包括国外借款，国内发行公债券和国库券，向银行借款等一些国家举债活动。

这样，则有如下两个等式：

$$经常性收入 + 国家债务净增额 = 经常性支出$$

$$经常性收入 = 经常性支出 + \begin{matrix}经常性收支结余或\\国家债务净减额\end{matrix}$$

再一个问题是：财政收支平衡与否是只就财政部门直接进行的收支对比来判断，还是应该结合着其他因素才能作出判断？

近来有这样两种议论：一种议论认为，只就财政部门本身的收支看虽然连年有赤字，但问题是原来可以由财政组织的收入现在分散到各个企业、单位了，也就是说预算内资金转化为预算外资金了；如果把预算外资金估计在内，财政收支是可以平衡的。另一种议论认为，只就财政部门本身的收支看赤字不大，但问题是原来应由财政拨款供给的流动资金转由银行供给了，过去财政支持信贷的拨款不拨了，银行需要向财政上缴的结益增多了，如此等等数额极大，如果估计到这些变化而按原来的口径计算，赤字要大得多。

两种议论的结论截然相反，但却有个共同点，即都是在判断财政收支是否平衡这个问题时把其他有关因素估计在内。财政收支不能孤立于其他资金运动之外，因而研究财政收支问题时不能孤立地就财政收支论财政收支。但财政收支本身终归有个平衡与否的问题，如果我们把其他因素加进来，而且有的要加入这些因素，有的要加入另一些因素，那么，财政收支平衡与否就会失去确定的含义。

事实上，上面两种议论恐怕都值得推敲。原来的预算内资金变成预算外资金，这是体制改革中在资金支配权限方面所发生的质的变化。如果不管这种变化而却要把已经失去支配权的资金纳入本身可以支配的资金的平衡概念之中，显然是不适宜的。同时，由于客观条件的变化，财政的收支也不可避免地需要进行相应的调整：如有的收支项目可能取消，可能增设，可能增加金额，可能减少金额。但不论如何，只有改变后的收支才可以算财政收支。比如，提高了税率，由于提高税率所增加的收入不能不算财政收入；再如削减某项支出，其削减金额显然也不能仍然计入财政支出之内。这两种议论的合理性，实质都是在于重视从综合平衡角度看问题；但综合平衡问题却不能与财政本身收支的平衡问题混淆起来。

因此我们约定，财政收支是否平衡是根据各级财政部门本身所直接进行的收入和支出的对比来判断（如果谈得周全一些，应估计到上面我们分析预算外资金时所指出的应纳入财政收支概念中的部分），而且是指上述经常性收支的对比而言。

第二节 财政收支与货币流通、与购买力形成

财政收支与货币流通

在商品货币关系有足够发展的条件下，财政收支都是货币形态的收支。我们就是从这个前提出发来分析的。

财政收入，无论是来自基层经营单位，是来自行政和事业单位，还是来自个人，都是这些单位和个人把自己所掌握的货币交给财政部门。单位和个人所掌握的货币是流通中的货币，他们把自己掌握的货币交给财政部门意味着流通中的这部分货币从单位和个人手中转到财政部门手中。财政部门收入的货币要支出。这些货币无论是支付给基层经营单位，是支付给行政和事业单位，还是支付给个人，则又意味着流通中的货币从财政部门转到各个单位和各个个人的手中。

流通中的货币从单位、从个人手中流入财政部门，然后又从财政部门流入各个单位、各个个人手中，这是一个川流不息的、频繁反复的过程。在这个过程中，任一单位货币从进入财政部门到离开财政部门，无论如何迅速，总要经历一定时间，因而在财政部门中总会停留有一定数量的货币，并成为流通中货币的构成部分。财政收支数量很大。比如，1982年，来自国内的财政收入与社会总产值比，相当于10.96%；与国民收入比则为25.5%。所以，在流通中的货币量里，处于财政部门的货币量，其比重也很可观。如果把全国信贷资金来源（剔除国际金融机构往来）视为流通中的货币量，那么其中处于财政部门的份额则如表4-1所示。

表4-1 流通中的货币量处于财政部门中的比重　　金额单位：亿元

年份	1979	1980	1981	1982
信贷资金来源年末余额　（1）	2 162.60	2 589.99	2 993.81	3 362.83
财政存款年末余额　（2）	148.68	162.02	194.97	175.76
（2）占（1）的百分比	6.88%	6.26%	6.51%	5.23%

资料来源：中国人民银行公布的金融统计数字。

需要注意，不要把财政收入额或支出额同流通中的货币量直接进行对比。因为财政收入或支出是周转额，或叫发生额，是每日每时所发生的每笔财政收支累计起来的数字，而流通中的货币则是某一时点上的余额。一元货币进入财政部门然后由财政部门支出，如果平均需要一个月，那么一年 12 个月，它反复进行这个过程，就会形成 12 元的财政收入或支出。这就是速度问题。收支间隔短，流通速度就快；反之，就慢。

下面的分析，除非特别必要，都是把一定期间的财政收支说成是一次都收进来又一次都支出去的过程。这只是在不影响结论时为了便于分析的简化，对此我们都要记住其中还有一个必然存在的速度因素。

财政收支对现实流通的货币与潜在的货币对比的影响

上面笼统地说到财政收支与流通中货币的联系。然而，流通中的货币包括现实流通的货币和潜在的货币这两个部分。从考察货币流通状况是否与客观需要相符以及市场供求是否平衡来说，还必须考察财政收支分别与这两部分货币的联系。

通常，财政收支基本上是在现实流通的货币的领域内进行的。在正常情况下，基层经营单位上缴财政的税、利和基本折旧基金，是要靠销货收入，这时的货币是刚刚发挥了流通手段职能的货币；行政、事业单位上缴财政的货币是来自各项应上缴财政的收入和来自财政拨付给它们的经费，即都是刚刚发挥了支付手段职能的货币；个人上缴财政的货币，或是靠他们的劳动报酬，或是靠他们个体经营的收益，也不外是刚刚发挥了流通手段或支付手段职能的货币；等等。如果财政收入是现实流通的货币，那么财政支出则意味着使这些进入财政部门的现实流通的货币继续以现实流通的货币的资格离开财政部门。在这种情况下，现实流通的货币量不变。示意如图 4-1（a）。

财政收支也往往牵扯到潜在货币的领域。比如财政的经常性收支有结余的时候，结余则意味着由财政所收入的现实流通的货币转化为潜在的货币。其他条件不变，现实流通的货币量与潜在货币量的对比就要相应地改变，即潜在货币量增大而现实流通的货币量相应地减少。这种情况示意如图 4-1（b）。

如果财政的经常性收支有差额，那就会动用过去历年滚存的结余，当然是如果有滚存结余的话。也可能出现这种情况，即经常性收入的一部分不是来自现实流通的货币领域，而是来自潜在的货币领域。比如，当企业、事业、行政等单位为了完成向财政的缴纳义务，由于当前的收入满足不了以致不得不靠过去积累的基金或规定必须用积累的基金缴纳的时候，就会出现这种情况。再如，利用国家信用方式也往往是使潜在货币变成财政收入。结果，潜在的货币量减少而现实流通的货币量增加。示意如图 4-1（c）。

还有一种情况，即财政的经常性收支差额要靠追加投入流通的货币来弥补。差额当然首先引起动用结余；如已无结余，则要靠国家信用等方式来弥补。其具体途径下面再具体说明。不过概而言之不外乎两个途径：一是把潜在货币转化为现实流通的货币；一是向流通中追加投放货币。两个途径往往是并存的，而当经常性收支差额成为经常的现象或者为数过大时，那么追加投放货币则会是主要的手段。但不论如何，结果则都是使现实流通的货币量增加。区别只是追加投放货币是通过扩大流通中的货币总量使现实流通的货币量增加，而潜在货币与现实流通货币的相互转化，前面指出，则不改变流通中货币总量。图 4-1（d）描绘了这种状况。当然，也会有相反的过程出现，即经常性收支的结余、国家信用的偿还导致流通中货币总量和现实流通的货币量缩减。

弥补差额的货币从何而来

经常性收支有差额即收入小于支出。比如经常性收入总额是 N，而经

常性支出是 $N+n$，那么就会有差额 n。现在要实现支出 $N+n$，其中支出 N，有收入的货币可供支出；而支出 n，货币从何而来呢？

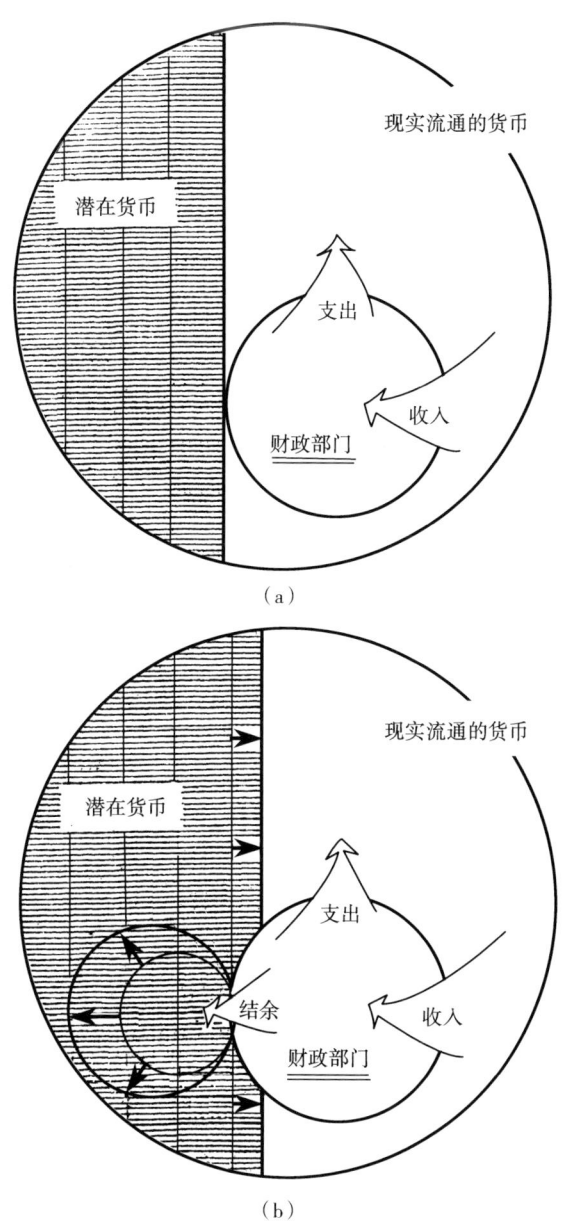

图 4-1 财政收支与货币流通

176 | 财政信贷综合平衡导论

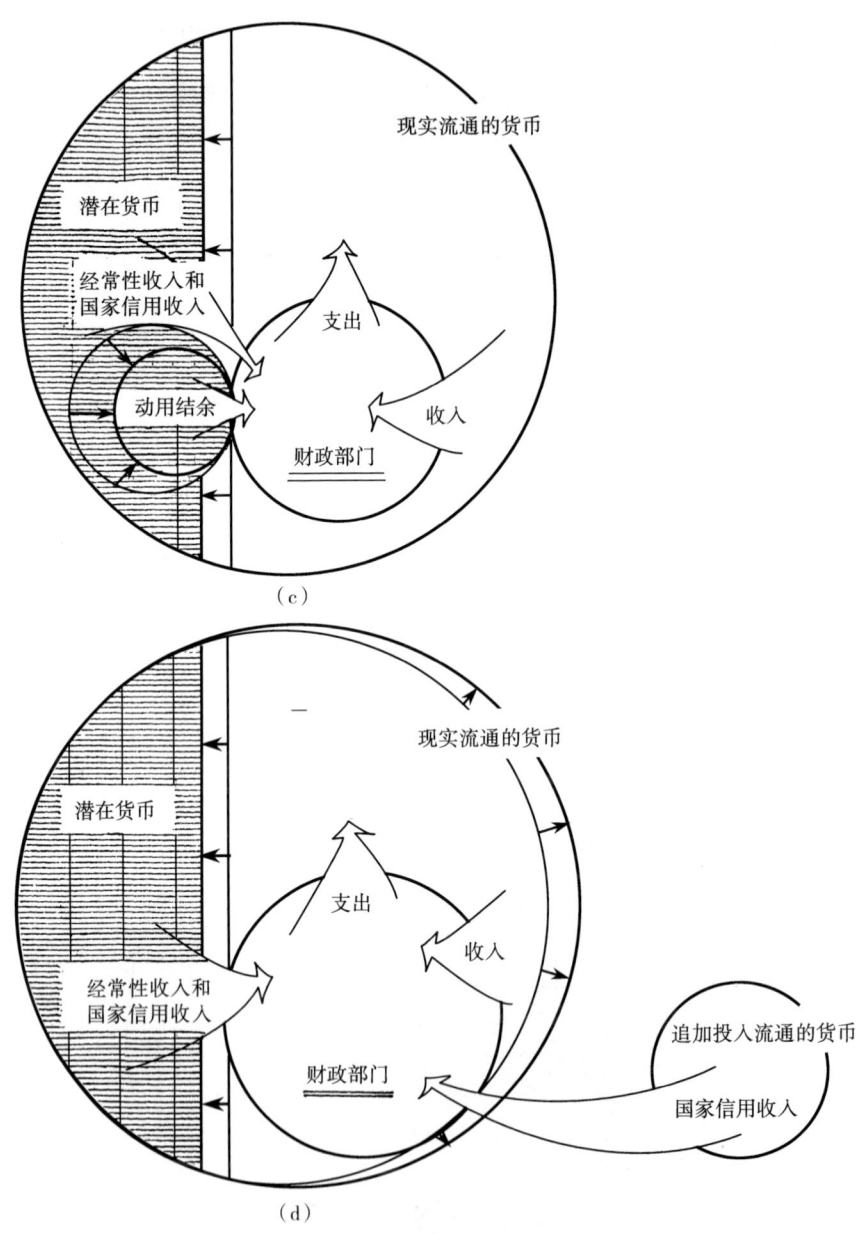

图 4-1 财政收支与货币流通（续）

如果过去财政有结余，则动用结余。读历史，这种例子很多。如汉初 70 多年国家无事，财政结余甚多。以至"京师之钱累巨万，贯朽而不可校。太仓之粟陈陈相因，充溢露积于外，至腐败不可食"。汉武帝之所以能够不惜庞大的军费开支而连年用兵，这样的财政积蓄是一个很重要的条件。在现代的经济生活中，像那样大量的结余滚存是不太可能的了。所以结余在平衡差额中不占重要的地位。比如我们建国以来一直有滚存的结余，但仅 1979 年一年，结余尚不足以平衡赤字。即使在古代，再大的结余也不足以不断地弥补连年的亏空而不枯竭。上面说汉初 70 多年的财政积蓄极多，但汉武帝放开手花也不过 10 年就出现了当年赋税征完了，过去的结余也用光了，"犹不足以奉战士"的局面。动用结余，在金属货币流通条件下，意味着贮藏的货币转化为流通的货币；而在现代，动用结余则意味着潜在的货币向现实流通的货币转化，是在流通中货币总量不变的条件下使现实流通的货币量增加。

其次的一个出路就是国家财政直接发行纸币[①]。从流通中收来的货币已经用光了，但还要支出，于是就用纸、用布印制钞票，强令民间行使。在马克思的书中，"纸币"一词指的就是这种国家发行并强制行使的钞票，而不是泛指所有用纸印制的钞票。在西方，纸币的发行始于原始资本积累时期。马克思时代，乃至以后很长的时间，在纸币的票面上就印有国库发行等字样。这类纸币在西方一般都是小面额的。中国可能由于中央集权国家形成较早，在南宋即已出现大量纸币，元代完全用纸币，明清两代也有纸币的大量发行。在革命战争的年代中，革命根据地钞票的发行虽然大多用的是银行名义，但由于那时的银行并没有多少真正的信用业务，而首要的就是发行钞票以支持革命战争，所以就其实质可以视为一种财政的直接发行。不论怎样的情况，纸币的发行都意味着向流通中投入追加的货币。

[①] 在这前面，还有一个国家铸造重量不足或成色不足的铸币以弥补国家开支的办法。假设收入每枚重量为三钱的铜币 100 万枚，如果重新铸成每枚重量为二钱的铜币（或掺假铸成重量仍为三钱的铜币）并强令人们按照包含有三钱铜的铜币来接受，那么国家就可实现支出 150 万枚。当然这种铸币终归是要贬值的。

在现在的经济生活中,这种直接由国库发钞的做法已不多见。

现代,财政在经常性收入之外获得补充货币的途径基本上是通过信用渠道。如果不说向国外借款,则一是向银行拆借,二是发行公债。

直接向银行借款,在西方国家主要是短期的;一般是解决财政收入尚未收进而支出必须立即付出的矛盾。不过事实上财政这样占用的银行资金,其余额也是颇为可观的。在我们这里,向银行借款是弥补经常性收支差额的手段。期限不定,实际则是长期的。财政向银行借款,就其本身来说,总会导致流通中货币量的增多;而且由于财政借来款项总是要支出的,所以又总是导致现实流通的货币量增多。用我国的情况可以很容易地说明这点。在我国这种经济机制中,国家财政要借款只能向国家银行——中国人民银行——一家去借。如果借款成立,假设是 100 亿元,银行在账务上作如下处理:

财政金库存款	财政借款
10 000 000 000 元	10 000 000 000 元

这笔业务是非常简明的:资产(借款给财政)增加 100 亿元,负债(金库存款)增加 100 亿元。财政有了 100 亿元存款,立即就可以用于各种支出,这就是说,流通中的货币,而且是现实流通的货币增加 100 亿元。不论任何金额的借款,比 100 亿元少也好,比 100 亿元多也好,只要发生,都不外乎是这样的简单过程。西方的银行体系复杂得多,但最终也会还原为这样的简单过程。这种过程丝毫不要求银行的其他资产和负债业务作任何相应的变动,所以,如果不考虑同时发生的那些由其他原因所引起的抵消因素,财政向银行借款必然有货币量增加的后果。

发行公债,无论在哪里,都是长期性的借款。这种形式的国家信用对流通中货币量的影响比较复杂。在西方,债券主要销售给中央银行、商业银行和工商企业,个人的购买也占一定份额。中央银行购买债券,使财政部门在中央银行的存款增加，这直接增加现实流通的货币量。商业银行购买债券，则商业银行在中央银行的准备存款减少，而财政存款等量增加，现实流通的货币量不变；如果商业银行把债券出售给中央银行或向中央银行抵押借款，那就实质上等同于中央银行购买债券。工商企业购买债券，如果是用存款买，现实流通的货币量不变；如果用商业银行的贷款买，那又等同于商业银行购买债券；等等。不管如何，大量的公债发行，没有中央银行的支持是实现不了的，而中央银行的支持也就意味着现实流通的货币必将增加，即使不是等量的。

在我国，公债的发行对象主要是个人，也有一部分对企业和行政、事业单位。它的发行对货币流通的影响大体有如下一些情况：

（1）个人或单位把本来要花用的钱节省下来购买公债。这时，个人或单位手中现实流通的货币转化为财政部门手中的现实流通的货币，货币量不变。建国初期发行的人民胜利折实公债，"一五"开始时发行的国家经济建设公债，它们恐怕在相当大的程度上对货币流通产生了这样的影响。

（2）个人用本来要储蓄起来的钱，单位用本来会结余下来的钱来购买公债。如果其他条件不变，那么本来可以转化为潜在的货币，由于发行公债，依然还是现实流通的货币，换言之，相对说来是扩大了现实流通的货币量。恐怕当前存在这种情况。

（3）用个人过去已经储蓄起来的钱和单位过去已经余下来的钱来买公债。这就是把潜在的货币转化为现实流通的货币，从而使现实流通的货币量增加。这种情况现在也是存在的。

赤字与现金发行

在我们这里有一种颇为常见的观念：认为赤字必定由发行现金来弥

补。比如，赤字假定是 100 亿元，那么按"规律"——这种观念认为是必然的规律——现金发行也应增加 100 亿元。如果两者的差距很大，那就一定是出现了什么干扰的因素，等等。

首先，如前指出，赤字的概念就会有不同理解。为了不横生枝节，在这个问题的讨论中我们采用多年采用的概念，即经常性收入加公债收入不足以满足经常性支出以致需要动用结余或向银行借款的那个差额；同时还要把对外联系排除在外，比如向国外借款以抵补对外的支付，显然不会影响国内的现金流通；或许还有其他需要剔除的因素。估计了这些情况，那么我们所谓的赤字是否必须由现金发行来弥补呢？

当赤字用国库直接发钞的办法来弥补的时候，的确就是这样。在这种情况下，财政有多大赤字，就得发行多少钞票，否则，超过收入的财政支出就没有货币可以用来现实地进行支付。在现代发达的银行制度下，情况则变了。这时流通中的货币不只有现金，即我们称之为现金的钞票和辅币，而且还有银行账户上可用于购买和支付的存款等。虽然这时有多大赤字仍然必须有多大数量的补充货币来源，就这点来说，与国库直接发钞时的要求毫无区别；但如果说国库直接发钞时必须发行相当于赤字数额的钞票才能解决问题，那么在现时，由于存款也可以是购买和支付的手段，所以要由现金发行来弥补的只是赤字的一部分，而且往往是一小部分。我们上面已举过例子，如向银行借款以弥补 100 亿元的赤字，只不过是在两个账户上各记入 10 000 000 000 元。这时，一元现金也未发行。在这以后财政即可向行政、文教、卫生、部队、企业、事业等单位拨款。取得财政收入的单位要支付工资等劳动报酬时则引起现金发行；但大部分收入要用于购买办公用品、军需用品、生产资料等，而这些则基本用转账方式进行结算，并不要求支付现金。图 4-2 可概略说明这个问题。

第四章 财政收支 | 181

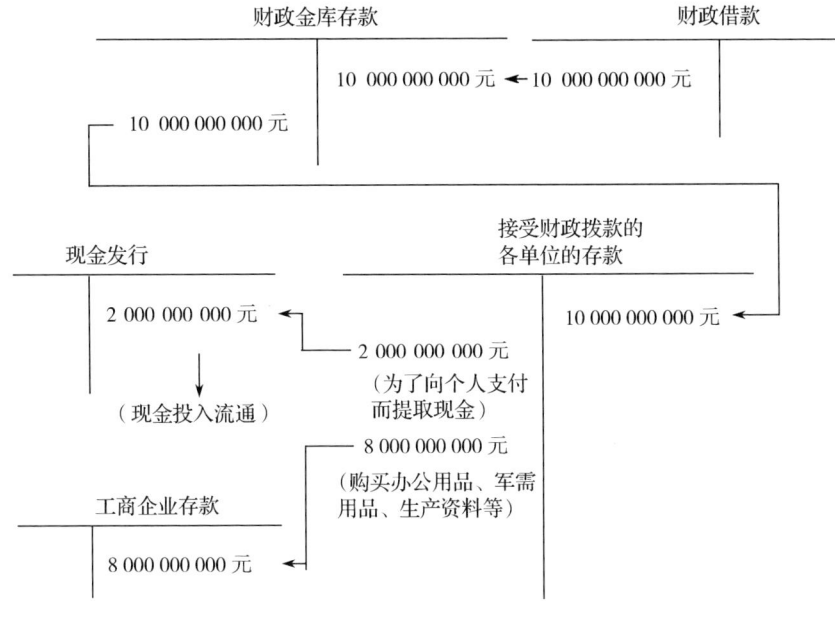

图 4-2

然而，主张赤字与现金发行必然直接挂钩的，认为如下两点似乎可以证明这种观点仍然是正确的。

一是非现金虽然不立即全部转化为现金，但部分转化是必然的；而部分的转化依次进行下去，则结果终究会全部转化为现金。假如平均说来，一笔非现金收入大体会有 1/5 要提取现金用于工资支付等，那么，接受财政拨款的各单位收入 100 亿元非现金拨款后会有 1/5，即 20 亿元，要转化为现金，其他 80 亿元则用于非现金结算；取得了这 80 亿元非现金收入的单位，又会把 1/5，即 16 亿元，转化为现金，其余的 64 亿元则用于非现金结算；而取得了 64 亿元非现金收入的单位又会从中提取 1/5 的现金；等等。如此继续下去，毫无疑问，这 100 亿元终归会逼近全部转化为现金的局面。假如真是存在这种必然性，那么今年增加的现金发行如果小于赤字，那么随后的几年即使不再有赤字，也必然有现金发行过多的现象出现。实际上考察多年来财政收支与现金发行的实绩，很难证明这样的推论。其实在这里有一个极为简单的事实被忽视了。那就是在非现金必然有一部分要转化为现金的同时，还有一个现金也必然要转化为非现金的过程。在实际生活中，个人收入是现金，然后用现金购买商品、支付劳务，而商业服务部门则要把收入的现金存入银行并通过转账来支付它们从生产部门进货的货款，等等。这样，现金就转化为非现金。当然，商业服务部门要用一部分收入的现金进行发放工资等现金支付，这即是说，如同非现金中转化为现金的部分存在着一个平均比例一样，现金中转化为非现金的部分也存在着一个比例。如果货币收入平均有 1/5 需用现金，从而非现金中转化为现金的部分大体是 1/5，那么现金中转化为非现金的部分则必然大体是 4/5。现在可把这两个并存的过程结合在一起的情况如图 4-3 示意。

图示表明，由财政赤字引起增加的一笔货币量最终不是全部转化为现金，而是稳定地按一定比例分别以现金形态和非现金形态出现。当然，现实生活中现金与非现金之间的转化不可能这么规整，比例也可能是 1/4、1/3，等等。但无论如何，非现金不可能全部转化为现金则是确定无疑的。

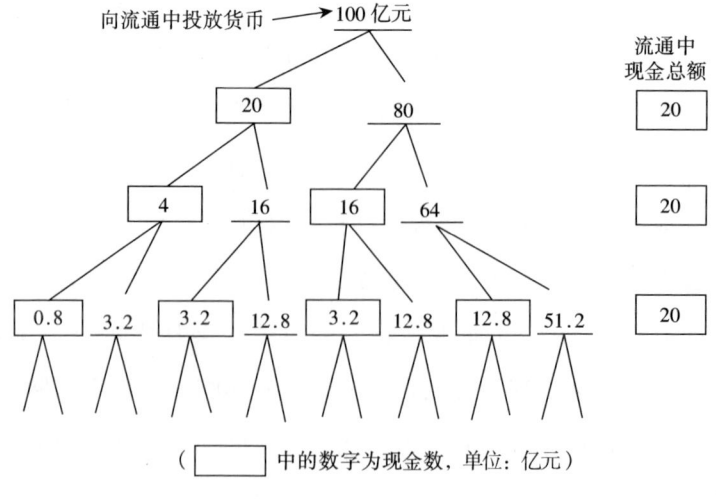

图 4-3

再一点论据是：弥补赤字的货币必然占有社会产品，社会产品是劳动的凝结，归根到底会全部还原为活劳动，而活劳动要用现金支付①，所以弥补赤字的货币也必然最终要全部转化为现金。按照马克思的价值论，的确，任何产品都是活劳动的积累，但这只有往回追溯，一直追溯到人类可以称之为开始劳动的时候，才是正确的。如果从任何一个时点往前看，要创造任何劳动产品，其价值总是物化劳动和活劳动的结合。就我们的现实生产劳动来说，一方面要准备生产资料，一方面要准备劳动力，而且前者所花费的资金，其比重还是越来越大。如果结合货币流通来说，支付劳动要用现金，支付生产资料却主要用非现金。从而这两种形态总是并存的。弥补赤字的货币也不能例外。比如这些货币中有一部分要用于购买钢铁。为了生产钢铁，不只要用现金支付工资，还要用转账方式购买矿砂、煤炭、设备；生产矿砂、煤炭、设备要用现金支付工资，同样，也还要用转账方式购买矿山设备、机床；工资要用于买消费品，消费品的生产也不只要用现金支付工资，同样要用转账方式购买原材料、加工设备，等等。所以从这个角度说也不会有赤字全部转化为现金的问题。

财政收支对货币流通影响的简单概括

总之，财政收支与货币流通，特别是与现实流通的货币量，存在着直接的制约关系。只是需要注意，不要把财政收支只与现金流通联系起来。财政收支状况对现实流通的货币状况的制约关系简单说来是：

在一般的情况下，财政的经常性收支如果是平衡的，现实流通的货币量不变，也可能有小部分货币从潜在的货币转化为现实流通的货币和从现

---

① 活劳动，如工资、劳务支付等，在我们这里都是用现金支付，零售商业也是现金流通的领域。但现在有些国家，由于电子计算机的广泛使用，个人支付的相当部分已经采用转账方式。

实流通的货币转化为潜在的货币，从而使现实流通的货币量有些许变动；

经常性收支有结余，现实流通的货币量缩减而潜在的货币量增加；

经常性收支有差额，现实流通的货币量增加，这可能是潜在货币转化来的，更可能是追加货币投放的结果。如果弥补差额的措施是把其他部门手中的现实流通的货币加以压缩并转移到财政部门手中，那么现实流通的货币量则不变。

财政收支与社会购买力的形成

财政收入和支出的是货币，货币是对商品劳务的购买力，所以财政收支就意味着对购买力的集中和分配。

基层经营单位在产品销售以后有了货币形态的销货款。其中一部分应该用于补偿，这是企业所掌握的现实购买力，它可用于购买原材料、机器设备、建筑材料，等等。根据目前制度，国营企业的基本折旧基金，其一定比例要上缴财政，这就是说，企业所掌握的用于补偿的部分现实购买力被集中到财政部门。销货收入的另一部分是用以支付劳动报酬的，这是个人所掌握的购买力，它要用于购买消费品。按照我们目前的制度，个人向财政的缴纳义务甚小；当然也有一些，如所得税、各种规费等。个人把自己的部分收入上缴财政则意味着相应部分的对消费品的购买力被集中到财政部门。补偿和个人所得是成本，除去成本，其余的销货款则是盈利。如果盈利全部由基层经营单位支配，那么则会被用来搞挖潜、革新、改造，用来扩充流动资金，用来增加集体福利和增发各种奖金，等等，即形成企业乃至个人的购买力。但体现着盈利的这一部分货币，其大部分却必须以税收和利润上缴等形式纳入财政，从而相应的购买力也被集中于财政。

这里需要说明的是，假如根本没有向财政的缴纳义务，那么相当于向财政缴纳的这些企业的购买力和个人的购买力是否都是现实的购买力呢？当然可以设想不一定完全是——其中会有一部分转化为潜在的购买力。问题是在缴纳之前它们虽然只处于可能的现实购买力状态，但的确还没有转化为潜在的购买力，所以这里所说的由财政集中的购买力应该视为现实的购买力。不过，前面提到财政通过经常性收入形式也有可能把单位和个人手中的储蓄、结余、尚未动用的基金等动员出来，也就是把潜在的货币动员出来。那么，这则意味着财政所集中的购买力是潜在的购买力。

财政进行支出时，这时货币是现实流通的货币。当这些货币进入基层经营单位、进入行政事业单位，并随之进入个人手中之后，它们是否仍将全部作为现实流通的货币而继续运动呢？至少绝大部分要作为现实的购买力来支付各种生产资料和生活资料的价款和支付各种各样劳务的收费，但也会有或多或少的部分不用于支付和购买而转化为潜在的购买力。不过在确定财政支出数额时，考虑的只是现实的购买和支付的需要，而从没有"储蓄""结余"这类需要。所以财政支出这一过程的本身就是现实购买力的分配过程。

这样，经常性的财政收支就意味着现实购买力的集中和分配。如果通过经常性收入的形式动员了潜在的货币，那则意味着把潜在的购买力转化为现实的购买力。

当经常性的收支有结余或差额时，则会有如下的一些情况：

收大于支有结余，则意味着相应的现实购买力转化为潜在的购买力；

支大于收有差额，如果差额的弥补靠的是动员潜在的货币，则意味着潜在的购买力转化为现实的购买力；

如果差额的弥补靠的是压缩单位和个人的现实购买力，则意味着购买力的再分配；

但大量的、长期的差额基本上还要靠投入追加的货币来弥补，这时则意味着原来并不存在的购买力进入市场。

如果更简化一些，那就是经常性收支基本平衡，一般意味着现实购买力的再分配；结余，一般意味着现实购买力的减少；差额，则一般意味着现实购买力的增加。

有两点需要说明。一是对财政对购买力形成的影响我们只是从总量上进行分析的，而没有谈对购买力构成的影响。这种影响是很大的，并且会反过来影响到总量。对于这样的构成问题，本书只是点到，而没有论证、分析。二是在本节所提到的潜在货币与潜在购买力，现实流通的货币与现实购买力，它们的数量联系在第二章第四节已有说明。

第三节　保持经常性收支的平衡是不是唯一的选择

怎样的经常性收支对比最理想

财政的经常性收支对比维持怎样的状况最理想，就是用怎样安排个人收支来类比，恐怕也会有不同的结论。从我国一般处理个人家计的道德观来说，不要负债像是起码的标准。至于在这标准之上，可能认为稍留后备即可，也可能认为生活越节俭，剩下的钱越多越好。比之于财政，那就是说财政的经常性收支至少要保持平衡；至于需要讨论的则是要不要大量结余，到底结余保持到何种程度为佳。对封建社会理财的评价似乎是在轻徭役、薄税敛的前提下，国库结余越多越应得到好评。历代受到赞扬的财政状况良好的典型，"府库余财"是必要条件之一。前面提到过汉初，此外还有隋初、唐初、清康熙年间等，都属于这种类型。恐怕这是自然经济条件下的一种观念。资本主义兴起之后，基本的理财思想是财政收入多少的确定既要保证必要的支出，又要尽量减少国民经济的负担，并在这样的基础上保持平衡。似乎单纯节省的观点已不成立。的确，像文教、水利、交通等支出不能说越少越好。不过，无论如何，应该说直到这时，至少平衡的财政收支原则似乎是无须讨论的。然而，自 20 世纪 30 年代凯恩斯主义出现以来，产生了赤字理财的理论。以这种理论为指导的实践并没有能够使资本主义经济摆脱危机的煎熬，这是事实。然而必须看到，由此也确实使得对财政收支对比的看法日益复杂起来。就是在我们国家，如本章第一节所指出，多年以来的财政收支平衡概念也不是仅就经常性收支平衡来说的，而还包括有利用外资和发行公债这样的一些因素。所以，经常性收支到底应该保持怎样的对比才最为理想，只凭直觉、只凭传统的观念来判断恐怕是不够的。

一个最简化的模型

上节分析了财政收支与货币流通、与购买力形成的联系，由于货币和购买力在其运动过程中脱离不开商品和商品供应，所以还需研究财政收支，首先是经常性收支，是怎样地与市场供求对比的变化结合在一起。为此，先考察一个最简单的模型。

任何社会产品的价值都是由 $c+v+m$ 构成的。由于总价格等于总价值，而我们是要考虑经济生活整体的问题，所以设价格 P 等于 $c+v+m$。当任何一种商品生产出来以后，银行贷款给流通部门用于收购产品。每一笔贷出的货币额 M_i 等于 P_i，从而 $\sum M_i = \sum P_i$，在这里 $\sum M_i$ 是投入流通的货币累积量；$\sum P_i$ 则代表可以供给的商品价格总额。$\sum M_i$ 分解为由企业支配的货币 $\sum c_i$、由个人支配的货币 $\sum v_i$ 和由财政支配的货币 $\sum m_i$[①]。

现在可以看看市场供求与财政收支的关系。

[①] 把 $\sum M_i$ 这样分解是过分简单了。因为 c、v 的一部分，按现行的财政制度要上缴财政，而 m 则并非财政所能全部吸收的。但对我们现在所讨论的问题来说，这种简化不会影响分析、判断。

企业用自己所掌握的货币从商品供给总额 $\sum P_i$ 中取走价格相当于 $\sum c_i$ 的产品；个人用自己所掌握的货币又取走价格相当于 $\sum v_i$ 的产品。现在，尚未实现的购买力是 $\sum m_i$；余下的商品供给是 $\sum P_i - (\sum c_i + \sum v_i)$，即也是 $\sum m_i$。在这种情况下，可以很简单地导出如下论断：

（1）如果财政把经常性收入全部支出，即收支平衡，那么，购买力的一方和商品供给的另一方全部实现，市场供求平衡。

（2）如果财政支出少于经常性收入，即有了结余，那么，这部分购买力转化为潜在的购买力，则会出现相应数量的商品滞销的矛盾。

（3）如果财政支出大于经常性收入，在我们这个模型中，其实现只能靠创造追加的货币并通过财政把它们投入流通。如果差额是 d，那么财政所支配的购买力则变为 $\sum m_i + d$。当然，财政多出来的购买力不只对原来可供财政支配的商品供给起作用，而是对总供给，即 $\sum P_i$ 起作用。这样物价就会上涨 $\dfrac{d}{\sum P_i}$。从而，企业、个人和财政的分配比例则从 $\sum c_i : \sum v_i : \sum m_i$ 变为 $\dfrac{\sum c_i \sum P_i}{\sum P_i + d} : \dfrac{\sum v_i \sum P_i}{\sum P_i + d} : \dfrac{(\sum m_i + d)\sum P_i}{\sum P_i + d}$。$\dfrac{\sum c_i \sum P_i}{\sum P_i + d} < \sum c_i$，$\dfrac{\sum v_i \sum P_i}{\sum P_i + d} < \sum v_i$，这就是说，财政的支大于收使得企业的补偿受到影响，个人的消费受到损害。

从货币流通的角度看，第（1）种情况，产品全部销售，流通部门用销货款归还贷款，货币顺畅地完成一次周转。第（2）种情况是相当于结余金额的产品没有销售，相应数量的贷款不能归还，不过未能回笼的货币转化为潜在的货币，如无特殊情况尚不至冲击市场。问题只是由此引起滞销。第（3）种情况，流通部门的销货收入比原来支出的 $\sum P_i$ 多出了 d，于是贷款全部归还后还有货币停留在流通之中。这个 d 可以设想是财政为了弥补支出的不足而从银行透支的。但财政如果不能设法把 d 数量的货币无偿征收进来，它也就不能归还透支。那么停留在流通中的为数是 d 的货币就成为过多的货币，成为冲击市场的力量。如果仅根据如上情况作判断，很明显，经常性的支出大于经常性的收入当然不可取，支小于收也不理想，唯一可取的只有收支平衡。

向接近实际的方向前进一步

上面我们是把所有社会产品价值的分配和实现过程完全看作是在一个期间内相并列的过程。现实生活则并不是这样。在一定时期之内，社会产品的生产是不断依次进行的：今天一批产品生产出来了，明天一批产品生产出来了，后天又一批产品生产出来了，等等。生产出来的产品或快或慢地依次实现它们的价值，同时又或快或慢地依次实现着价值的分配，其中就包含着财政的分配。也就是说，每天有产品生产出来，每天有贷款的发放和货币的投放，每天有工资的支付，每天有向财政的缴纳，每天有财政的支出，每天有生产资料和生活资料的销售，每天有贷款的归还和货币的回笼，等等。总之，过程是连绵不断的。这个连绵不断的过程，如果从流通角度来归纳，那就是一方面有货币的运动，另一方面有产品的运动。货币在其不断运动中形成流通中的货币量，这个量必然分化为两部分：一部分是不间断运动的现实流通的货币，它要形成现实的购买力；另一部分则转化为潜在货币，不会用于购买。用第三章第四节的符号表示，它们分别为 $L_1(1-r_1)$ 和 $L_1 r_1$。产品在其不断地运动中则会形成库存，而库存也要分化为两部分：一部分是现实的商品供给，另一部分则事实上不会形成现实的商品供给，虽然没有这后一部分也不会有前一部分。用第三章第四节的符号表示，这两部分则分别为 $L_1(1-i)$ 和 L_1i。加进了这样的因素，那么相互比较的就不是对等的 $\sum P_i$ 和 $\sum M_i$，而是在考察期内已经实现和将要形成的购买力同已经实现和将要形成的商品供给这两者，即：

$$\sum P_i - L_1i; \sum M_i - L_1r_1$$

当然无须说明，如果不是孤立地考察一个期间而是把考察期间作为连续过程中的一段，那么 L_1i 和 L_1r_1 都应该只考虑其增减额。

现在我们来比较这两个量。仍然假设 $\sum m_i$ 完全构成财政收入。再假设向潜在货币的转化比例在企业、个人和财政三个方面大体是一致的，那么，企业和个人的实际购买量分别是：

$$\sum c_i - \frac{\sum c_i \cdot L_1r_1}{\sum M_i}; \sum v_i - \frac{\sum v_i \cdot L_1r_1}{\sum M_i}$$

而财政，当其支出规模安排在 $\sum m_i$ 上下时，能实际购买的量则是：

$$\sum m_i - \frac{\sum m_i \cdot L_1r_1}{\sum M_i}$$

需要说明，财政支出方面转化为潜在货币的部分不包括计划的收大于支的结余，因为我们现在还没有考虑到是否需要结余，而只包括当把支出安排在 $\sum m_i$ 上下时所不可避免地转化为潜在货币的部分，如金库账户上必然保持的最低限度的余额，如从财政领取经费的单位的结余和靠财政支出领取工薪的个人的储蓄。

再看供给。如果市场的实际供给是 $\sum P_i - L_1i$，那么与财政的实际购买相对应的实际供给则是：

$$\sum P_i - L_1i - \left[\left(\sum c_i - \frac{\sum c_i \cdot L_1r_1}{\sum M_i}\right) + \left(\sum v_i - \frac{\sum v_i \cdot L_1r_1}{\sum M_i}\right)\right]$$

由于 $\sum P_i = \sum M_i$，所以可简化为：

$$\sum m_i - \frac{\sum m_i \cdot L_1 r_1}{\sum M_i} + (L_1 r_1 - L_1 i)$$

这样，就财政收支这个角度看，求与供则是如下两者之比：

$$\sum m_i - \frac{\sum m_i \cdot L_1 r_1}{\sum M_i} ; \sum m_i - \frac{\sum m_i \cdot L_1 r_1}{\sum M_i} + (L_1 r_1 - L_1 i)$$

如果我们承认市场的供求平衡是社会产品和再生产比例实现的条件，显然财政的经常性收支就要按照如下的要求来安排：

（1）当 $L_1 r_1 = L_1 i$ 时，如果支出按 $\sum m_i$ 安排，则市场供求平衡，这时财政经常性收支平衡与市场供求平衡是统一的。但 $r_1 = i$，上一章指出，绝非是必然的。

（2）当 $L_1 r_1 < L_1 i$ 时，如果财政支出按 $\sum m_i$ 安排，则市场供不应求，这时只有把财政支出压缩到能够形成金额相当于 $L_1 i - L_1 r_1$ 的结余，或者说能够使相当于 $L_1 i - L_1 r_1$ 的货币转化为潜在的货币，市场才可得到平衡。否则脱销争购，必要的库存下降，物价波动，不利于经济发展。

（3）当 $L_1 r_1 > L_1 i$ 时，如果财政支出也按 $\sum m_i$ 安排，则市场供过于求，这时把财政支出安排得比 $\sum m_i$ 大 $L_1 r_1 - L_1 i$，即把金额相当于 $L_1 r_1 - L_1 i$ 的追加货币投入流通，当然也可通过减少潜在的货币量的途径，才能有市场供求平衡。否则，产品滞销，库存超过必要的规模，也不利于经济发展。

分析到这里可以看出，只要我们把财政收支的模型稍稍向接近实际的方向推进一步，那就会得出与我们从最简化模型所得出的结论有很大差别的结论。然而，我们考虑问题时，往往只以一个最简化的模型为根据，那就会过分简单地把只在某一特定条件下才是正确的结论看作是普遍的不可变易的结论。

把这个模型与银行信贷模型结合起来

上面是从一定期间的发生额来考察的。如果从一定时点上的余额来看，$L_1 r_1$ 与 $L_1 i$ 的对比关系也就是现实流通的货币量 $L_1(1-r_1)$ 与货币必要量 $L_1(1-i)$ 的对比关系。这样，上面的三种情况也可表述如下：

(1) 当 $L_1(1-r_1)=L_1(1-i)$ 时，要求财政的经常性收支平衡；

(2) 当 $L_1(1-r_1)>L_1(1-i)$ 时，要求财政的经常性收入大于支出，其结余量应是 $L_1(i-r_1)$；

(3) 当 $L_1(1-r_1)<L_1(1-i)$ 时，如无其他适当措施，则要求财政的支出大于经常性收入，其差额的量应是 $L_1(r_1-i)$。

需要形成能比较近似地反映复杂的客观经济过程的观念

通过上面的分析，可以看出，保持财政的经常性收支平衡是不是唯一选择这个问题并非可以简单回答的。

财政收支平衡的本身不应是安排财政收支对比的目标，如果这样看，那实际上是把财政收支从整个经济中孤立起来。目标当然可以理解为促进经济的发展，但就收支总额对比这个角度来说，更直接的要求则应是保持市场供求平衡。财政收支是货币收支，是购买力集中和分配的重要杠杆，对市场供求对比的形成可以起决定性作用。而市场供求的对比，上面提到，这是关系到社会产品和再生产比例实现的关键性问题。因而财政收支总额的对比（当然也应包括收支构成的对比）的安排必须服从市场供求对对于这点或许没有什么不可调和的分歧。然而存在着这样一种论点,似乎市场供求平衡的关键只在于财政收支能否平衡。对于这个论点,在第六章要结合建国后三十年的经济建设实际作些剖析,这里先抽象地加以推敲。由于市场供求的对比不只包括财政收支,姑且不论信贷收支,还包括企业收支和个人收支,那么如果说市场供求的对比就是取决于财政的经常性收支,前提必须是:(1)购买力的形成都是与有效的价值形成相对应,从而市场供求总额是平衡的;(2)由企业收支和个人收支所形成的购买力如果实现,剩下的市场供给额恰好与财政收支所能形成的购买力相等。用我们上面分析的那个最简单的模型来说,条件就是企业可支配的钱全花了,个人支配的钱全花了,这时财政可能的支出是 $\sum m_i$,而市场供给也是 $\sum P_i - (\sum c_i + \sum v_i) = \sum m_i$。如果是这样,显然财政收支平衡,市场供求实现平衡。而财政结余,市场则有了供过于求的结果;财政赤字,结果则是供不应求。一句话,财政收支决定着市场供求对比的结局。如果估计到市场供求形成的过程,信贷收支问题就不可避免地会被牵扯进来,那么财政收支决定着市场供求状况的前提,用上面所分析的那个向接近实际方向前进一步的模型,条件则是 $L_1(1-r_1)=L_1(1-i)$。这样条件的存在并非不可能,但绝非必然。更确切地说,不存在这样条件的可能性恐怕较之存在这样条件的可能性要大得多。既然是这样,就不能不加任何约束条件而笼统地说市场供求平衡的关键就在于财政收支平衡。

如果说,财政收支的安排应保证实现市场供求平衡,那么根据上面的剖析,应该是这样的结论:

当暂不考虑财政收支时,如果市场供求基本是平衡的,那么财政的经常性收支保持平衡就可最终保证市场供求平衡的实现。要求财政收支保持平衡或基本平衡这是我们一贯的观念,不存在什么问题。

当暂不考虑财政收支时，如果市场基本上是供不应求的，那么财政经常性收支的安排则应留有必要的结余，否则供不应求的矛盾不能克服。有结余也不是难以接受的观念，而且我们一直认识到只有结余才能把过多的货币——作为过多购买力承担者的过多货币——回笼。

当暂不考虑财政收支时，如果市场呈现供过于求的矛盾，那么逻辑上的结论必然是财政可以而且应该安排成支大于收的格局。因为只有这样，市场供求才能达到平衡的境界。然而，这种在必要时财政应作支大于收的安排的观念在我们这里却被视为决然不能接受的。似乎承认了这样的观念也就等于宣扬了凯恩斯赤字理财的主张。凯恩斯主义是个思想体系，这个思想体系与我们坚持的马克思主义是格格不入的。但很显然，绝不因为凯恩斯说过有效需求不足，那就会使我们的客观经济生活绝然排斥供过于求的可能性；也不能因为凯恩斯说了赤字理财，那么我们就必须捆住自己利用财政手段来平衡供求的手脚。比如，当库存过多而且可以动用时，我们就曾认为可以相应地动用财政结余并从而使计划年度的财政支出安排得大一些；再如，我们也不排斥利用发行公债的办法作为组织经常性收入方式的一种补充以满足扩大支出的需求；等等。这些实际上也就是承认经常性的支大于收的安排在一定条件下是可行的。所以问题在于，不论从传统观念来衡量有的说法猛然听来如何奇特，只要它符合复杂多样的客观实际，那就应该承认它、接受它。具体到我们这里讨论的问题来说，只要出现了供过于求的矛盾，如果通过其他方式难以解决或不宜通过其他方式加以解决，那就应该使财政的经常性支出大于其经常性收入。这时需要警惕的问题并不在于出现支大于收的差额，而在于不要使差额安排得超过必要的限度。当然，如果根本不存在供过于求的矛盾而却幻想通过扩大财政支出来追求某种高速度，那是完全错误的。

第四节 财政的虚收问题

虚收实支

多年来,"虚收实支"是财政工作中的一个大问题。

财政收入是通过课税、利润上缴等方式所征集的货币。所谓"虚收"并不是指没有征集到货币而在报表上假造一笔货币金额。假如是这种情况,那么财政金库中的货币不会增加,从而也不能靠这种没有货币收入的收入来安排支出。类似的情况属于行政管理问题,不属于我们所要讨论的范围。我们通常所说的虚收指的是这样的情况:财政所收入的货币是的的确确的货币,但这些货币却没有真实的价值——凝结在具有使用价值的物资之中的价值——作为基础。至于"实支",则指的是这样的意思:财政支出的货币必然要占有相应的社会产品,而这些产品却不能不是既具有使用价值又具有价值的物资。这就是说,我们要谈的虚收实支不是单从货币本身来看的虚实,而是从价值的货币形态和价值借以凝结的实体这两者之间的关系来看的虚实。从货币形态看,虚收实支是全然看不出来的,货币有收有支,收支平衡;但从社会产品分配看,则无收而有支,支大于收。因而就出现了收支的账面平衡掩盖着真实的经常性收支差额,即通常所说的"假平衡,真赤字"的问题。

组织财政收入,有一个很重要的原则在我们这里是得到普遍承认的,那就是收入必须建立在价值实现的基础上。凝结着价值的社会产品包括 c、v、m 三部分。当产品实现之后,销货收入相应地要按这三部分进行分配。在销售收入中相当于 c 的那部分货币里面,财政集中一定比例的折旧基金;在销售收入中相当于 v 的那部分货币里面,通过所得税等形式也要由财政集中一小部分；至于销售收入中相当于 m 的那部分货币里面，很大的比例则通过税、利等形式进入财政支配领域；等等。这样，销售收入就分而为二，如果财政收入的货币量是 $c/x+v/y+m/z$，那么其余的货币量——部分在企业手中，部分在个人手中——则是 $(c-c/x)+(v-v/y)+(m-m/z)$。实现了的社会产品意味着产品确有价值：它们处于流通部门，是现实的商品供给；它们处于生产储备状态，则短期内将转化为可投入流通中的商品；它们被劳动者所消费，则是新价值创造的前提；它们被用于形成固定资产，也会把价值转入新产品之中，自然，间隔的时间要长得多。如果我们既把供给形成的时间也把货币花用的时间抽象掉，那就是说，在正常的经济过程中，社会产品的实现一方面形成数量为 $c+v+m$ 的购买力，同时也会随之形成 $c+v+m$ 的供给。所以，简单说来，社会产品的实现提供了供求平衡的基础。在这种情况下，如果企业和个人用手中的货币 $(c-c/x)+(v-v/y)+(m-m/z)$ 去购买，那么商品供给则必然剩下 $c/x+v/y+m/z$ 可与财政收入的货币相对应。所以，在价值实现的基础上组织财政收入，财政收支的平衡也就意味着供求的平衡。显然，这实际就是上一节的那个最简化的模型，只不过是从价值实现与财政收入的关联角度又作了些具体的说明。至于上一节从这个最简化模型出发的进一步论证也都是从财政收入建立在价值实现基础上的这个假设的前提出发的。

当然，在具体组织财政收入中，情况不会像我们的举例这样简单。比如组织财政收入的对象不只有生产的产品，还有提供的劳务，不只有劳动的所得，还有形形色色再分配的收入，情况极为复杂；从缴纳的时间来说，按理应在价值实现之际或之后，但有时由于缴纳手续方面的技术原因也需要安排在价值实现之前；等等。这一些都不意味着对上述原则的否定，从而也不会出现假平衡、真赤字的问题。

虚收的问题正是对这一原则的否定：财政收入脱离了价值实现的基

础。于是一方面有了货币，而另一方面却没有商品的供给。也正是从这个意义上，而不是从财政所收进来的货币本身来说，出现了财政收入虚假的现象。那么，像财政向银行透支这类债务收入是否也叫虚收呢？财政向银行透支说明财政收不抵支，通常已经把它视为非正常的收入。所以只有经常性收入中所出现的脱离价值实现基础的收入才宜于称为虚收。

虚收形成的具体途径

在我们的经济生活中，虚收主要是通过如下途径形成的：企业生产的产品事实上或不能用于生产消费，或不能用于生活消费，然而或流通部门，或其他生产企业，取得银行贷款，收购了这些产品；产品实现了，有了销售收入，于是可以完成向财政的缴纳义务；用销售收入进行的其他支付，如发放工资等，通过一系列的再分配过程也会有一部分上缴财政。显然，财政收入形成了，但对应的却是事实上的废品。当然，产品也有的并非全然是事实上的废品，如必须贬价出售的质次价高产品，其价值只有一部分是不能实现的。如果不能实现的这部分价值，其数量小于由该产品引起的财政收入，那就是说财政收入只有一部分是虚的，还有一部分是实的。

如果说价值的实现就在产品销售的过程之中，那么，只要产品经过了销售环节，也就等于价值得到了实现。其从形式上说是如此。但流通部门收购了这样的产品，除非欺骗了消费者，它终归会成为不能销售的；生产部门收购了这样的产品，它或不能用于加工，或必须用超过正常的消耗定额等办法加以利用，从而不能不增大成本，形成对本应形成的利润的扣除，甚而会出现亏损；等等。即最初的"实现"是一个假实现的过程。

应该说，在复杂的现实生活中，这样的问题恐怕难以全然避免。不过问题在于，在我们这里其矛盾的规模已引起了广泛的注意。最根本的原因是体制问题。企业是按照主管部门下达的计划进行生产的。按理说，根据综合平衡要求所制订的计划应该使产需在数量、质量、品种、规格等方面相互衔接。然而事实总会多少与计划有差距。所以生产出来的产品就不一定全然符合需要。更成问题的是，有的企业，它们所生产的产品明明是没有销路的，但只有继续生产，才能发工资、发奖金，因此企业主管部门就得给它们下达计划，安排生产任务。既然产品是按计划生产的，对企业来说，其已完成任务并应得到承认。那么，按照现行计划管理体制，应该收购这些产品的商业部门或物资部门，不管这些产品收购进来之后能否销售，也必须进行收购，银行也必须贷款。这就是价值假实现的最普遍的过程。此外，还有多种多样的情况。如企业收到供应厂发来的原材料或设备，本来不符合合同规定条件，但在供不应求的条件下，拒绝接收这样的产品可能会全部堵塞取得合格产品的路子；如本地区零配件质次价高甚至不能利用，但地区主管部门为了保护本地区的权益强迫企业收购；等等。关于这类情况可参看第三章第四节所作的一些说明。

虚收所反映的矛盾并不限于虚收数量的本身

当产品实际是废品而根本谈不上有价值却"实现"了价值时，不仅由财政所集中起来的收入没有可能形成的市场供给相对应，其余的销售收入，不论是留给企业的，还是发给劳动者的，也同样没有可能形成的市场供给与之相对应。所以从货币流通和市场供求的角度来看，由这种假实现所引起的货币投放完全是过多的投放，由此形成的购买力完全是过多的需求。这种过多的货币投放和过多的需求量比财政虚收的数量要大得多。如果产品并非全无价值而只是真实的价值小于实现的价值，即必将贬价处理，那则可能有这样两种情况：当贬价的金额大体相当于财政从该产品所取得的财政收入时，货币流通和供求的矛盾程度即由财政的虚收数量所度量；当贬价的金额大于从该产品所取得的财政收入时，货币流通和供求的矛盾就比虚收的数量要大。把上述种种情况归结在一起，那就是说，与虚收相联系的这一矛盾并不一定等同于虚收的多少，可能就相当于虚收的规模，但更可能比虚收的规模大。

虚收存在时的财政平衡问题

不论是哪种情况，如果暂不考虑其他条件而只就虚收本身来论，它总是意味着过多的货币和购买力。因而，从平衡供求和稳定货币流通的要求出发，虚收的货币不应安排支出：它们可以暂时作为结余转化为潜在的货币，将来则可用以冲销由产品最终不能实现或不能完全实现而引起的亏损；当弥补亏损的财政款项用来归还因产品最终不能实现或不能完全实现而拖欠的银行贷款时，过多的货币则回笼。

问题是，与财政的虚收相联系，在企业和个人手中也可能有一部分"虚收"的收入。如果确有这种收入，那就是说，在财政收支之外，还存在着一笔市场供求的差额。这个差额可用 f_2 表示，财政的虚收数量可用 f_1 表示。要是想保证企业和个人的收入充分实现，换言之，要是想消除差额 f_2，那么财政的经常性收支差额就不再是 f_1，而是 f_1+f_2。因为当企业和个人把自己手中的虚收收入按真实收入开支出去，购买具有真实价值的物资时，那就要减少可供财政支出去购买的具有真实价值的物资，于是原来真实财政收入中的相应数额就转化为虚假收入。所以，也只有财政把自己收入中相当于 f_1+f_2 的货币不安排支出，才可能有总体的平衡和稳定。

以上是从道理上说，如果要保持市场供求平衡，财政应该作如是的处置。但事实上，虚收的收入在账面上与实收的收入是全然相同的，人们虽然早就有所认识，但也难以对它的数量进行比较精确的估算。特别是由于种种原因，它的消极后果又往往难以直接表现出来。所以，人们虽然不断议论，但在安排财政支出时，却从未考虑到要扣除虚收量的问题，自然更说不上考虑 f_2 了。于是虚收就与实支连在一起。

那么，是否只要有虚收实支，则必然出现相应的供不应求的差额呢？假如孤立地谈虚收，应是这样。然而这只是为了说明问题所采用的最简化模型，现实经济生活则并非如此。虚收，如前指出，它实际是经常性收支的差额。上一节的分析说明，只要从最简化的模型朝接近现实生活的方向推衍，那么与这个差额并存的则可能有市场供求对比的各种组合——供不应求，供求平衡，乃至供过于求。在那里我们加进了市场供求形成的一些因素并作出一些判断。从中可以推论，只要 $L_1r_1-L_1i$ 的差不小于经常性收支差额，从整个市场上看，就不会出现供不应求的矛盾。显然，我们用虚收额 f_1，或者更确切地用整个虚假的价值实现额 f_1+f_2 来代替经常性收支差额，结论不会改变。换句话说，即虽有虚收这个消极因素存在，而且全部打入支出，但市场供求有可能并未遭到破坏，甚至还有可能出现供过于求的局面。

虚收是纯消极因素

或许需要指出，纵然出现供求平衡甚或供过于求的局面，也并不能否定虚收是一个消极因素。因为，假如相当于虚收金额的产品是适销对路的生产资料和生活资料，它们就可以用于生产建设，加快经济发展的步伐。然而它们恰恰是对社会来说丧失了使用价值，从而是丧失了价值的产品，并且它们的存在，还使得没有商品供给相对应的货币被投入流通之中，从而形成对市场供求的威胁。这部分货币其所以没有现实地造成冲击市场的过多需求，那是由于本来有商品供给相对应的货币中有不小于虚收的数量转化为潜在的货币。这种向潜在货币的转化或是由于个人消费的节约，或是由于行政事业单位经费的节约，或是由于基层经营单位准备用于更新改造和扩大再生产的货币资金积累，等等。对于这些行为，特别是对生活消费的节约，我们总是给予很高的评价。因为一般说来，这意味着对建设的支援——扩大了建设资金的供给。可是当虚收存在，或者更进一步说，当那些本来为社会所不必要的生产存在时，被誉为支援建设的行为实际上首先却是用来填补这种社会的浪费。显然，这是很成问题的。这点已越来越被人们所认识，问题是如何尽速地予以克服。

第五章 财政信贷必须统一平衡

第一节 国民经济需要的是总体上的平衡

归根到底要的是货币流通的稳定和市场供求的平衡

上面两章分别讨论了信贷收支平衡和财政收支平衡。信贷收支平衡，我们论证，从根本上说是个货币流通的问题；财政收支平衡，其目标也是稳定货币流通与协调市场供求。因而，财政信贷综合平衡问题归根到底是为了保证货币流通的稳定和市场供给与需求的基本协调。前面一再指出，这是再生产过程得以顺畅进行和国民经济基本比例关系得以顺畅实现的关键性条件。所以，财政和信贷在收支总额对比方面的安排得当与否就是以这样的要求作为衡量标准：可以达到这样的要求，那就是说真正实现了综合平衡；不能达到这样的要求，不论账面上的状况如何，那也意味着综合平衡未能实现。

当然，如何判断货币流通是否稳定，市场供求是否平衡，是一个颇为复杂的问题。第二章第四节已经作了说明，这里不再进行讨论。

信贷有差额需要财政来平衡

信贷收支有差额通常是指信贷投放大于客观经济条件所决定的信贷资金来源，如果从计划期来说，则是指对信贷资金的需求大于客观经济条件所决定的可能的信贷资金供给，而从第三章第六节的分析得知，其实质却是货币投放量已经或将要大于货币容纳量，更确切地说，是现实流通的货币量已经或将要大于流通对货币的必要量，即：

$$M_s > M_d$$

或 $$M_{sc} > M_{dc}$$

就组织信贷本身来说，当然首先是力求不让差额出现。那就是一方面正确地组织短期信贷，使信贷资金的投放尽可能地与的确具有价值的物资运动相符合，并力求压缩无物资保证的贷款；另一方面则是控制长期性贷款，使之不超过信贷资金供给之可能。如果已经出现差额，那就是追收到期贷款，压缩长期贷款，并通过种种可行的途径，如大力宣传和开展储蓄业务等，把现实流通的货币的一部分转化为潜在的货币。这些在第三章第四节已经论到。

但如果采取了这些措施而仍有差额，同时在和平建设时期又不宜采用冻结存款等副作用大的非常手段，那么出路就只有靠财政。即财政收入中相当于 $M_s - M_d$（或 $M_{sc} - M_{dc}$）的部分不列入支出并形成结余，或以增拨信贷基金的形式列入支出。不论是结余还是增拨信贷基金，都意味着由财政所收入的这部分现实流通的货币转化为潜在的货币。从而货币容纳量 M_d 由于潜在货币的增多而增大，现实流通的货币量 M_{sc} 则由于向潜在货币的转化而减少。这样，流通中的货币供给量特别是现实流通的货币量不再是过多的。而就信贷收支来说，则是资金来源由于财政结余或增拨信贷基金而增大到足以平衡信贷资金运用的程度。于是，信贷收支差额的矛盾通过财政的措施得到了解决。

说得更简单一点，由于信贷差额的实质是流通中的货币过多，从而解决的途径就是使过多的货币不要支出。个人手中的货币是劳动所得，生活之所必需，只能诱导他们自愿不支出，不能强制。企业手中的货币，在统收统支条件下是生产和流通之所必需，强制其不支出则影响经济周转；在允许企业保有生产发展基金等专用基金的条件下，强制其不支出则影响积极性。至多是控制"集团购买力"，但这也有其限度。所以，最终不得不由国家兜起来，即国家手中的货币——财政收入——不支出。

信贷有差额，财政来平衡，这是 20 世纪 50 年代初期即已认识到的一个规律，并在实践中取得了成功的经验。

财政有差额需要信贷来平衡

当财政的经常性收支存在着差额即收不抵支的时候，如果暂把其他客观经济条件抽象出去，则意味着过多的货币而且是现实流通的货币投入了流通。要使这部分过多的货币投放能为流通所吸收，显然，必须创造一个流通中货币不足的环境。由于流通中货币的吞吐口是信贷活动，所以这个环境只有信贷才能提供。具体地说，如果货币容纳量 M_d 和货币必要量 M_{dc} 已定，那么当财政存在着一个差额 d 的时候，由于弥补这个差额所需的货币在当今经济生活中事实上终归要通过信贷对财政的支持来提供，那么包括对财政的贷款支持在内,通过信贷活动所投放的货币必须不多于 M_d,其中现实流通的货币量则必须不超过 M_{dc}。或者说,通过不包括对财政的贷款支持的其他信贷活动所投放的货币必须不多于 M_d-d,其中现实流通的货币则必须不超过 $M_{dc}-d$。

那么,信贷是否总能创造一个货币不足的环境,而且在数量上可以要多大有多大呢?自然不是。当存在着第三章所指出的信贷资金运用大于信贷资金来源,即 $L_1(1-r_1)>L_1(1-i)$ 这种可能的情况时,仅就信贷本身来说,货币投放已经不能完全为流通所容纳。这也就是上面提出"信贷有差额,需要财政来平衡"这个问题进行讨论的原因。在这种情况下,显然信贷对于消除财政收支差额在货币流通方面的消极后果是无能为力的。只有存在着信贷资金运用不是大于而是小于应有的信贷资金来源,即 $L_1(1-r_1)<L_1(1-i)$ 这种可能的情况,而且这两者的差还必须在满足一些难以避免的长期信贷需求(如金银外汇占款,由体制原因所引起的不能再压低的无物资保证的贷款等)之后尚有剩余时,才会提供平衡财政经常性收支差额的条件:

当这个剩余小于 d 时,可部分消除财政收支差额在货币流通方面的消极后果;

当这个剩余不小于 d 时,则可全部消除消极的后果。

在后一种情况下,实际上存在的是信贷对财政的支持和信贷本身发放用于固定资产形成方面的长期贷款这两者如何统筹安排的问题。简言之,如果财政的差额是难以压缩的,则必须压缩用于固定资产形成方面的长期贷款以保证平衡财政经常性收支差额之所必需。

财政平衡并非必然等于总体平衡

多年来在我们这里流行的观念是:只要财政平衡了,货币流通和市场供求也就平衡了，或者简言之，总体也就平衡了。在一定条件下，这个论断可以成立（下章将谈到这个观念形成的历史背景），但它并非在任何条件下总是正确的。

关于这个问题的基本道理在第四章第三节已作了说明，此处为了把本节问题讲清楚，再简单概括几句。

把财政收支暂且抽象掉，如果经济生活中货币流通稳定，市场供求协调，也即信贷本身的收支是平衡的，可以说财政收支平衡也就等于总体的平衡。但这只是各种可能的情况中的一种情况。问题是信贷收支本身也可以有差额或有剩余。有差额，上面指出，需要财政来平衡。这时，财政不只要收支相抵，而且要有足够的结余以补信贷之不足。需要指出的是，通常往往是把结余纳入"平衡"的概念之中。因而，似乎依然是财政收支的平衡决定总体的平衡。不过如果信贷的差额很大，以致通常我们说的财政的"略有节余"已不足以使信贷平衡，很显然，财政收支的平衡也不等于总体的平衡。信贷差额极大这种情况并不是不可能出现的。比如，当信贷集聚资金的力量较小，甚至只发放短期贷款就已经存在差额的情况下，人们会比较谨慎从事，尽力控制贷款的发放以缩小差额。而当信贷集聚资金的力量猛然增长以致人们在这种神奇力量的面前有点惶惑的时候，则很有可能作出错误的估计。只要对这种集聚资金的力量估计过高或由其他难以预料的原因而导致像设备贷款这类长期信贷数额急速增大，乃至失去控制，那么，信贷收支出现巨大差额则会是难以避免的。显然，这时的财政收支纵然是平衡的，也保证不了全局的平衡，因为起决定作用的已经是信用膨胀。事实上，1958年我们就有这样的教训。在这种情况下，假如仍然拘守于财政起决定作用的观点而满足于财政收支的平衡，那就会在信用膨胀所引起的矛盾面前无所措手足。再一种情况是信贷收支有结余。这时财政收支的安排应是支出可以大于经常性收入，否则货币不足的问题不能解决。在这种情况下，财政收支的平衡也不等于总体的平衡。

总之，"财政收支状况决定了，货币流通和市场供求状况也就决定了"的判断并非是在任何情况下都能成立的判断。因而，我们的着眼点应该集中在如何保证财政信贷的综合平衡上，而不是仅仅集中在如何保证财政收支平衡上。

在总体不平衡的条件下实现形式上的财政收支平衡不能解决实质问题

财政经常性收支有差额，信贷收支也有差额；或信贷收支有差额，财政却无力保留相应的结余；或财政经常性收支有差额，信贷收支却没有足够的资金来源来弥补这一差额——当存在这样一些情况时，那就是说财政信贷收支的总体实现不了平衡，从而流通中将出现过多的货币，供不应求的局面将不可避免。

为了使问题易于说清，我们可用财政和信贷这两者都存在差额为例。一般说来，要消灭差额无非是一方面压缩财政支出和贷款的需求，另一方面则是设法增加财政收入和信贷资金来源。但问题是，需求的压缩并不是想压多少就能压多少。财政支出主要是两方面。一是行政、国防、文教、卫生等支出。以我国实际情况来说，实际上没有多少压缩的余地。二是经济建设支出，特别是基本建设支出。实际经验证明，过分地压缩这方面的支出，会加剧经济生活中的矛盾，其消极后果或许较之保持差额更严重。此外，如国内外债务的还本付息，关系国家信誉，更不是可以压缩得了的。至于对信贷资金的需求，如果贷款所满足的只是生产和流通过程的短期周转性需要和一些不可避免的长期性资金占用，那实际上也无多少可以压缩之余地。比如，对已经不可少的生产储备和流通部门的商品库存再行压缩则会导致经济萎缩。再看资金供应这一面，要使之真正增加，基础在于生产的发展和经济效益的提高。如果基础已经给定，财政收入的规模也无大增的可能，因为过多的财政征收则会破坏正常的再生产；信贷资金来源也无大增的可能，因为给定的生产和流通的状况决定着流通中货币的必要量不可能有大的变动。信贷资金的增加还可以靠扩大潜在货币的规模，但前面一再指出，它有客观限度，也不是可以随心所欲令其增多的。当然，资金的需求绝不是不能压缩，生产的发展和资金供给的增加更非不可能，但都需要时间，要有个争取的过程。在这种情况下，应该是承认不平衡，在可能的限度内缩小差额的规模，尽量控制由此引起的消极后果，并扎扎实实地为消除不平衡创造条件。过分急躁，企图把矛盾消除于旦夕之间，则是不现实的。

然而对于货币流通和市场供求方面所存在的矛盾，人们的反应往往是偏激的，即企图尽快予以解决。同时，在传统观念中对财政比较重视。财政收支差额在账面上摆得也很明显。而信贷差额，如第三章所指出，到现在为止，即使在财政金融理论工作者和实际工作者中间，也还没有一个能够被普遍接受的定义。至于非专业工作者，更往往被账面上资金来源与运用永远处于平衡的状态所迷惑而不理解信贷差额的矛盾何在。所以很容易认为，只要消除财政赤字，使财政收支平衡，总体平衡也就实现了。

但是，只要客观上已经最大限度地压低了对财政和信贷的需求，并采取了一切可能的措施使财政收入和信贷资金来源增加，而财政的经常性收支和信贷收支仍有差额，在这种情况下，如果只是简单地争取财政收支平衡，出路则不过是挤信贷。其结果，从总体上说，差额原来有多大，现在仍然有多大，丝毫无所补益。

这可具体说明如下：

设财政的经常性收支差额为 d，信贷收支的对比，用前面采用的符号，为 $L_1(1-r_1):L_1(1-i)$，其差额为 1[①]，两者差额的和是 $d+1$。或许需要再提醒一下，

$$L_1(1-r_1)=M_{sc} \quad L_1(1-i)=M_{dc}$$
$$L_1=M_s \quad L_1(1-i)+L_1r_1=M_d$$

如果现有的财政经常性收支和信贷收支的差额是经过采取了一切可能的措施而压到最低限度的差额，那么要解决财政收支的矛盾，最简单的办法是直接向银行透支。由于在普通贷款之外增加了一笔对财政的贷款 d，则出现如下结果[②]：

$$L_1(1-r_1)+d>L_1(1-i)$$

由于 $L_1(1-r_1)-L_1(1-i)=1$，所以，现在的信贷差额则增大到 $d+1$。

另外是发行公债。发行公债可能意味着个人或单位手中现实流通的货币变为财政部门手中现实流通的货币，但更主要的是意味着已经转化或本可转化为潜在货币的货币经过财政收支又转化为现实流通的货币，于是出现如下的结果：

$$L_1-(L_1r_1-d)>L_1(1-i)$$

这里的 L_1r_1，是没有财政干预时的潜在货币量。两方比较的结果，差额也是 $d+1$。

但无论是向银行透支还是发行公债，都是以承认财政经常性收支不平衡为前提的。假如现在我们只是单纯企图把财政的经常性收支搞平衡，那么可以通过一些例子看看到底会不会出现什么新结果。

假如通过增加对金融业的课税或提高金融业上缴结益比例等办法使纳入财政支配的银行结益较之按正常年份的规定多出相当于 d 的金额。这样

[①] 除去短期信贷外，还应考虑一些难以避免的长期性的资金占用，如金银外汇占款和由体制原因引起的无物资保证贷款等。如按第三章第五、六节，这应该是一个复杂的式子。但为了说明方便，这里从简。

[②] d 的一定比例会转化为潜在的货币，为了说明简单一些，没有表示出来。

财政收入增加了 d，于是收支平衡。但银行结益，第二章第二节指出，这是潜在的货币。把潜在的货币交由财政支配，也就转化为现实流通的货币。这样就出现类如发行公债的结果，即：

$$L_1-(L_1r_1-d)>L_1(1-i)$$

从流通中看，过多的货币量仍然是 $d+1$。

再如，应由财政增拨的流动资金少拨 d，而由银行扩大流动资金贷款 d；或应由财政拨付的固定资产投资少拨 d，而由银行增加发放长期贷款 d。结果财政支出减少了 d，从而收支实现了平衡，但与之同时，银行贷款总额则要从 L_1 增大到 L_1+d。由于不管是 d 量的流动资金由谁供给发生了变化，也不管是 d 量的固定资产投资由谁供给发生了变化，资金总额并不会因之发生变化，商品物资的供求对比并不会因之发生变化，生产储备和流通库存也不会因之发生变化，所以流通中货币必要量 M_{dc} 不变，即 $L_1(1-i)$ 不变。这样，就出现了类如向银行透支弥补差额的结果，即：

$$L_1(1-r_1)+d>L_1(1-i)$$

也就是说，过多的货币量还是 $d+1$。

例子还可以举，但结果不外乎：（1）使贷款额增大，从而使追加的货币投入流通；（2）使潜在的货币转化为现实流通的货币，从而使现实流通的货币量增加。与财政经常性收支差额采取向银行直接透支的方法解决相比，其结果完全没有新的东西。所以，在总体不平衡的条件下，单纯追求财政经常性收支的形式上的平衡并不是出路，或许还会起掩盖矛盾的副作用。

财政和信贷分别取得各自的平衡是否最理想

财政收支本身平衡了，信贷收支本身平衡了，那么财政和信贷这两者的收支总体显然也就平衡了。如果按照这样的原则来组织平衡，财政和信贷之间相互挤占的矛盾排除了，相互之间的职责划分清楚了，似乎颇为理想。

问题是实现这样要求的可能性有多大。恐怕这要取决于财政和信贷在再生产过程中相互联结的状况，或许更一般地说要取决于客观经济条件。

从财政来说，量入为出也好，量出为入也好，都是要求实现收支平衡。但现实生产中种种矛盾所决定的对财政支出的最低需求并不一定不大于"入"；同样，现实生活中种种矛盾所决定的组织收入的最大可能也并不一定能够满足"出"的最低需求。不能排除平衡的局面有可能实现，但也不能排除不平衡局面出现的可能。要是财政收支不平衡的后果只能是通货膨胀、供不应求（当然这是说支大于收，如果是收大于支，则应是通货紧缩和供过于求），并必然给经济生活带来难以弥补的损失，无疑，即使为了满足必要支出而增加课征会对经济生活产生消极影响，或者为了不超过收入而紧缩必要支出会对经济生活产生消极影响，那均应无所顾惜。换言之，财政收支本身的平衡是唯一的选择。要是财政收支不平衡的矛盾可以通过信贷求得解决而又不破坏信贷的收支平衡，那么，会对经济生活带来消极影响的过分增加课征或过分紧缩支出就不再是必要的。这就是说，财政经常性收支本身的平衡并不一定是唯一的选择。关于这点，前面已经分析过。

从信贷来说，对信贷资金各项来源的可能数量和对信贷资金各项运用的必不可少的数量起决定作用的客观经济因素也是多种多样的。它们相互之间有联系，甚而有共同的根源，但由于其他错综复杂的因素存在，纵然是取决于同一因素的来源项目和运用项目，它们的数量也并不必然相等。如商品流通既决定货币的必要量，又决定流通部门的库存必要量，但货币必要量（这构成信贷资金来源）和商品库存量（这构成对信贷资金的需求）在一般情况下却不是等一的数量。总之，信贷资金的来源和运用之间并不存在着在数量上必然对等的内在规律。同时，对资金来源和资金运用进行调节的余地也都有客观限度。构成信贷资金来源的，一是流通中的货币必要量，这取决于客观而不是取决于信贷本身；二是现实流通的货币转化为潜在货币的量，银行工作对于这种转化可以起作用，但也绝非随心所欲。至于对信贷资金的需求，似乎可以人为调节的余地很大，但也并非完全如此。比如，流通部门对经营资金的需要，基本上是由信贷解决的；再如，生产部门对流动资金的需要，如果在国营企业留下的利润中不包括弥补这个项目的规定，而且财政部门不予拨款，又不允许利用商业信用，那也就得由银行信贷包下来；等等。所以，如果没有其他的调节机制，那么信贷收支自求平衡的结果不是货币过多，就是货币不足，不多不少则是偶然的。可是，在它的旁边有财政存在，并且事实上我们也非常重视利用财政来调节信贷的机制。如前面一再指出的，当信贷资金不足时，我们就是通过增拨信贷基金和保留财政结余的措施实现了信贷收支的平衡。所以信贷收支本身的平衡也不一定是唯一的选择。

当我们通常议论财政和信贷的收支平衡问题时，不管观念中是明确还是不怎么明确，货币流通的稳定与市场供求的协调实际是根本性的要求。既然是这样，显然，能实现这种要求的财政收支和信贷收支的种种配合都是可以成立的，而不单单是两者各自都应求得自身平衡这种唯一的组合。当然，这绝不是说，财政部门和银行部门在各自的工作中不必努力缩小各自的收支差额并力争平衡，而应该说，如果没有这样的努力，保证总体平衡的种种可能的配合也难以顺利实现。问题只是要强调，我们的选择不应只限于各自平衡这一种组合。至于财政收支和信贷收支所以除去各自平衡的唯一组合之外还有其他种种组合，那则是由于在现代经济生活中它们之间有着难以简单分割的联系。

第二节　犬牙交错的接合部

在财政收支与信贷收支之间有个犬牙交错的接合部。它标志着两者之间存在着紧密联系。人们往往希望把这个接合部的边界划分清楚，但似乎交错的情况却日趋复杂；人们也往往希望在这里挖掘出补充的资金来源，这种企图是否能够实现，似乎也值得探讨。

财政信贷两者关系的发展

简单回顾一下在历史的发展过程中财政和信贷这两者相互之间的联系，可能有助于对这一问题的思考。

以自然经济为主的前资本主义社会之中，财政活动和信贷活动之间不存在有机的联系。从中国的历史记载来看，财政收入中除去劳役、粮棉和货币的赋税外，还有很多名目，如卖官卖爵收入、赎罪收入、捐献收入、罚款抄家收入等。有时这些收入竟占财政收入的重要部分。但借款收入却没有什么突出的事例。所谓周赧王债台高筑的故事也不典型。那时周赧王实际不过是个小领主，借债恐怕只不过是为了生活开支而谈不上国用。汉景帝时期吴楚七国之乱时，长安的宗室子弟要出征，没有钱置备盔甲、马匹、兵器，曾向"子钱家"（即高利贷者）借债。西方的领主像是也有类似的行为。即使这意味着高利贷资本实质被纳入财政收支的范围之内，但无论如何谁也没把这些收支直接就认定是财政收支。财政收支中还有另一大项，即发行货币收入。这包括铸造不足值的铸币和国家直接发行纸币。但这些活动都是国家自己的职能部门组织的，与民间的信贷活动并无关系。至于说到财政支出，其中倒是往往有点信贷成分。如汉代就有官府对于种植公田的贫民贷放种籽、粮食的记载。宋代王安石变法时推行的青苗法，其内容则是官府在夏粮、秋粮成熟前向农民贷款，农民在收获后归还本息。不过，财政收支中的这种信用成分，至多也就是限于这个小小的范围之内。从信贷这个角度说，那时存在的是高利贷。高利贷资本的活动是独立于财政收支之外的：这些资本，如上分析，不构成财政的收入来源，同时它们的发展也并不依赖于财政的支持。

随着资本主义经济和资本主义银行信用的发展，情况发生了变化。国家信用，主要是国家公债，迅速地发展起来。这是由争夺殖民地的战争、支持海外贸易、进行出口补贴、发展铁路交通事业等一切为发展资本主义所必需的国家开支急速增多所促成的。与之同时，则是资本主义信用的发展集聚起大量的社会资本。要是没有这个条件，公债的大量发行也难以变成现实。信用支持了财政，同时也为自身的发展取得了支持，即国家公债也使得"交易所投机和现代的银行统治兴盛起来"[1]。紧接在这句话的下面，马克思有一段极其生动的描述论证了这个观点：

> 用国家的名义装饰起来的大银行，从一产生起就只不过是私人投机家的公司，它们支持政府，依靠取得的特权能够把货币贷给政府。因此，国债积累的最准确的尺度就是这些银行的股票的不断涨价，这些银行的充分发展是从英格兰银行的创立（1694年）开始的。英格兰银行开始营业的第一笔生意，就是以8%的利率贷款给政府；同时它由议会授权用同一资本铸造货币，这同一资本又以银行券的形式贷给公众。它可以用这些银行券来办理期票贴现、抵押货物、购买贵金属。这样，过了不久，这些由银行自己制造的信用货币又变成了铸币，英格兰银行用这些铸币贷款给国家并代国家支付公债利息。它一

---

[1] 《马克思恩格斯全集》中文版，第23卷，第823页，北京，人民出版社，1972年。

只手拿出去，另一只手拿更多的进来，这还不够；当它拿进来时，它仍然是国民的永远债权人，直到最后一个铜板付清为止。

不过，总的说来，在 20 世纪 30 年代以前，除非是类如发生战争的非常时期，国家信用占财政支出的比重和财政对银行资金的占用都还是有限的。通常，财政向银行借款是解决财政先支后收的矛盾，以短期借款为主。作为理论上的反映，平衡的财政收支和银行信用应主要支持经济周转等观点是正统的观点。

20 世纪 30 年代以后，情况发生了明显的变化。国家债务迅速增大，即使在和平时期，占财政支出的比重也极为可观。美国是发行公债比较早的国家。从表 5-1 可以看出，20 世纪 30 年代以前，公债是有时发行，有时回收；30 年代以后则基本上是连年增加发行。

至于国家债务占财政支出的比重，从表 5-2 可以看出近年来的大体趋势。

表 5-1　美国国家债务增长年份统计表

时间	增长的年份数	时间	增长的年份数
1800—1809	2	1900—1909	4
1810—1819	4	1910—1919	7
1820—1829	1	1920—1929	0
1830—1839	3	1930—1939	9
1840—1849	7	1940—1949	8
1850—1859	4	1950—1959	7
1860—1869	7	1960—1969	10
1870—1879	2	1970—1979	10
1880—1889	0		
1890—1899	6		

资料来源：1800—1850 年数据是根据《美国历史统计》（到 1970 年）第 1104 页的材料计算的；1851—1970 年数据是根据《美国历史统计》（到 1970 年）第 1117~1118 页的材料计算的；1971—1979 年数据是根据《美国统计摘要》（1980 年）的材料计算的。

表 5-2 政府财政支出（包括净贷放额）总额中依靠国内信用支持的比重（%）

年份	1974	1975	1976	1977	1978	1979	1980
全世界	5.88	13.11	13.54	9.32	9.35	9.25	11.13
工业化国家	5.53	13.36	13.70	8.39	8.59	8.61	10.72
石油输出国	−10.01	3.66	4.40	11.15	12.13	9.35	—
非洲国家	10.41	13.30	17.03	16.82	17.75	12.39	—
亚洲国家	10.38	10.14	14.10	14.55	13.26	13.39	16.52
欧洲国家	10.21	9.49	11.74	14.32	11.24	12.67	—
中东国家	—	12.31	17.84	13.40	13.84	14.67	—
西半球国家	16.79	22.36	16.95	12.42	10.73	12.66	12.74

资料来源：国际货币基金组织 1982 年的《政府财政统计年鉴》第 29～30 页。统计的国家是国际货币基金组织成员国。其中工业化国家指美国、加拿大、澳大利亚、日本、新西兰、奥地利、比利时、丹麦、芬兰、法国、联邦德国、冰岛、爱尔兰、意大利、卢森堡、荷兰、挪威、西班牙、瑞典、瑞士、英国，石油输出国指印度尼西亚、伊朗、科威特、尼日利亚、阿曼、阿拉伯联合酋长国、委内瑞拉。

国家债务的国内债权人在西方国家中大体可分为货币当局（中央银行）、商业银行、其他金融机构、公共企业、私人公司和个人等。表 5-3 中的数字说明中央银行和商业银行直接购买的比重相当大。而且问题还在于，其他单位购买公债或是有银行信用的支持，或虽是利用其自有的资本，但这些资本如不用于购买，则会成为金融市场的资本供给，即信贷资金来源。

表 5-3 政府国内债务中由货币当局和存款银行持有的比重（%）

	年份	1974	1975	1976	1977	1978	1979	1980
全世界	货币当局持有的比重	46.3	19.9	18.9	2.0	15.9	26.4	17.5
	存款银行持有的比重	17.7	41.0	23.5	35.4	11.4	0.3	17.0
	合计	64.0	60.9	42.4	37.4	27.3	26.7	34.5
工业化国家	货币当局持有的比重	42.9	15.6	14.6	−7.0	11.3	23.0	13.2
	存款银行持有的比重	20.8	42.8	24.2	40.9	13.0	−0.8	17.8
	合计	63.7	58.4	38.8	33.9	24.3	22.2	31.0

资料来源：国际货币基金组织 1982 年的《政府财政统计年鉴》第 29 页和第 31 页。

表 5-4 是美国政府债券在银行资产中的比重。

表 5-4　美国所有商业银行资产总额中对政府债券的投资

金额单位：十亿美元

年份	资产总额	对联邦政府和地方政府债券投资额	债券投资占资产的比重（%）
1900	9.1	0.7	7.7
1910	19.3	1.1	5.7
1920	47.5	4.6	9.7
1930	64.1	7.0	10.9
1940	67.8	20.2	29.8
1950	156.9	73.1	47.0
1960	243.3	71.8	29.5
1970	534.9	115.0	21.5
1981	1 804.9	345.2	19.1

资料来源：《美国历史统计》（到1970年）第1021~1022页；1981年的数字来自《联邦储备公报》1982年2月号。

以上资料说明，财政与银行信用的关系是结合得越来越紧密了。这种紧密的联系直到造成国家债券的买卖变为调节金融市场供求和左右利息率高低的工具。同时，对于银行的活动，国家的直接干预也日益加强。财政和信贷之间的界线是越来越不那么清楚了。

对于西方国家的这种国家债务与银行信用紧密联结的情况有一种很常见的说法，即这是执行凯恩斯主义的结果。凯恩斯主义的推行对于形成这种情况的作用无疑是不能否定的。但是，如果不存在造成这种情况的客观必然性——其中也包括财政、信贷、货币流通这些范畴自身发展的必然趋势，不仅凯恩斯主义，任何其他主义也无力凭空把这种情况创造出来。所以，对于财政和信用的这种结合，我们应该看到，这是西方现代经济发展的一种客观必然。

社会主义国家的两个钱口袋

社会主义国家的财政和银行，关系是更加密切了。

从财政来说，无论是在我们这里，还是在西方国家，它都是国家集聚资财的手段。而信贷，在西方，即使国家利用它来支持财政的规模越来越大，它所集聚的货币资本的主要部分依然是在国家直接支配之外进行分配。可是在我们这里，不论信贷所集聚的资金是否纳入财政收支的范围之内，它们则都是由国家所直接支配的资金。如果说区别，只不过财政是采取拨款方式，而信贷则是有借有还。所以，多年来，在我们这里形成了一个很形象又很贴切的概念，即财政和银行是国家的两个钱口袋。

而且，问题还在于这两个钱口袋是相通的，所谓犬牙交错的接合部也正是由于存在着种种通道而形成的。现在逐项具体地作些讨论。

代理财政金库

代理财政金库是世界各国发行银行普遍的职能。所谓代理财政金库是指：保存财政收入的款项并按财政的支付命令向有关单位付出款项；办理全国各级财政金库款项的上解和下拨；办理财政委托的各种事项，如代收税款，代办公债的认购、推销和还本付息，等等。

代理财政金库使得发行银行可以获得一项稳定的资金来源。金库收支过程和上解下拨过程的资金是银行的短期性资金来源。这个来源有时大，有时小，但总会有一个相当可观的余额，即使在财政有赤字时也是如此。因为，为了弥补赤字所筹集的款项也要记在国库的账户上。如果财政收支有结余，滚存的结余则是银行的长期性资金来源。

表 5-5 是 1979—1982 年我国财政存款在银行资金来源中的情况。

表 5-5　1979—1982 年我国财政存款在银行资金来源中的情况

金额单位：亿元

年份	1979	1980	1981	1982
年末财政存款	148.68	162.02	194.94	175.76
年末各项存款	1 340.04	1 658.64	2 032.97	2 287.14

续表

年份	1979	1980	1981	1982
年末资金来源	2 162.60	2 624.26	3 047.86	3 415.24
财政存款占各项存款的比重（%）	11.10	9.77	9.59	7.68
财政存款占资金来源的比重（%）	6.88	6.17	6.40	5.15

美国有关的情况，有表5-6和表5-7两个表可以说明。

在代理财政金库中虽然银行从占用财政款项中得到好处，但银行对款项的存取、调拨和其他服务也使财政得到了好处。有时产生这样的误解：由于让银行代理金库，大量财政款项被银行占用了，要是金库不让银行代理，财政不就可以收回被占用的款项吗？其实，不让银行代理，这笔款项财政仍然不能支配，而且应该说，会有比这笔款项更多的款项不能由财政支配。在金属货币流通并且不存在现代银行制度的条件下，财政款项（还有实物，如粮食等）的调拨和收支完全是自成系统的。当以银行信用为基础的非现金转账系统发展起来之后，财政则必然要利用这个系统进行款项调拨，因为它比现金运送会节省大量人力物力，特别是极大地缩短了款项调拨所占用的时间。在这种条件下，假如把财政金库从银行中划分出来彻底自成系统，那只有全部采用现钞的调拨和收付。显然，在运送途中的现钞、各财政机关为了保证日常支付所需准备的现钞等，要比现在银行占用的财政存款大出甚多，而这些现钞事实上与金库存款一样，其最低余额也是财政所无法安排支出的。

表5-6 美国联邦储备银行1982年的国库存款　金额单位：百万美元

月末	存款总额	国库存款	国库存款占存款总额的比重（%）
1月	34 077	8 285	24.31
2月	29 629	3 835	12.94

续表

月末	存款总额	国库存款	国库存款占存款总额的比重（%）
3月	30 069	2 866	9.53
4月	38 357	12 239	31.91
5月	26 834	2 540	9.47
6月	25 320	4 099	16.19
7月	29 893	3 275	10.96
8月	29 076	3 234	11.12
9月	32 083	10 975	34.21
10月	27 763	2 309	8.32
11月	29 883	2 247	7.52
12月	32 883	5 033	15.31
平均	30 489	5 078	16.66

资料来源：《联邦储备公报》1982年3月至1983年3月。

银行结益上缴

我国的银行都是国家银行。国家的银行，作为国营经济的组成部分，有义务把一定比例的利润上缴国家。多年来银行就是这样做的，不过结益上缴的比例屡有变动。过去曾一度把留给银行的结益比例提高，这是为了增加银行自有资金的积累，扩大资金来源。近几年国家则是提高上缴的比例，目的是增加财政收入以有利于平衡财政收支。当然，没有比例长期不变的理由，但留缴对比的确定，在一定阶段中则需通盘考虑并有一定的稳定性。假定银行其他集聚资金的来源甚为充足，那么结益留给银行的部分自可减少，但一般说来，保证银行发展业务所必须进行的固定资产投资和保障从业人员福利等方面的开支似乎应是最低限；假定银行其他集聚资金的来源不甚充足，那么在考虑结益留给银行的比例时，就还应照顾补充信

表 5-7　1981 年美国大商业银行（1977 年末资产负债为 7.5 亿美元及超过 7.5 亿美元的）中的政府存款

金额单位：百万美元

	1月28日	2月25日	3月25日	4月29日	5月27日	6月24日	7月29日	8月26日	9月30日	10月28日	11月25日	12月30日	平均
地方政府活期存款	4 846	4 709	4 479	4 456	4 498	4 427	4 164	4 116	5 137	4 140	4 835	5 235	4 586.8
联邦政府活期存款	1 676	1 579	1 662	2 880	1 104	3 192	1 784	1 870	2 196	1 567	1 836	2 148	1 957.8
地方政府定期存款	20 718	21 216	20 286	19 924	20 176	19 268	18 878	19 674	19 205	19 477	20 302	19 849	19 914.4
联邦政府定期存款	309	306	282	228	255	271	281	246	209	238	267	239	260.9
国内政府单位储蓄	631	655	572	597	610	657	509	513	546	525	634	524	581.1
政府存款和储蓄总额	28 180	28 465	27 281	28 085	26 643	27 815	25 616	26 419	27 293	25 947	27 874	27 995	27 301.1
负债总额	695 321	703 773	704 579	726 821	715 856	726 854	713 503	728 806	771 312	721 000	747 027	773 069	727 326.8
政府存款和储蓄占负债的比重（%）	4.05	4.04	3.87	3.86	3.72	3.83	3.59	3.62	3.54	3.60	3.73	3.62	3.75

资料来源：《联邦储备公报》1981 年 3 月至 1982 年 3 月；日期为每月最后一个星期三。

贷资金的需要。原则一经确定，则不宜年年随意更动。当然，结益上缴可以全部或部分改为课税的办法（1983年对银行业务收入开始征收工商税）。不过，最后结益还是归结为缴多少、留多少这个问题上。所以处理的原则仍应如上。

以上两项，一是通过代理金库银行支配了一部分财政款项，一是通过课税或上缴利润把一部分银行的资金交由财政支配。这是任何情况下都必然存在的财政和银行相互之间资金转化的途径，它们不以如下将要说到的一些情况发生与否为转移。我们还没有看到在哪个国家有例外情况。

增拨信贷基金和财政向银行借款

信贷资金的供给满足不了对信贷资金的需求，前面已经不止一次提到可采取两种方式解决：一是财政保留一部分结余不动用，一是由财政向银行增拨信贷基金。实际上，多年来，我们在财政支持信贷方面，两种方式是并用的。

信贷资金供不应求的矛盾必须由财政来解决，并不等于说财政方面总会准备有充裕的资金来弥补信贷差额。面对着全国所提出的巩固国家政权的需求，发展文教科学事业的需求，进行大规模经济建设的需求，等等，很难说财政有宽裕的时候。但是，上面提到，国家只有两个钱口袋。一个钱口袋不足，那自然要求助于另一个钱口袋。如另一个钱口袋不予支持，则必然造成追加货币投入流通的局面。所以，问题不在于财政收支是否宽裕，宽裕也好，不宽裕也好，都必须对弥补信贷差额作出安排，除非容忍过多的货币充斥流通和市场供求平衡遭到破坏。

与这个过程相反的是财政需要向银行借款。除去日常的借款用以协调先支后收的矛盾外，长期的借款则是解决财政经常性支大于收的最后途径。

财政解决信贷的矛盾是财政收入的相应部分由信贷占用，财政向银行借款则是信贷资金的相应部分归由财政支配。在信贷关系比较发达的国家，前一种情况很少见，后一种情况则非常普遍。不过需要注意，当财政归还对银行的借款时，就这一个年度来说，实际上是财政支持信贷。

代理金库和上缴结益，这两者总是并存的。而增拨信贷基金和向银行借款，在一个国家的一定期间，一般说来，往往是有此无彼，也可能两者都不存在。

下面再谈谈两个只是由于公有制才存在的财政与信贷资金的相互占用问题。

国营企业亏损的弥补

一个私人企业，如果连年亏损，则只有停业清理一途。对于一个国营企业来说，由于种种原因，纵然亏损，也往往仍然能够继续经营。不唯在社会主义国家中是这样，在西方国家中，由国家经营的亏损企业也不罕见。

亏损企业要继续经营，哪怕只要求维持简单再生产，也必须有弥补亏损的资金来源。从原则上说，国营企业的亏损是要由财政来弥补的；如果财政不弥补，或不能全部弥补，或不能及时弥补，势必要由银行的信贷资金来弥补：或要求追加贷款，或拖欠银行贷款不还。当然，补偿的可能途径，也是常见的途径，是对其他供货单位的拖欠。不过，假若供货单位的资金不富余或主要是依靠银行通过贷款方式提供的，那么为了弥补被拖欠而引起的资金不足，必然会向银行要求追加贷款；假若资金多余，虽被拖欠也不影响资金周转，那么本来多余的资金原可构成银行的资金来源，但由于拖欠，相应的资金来源没有了。所以其归根结底还是由银行资金来弥补。

按照目前弥补亏损的做法来说，由于财政拨补亏损的款项是定期进行的，所以即使按期准时拨补，在拨补之前的资金不足实际上还要由银行信贷来解决。这就是说，在银行信贷资金运用中总会有一定的金额是占用在这个方面的。

要是面对私人企业，这样的问题则不存在：财政根本无弥补亏损的责任；银行会因企业的亏损而出现呆账，但它们绝不会不断地对亏损企业进行资助。

与亏损问题相类似的还有库存商品报损、变价处理的问题，在调整过程中企业关停并转所引起的问题，等等。这些问题也都涉及财政资金和信贷资金的关系。

利率调整对财政信贷收支的影响

贷款利息率大于存款利息率的差额简称为存贷利差。利差的加大会增加银行的结益；其他条件不变，会相对减少企业的利润，也会减少财政的收入。反之亦然。这个推断在任何社会中都可适用，但并不一定意味着银行结益的增减与财政收入的增减之间在数量上必然存在着直接的对应关系。

然而，在我们这里，却几乎是由利息调整所引起的银行结益增减多少则必定在财政收入上得到金额相等但增减方向相反的反映。这是与国营经济的存在和实施高度集中的管理体制联系着的。每当调整利息的方案确定之后，工业、商业各部门就要计算由此而引起的本部门利润——缴纳工商税后的利润——的增减，于是相应地增减上缴利润的金额。这样，财政收入与银行收入就发生了直接相互消长的关系。这种关系即使在利润上缴改征所得税后也很难发生本质的变化。因为，只要是确定了给企业留多少利润的原则，不论成本的计算方法有何变化（如关于利息是否计入成本），也不论财政课征的方式有何变化（如采取利税两种方式还是只采用课税一种方式），银行多拿了，财政只能少拿；财政要多拿，银行则只能少拿。这种增减是财政、银行、工业、商业各部门在一起算账的结果，而且是要照这种算账的结果来执行。这样的程序在私人经济中则是根本不存在的。比如，在私人经济中，不论利息率有何变化，税率都不会相应进行调整。

由利息率调整所引起的财政收入和银行结益的消长变化，其最后的调节环节是调整银行结益上缴财政的比例。利率的调高导致银行结益相应增大和财政收入相应减少时，假定仍然需要维持原有的财政收入水平，那就可以调高银行结益上缴财政的比例。就可能性来说，比例的确定可以把银行结益由于利率调整而增多的部分全部转归财政，也可以大部分转归财政而部分留归银行。同样，当由于利息率的调低而银行结益减少时，如果财政收支状况允许，则可以调低银行结益上缴财政的比例，以便使银行不因结益的减少而减低下期信贷资金增长的规模。这就是说，通过调整结益上缴比例，利息率的变化将不会由财政收入和银行收入对比的变化反映出来，或并没有全部反映出来。当然，也存在这样的可能性：虽然利息率调整引起了财政收入和银行收入的变化，但这时的财政收支和信贷收支状况却不要求在结益上缴比例上作任何调整，那么，利息率调整的结果就会在财政收入与银行收入相应的增减上得到反映。

图5-1可以说明利息率调整所引起的企业、银行和财政收入的变化过程。

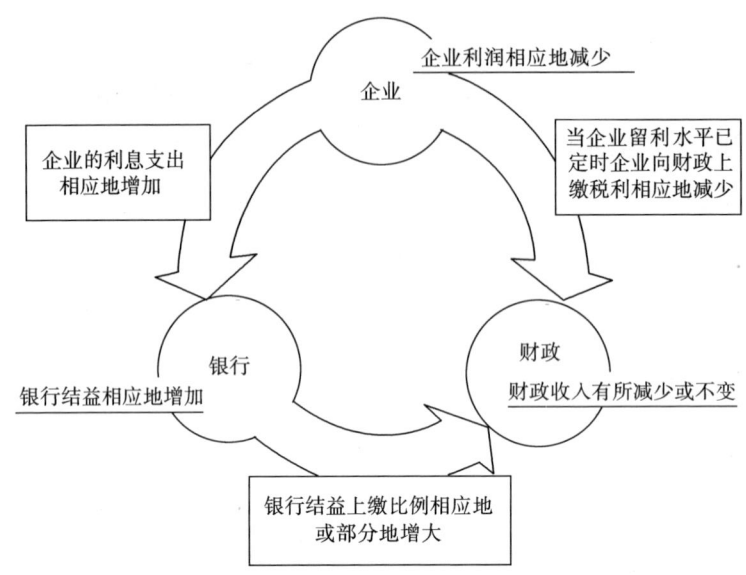

图 5-1 利差扩大时，企业、银行和财政收入的变化

除了利息率总水平的变动外，为了执行某项经济政策，政府往往采取优惠的利率措施。采取优惠利率必将影响银行的结益：优惠存款利率将增加银行的支出；优惠贷款利率则将减少银行的收入。对于这样的措施，我们的做法是：政府作决定，银行执行决定，而由此引起的银行收支变化则反映为结益的相应减少。从道理上说，政策的贯彻应有支出来源，即应列入预算。银行是经济组织，必须独立核算；它有义务执行政策，但执行政策所需的费用却不应由它负担。至于它向国家上缴的义务则应由确定的课税和确定的结益上缴比例所规定。所以，由于实行优惠利率而减少的银行结益，如果不列入预算支出，就应从银行应上缴的税利中核减。

居民储蓄和保险所集聚的资金以及发行的现金应该归谁支配则是又一类的问题。

居民储蓄应归谁支配

发展居民储蓄事业在世界各国都受到普遍的重视。因为它所集聚的资金，其数量是颇为可观的。储蓄是一种信用活动，但通过储蓄这种信用方式所集聚的资金，在有些国家有时是用作扩大银行信贷的资金来源，在有些国家有时却归由国家财政支配。

英国有一些专门经营储蓄事业的银行，叫受托储蓄银行，是从19世纪初发展起来的；另有一家国民储蓄银行，其前身是邮政储蓄银行，是储蓄体系中最大的一家。过去规定，这些专营储蓄的银行，它们通过吸收储蓄存款所形成的可用于贷放的资金，必须全部贷给政府。自20世纪60年代以来，政府逐渐允许它们开展一些普通银行业务，但通过吸收普通储蓄存款所形成的贷款基金仍需全部投入国家债券；吸收的其他存款，也要有一部分投入国家债券。

日本也是储蓄事业很发达的国家，与英国有所不同，在他们那里，普通银行也大量吸收个人储蓄并将其作为向企业提供贷款的资金来源。比如，1980年普通银行所吸收的全部存款余额中，个人存款（不全是储蓄存款）占38.1%。不过，更大的储蓄机构则是邮政部门。邮政部门所吸收的储蓄存款余额，在1980年底为619 498亿日元，比普通银行同期的个人存款余额319 252亿日元大将及一倍。邮政部门办理储蓄属于国家的储蓄事业，它所吸收的储蓄存款，除准备日常提取和对储户贷款的需要外，全部要归大藏省支配，由大藏省通过政府金融机构对基础产业进行信贷支持和用于承兑国债[①]。

美国则又是一种类型。美国的有价证券——其中包括国家债券——市场比较发达，吸收了相当部分的个人储蓄。至于专门从事储蓄的信用机构，它们的活动与财政则较少联系。专业储蓄机构主要有两种类型。一是储蓄贷款协会，目前是商业银行之外的最重要的储蓄机构。它们大多是合

---

① 参看《现代日本经济事典》（中国社会科学出版社）的有关章节。

作性质，吸收的储蓄称之为储蓄股本，是各该协会的主要资金来源。其资产业务则主要是住房抵押贷款。二是相互储蓄银行，主要的资金来源是吸收储蓄存款，其资产业务也主要是房地产抵押贷款。此外，还有信用社，其吸收存款，发放小额消费信贷，也是与个人储蓄有关的信用机构。这就是说，通过储蓄形式所集聚的资金，在美国则主要是用于个人购买住房及其他耐用消费品方面，而不构成财政所支配的资金。

苏联的居民储蓄是由独立的储金局组织的。过去储金局归财政部领导，它们所集聚的资金构成财政收入的一部分。自20世纪60年代初，储金局转归国家银行领导，它们所集聚的资金则构成银行信贷的一部分资金来源。

我国多年来一直把储蓄存款作为银行信贷的资金来源。这样的做法符合信用活动的规律，在其他国家也所在多有。但我们也不宜根据现行做法而对储蓄纳入财政支配范围的可能性断然予以排斥。因为在经济正常发展情况下，储蓄总是一个稳定增长的量，所以通过恰当形式归由财政支配其一定的部分也不违背信用活动规律。

现金发行这项资金来源理应归谁支配

现金发行，这是一项重要资金来源。1980年，国家通过这一途径所支配的资金为78.49亿元，1981年为50.14亿元，1982年为42.78亿元。

在革命战争时期和建国之初，现金发行基本上用来弥补财政赤字，所以是银行发行、财政支配。在制止通货膨胀之后不久，财政实现了收支平衡，现金发行则被确定为信贷资金来源，即银行发、银行用。直到现在都是这样的做法。不过近年来，在财政出现连年赤字的背景下，提出了这样的一个问题，即现金发行的收入是否应划归财政支配。理由是：发行是"国家的"发行，因而应列为国家的收入，即财政收入。不同的见解是，发行应是经济发行，只有采取现行做法为妥。现钞的发行应该根据经济生活的客观需要并通过贷款的发放和回收、存款的存入和提取等日常的银行业务活动进行，这已是世界各国普遍采取的做法。在和平的经济生活中也只有这种做法才能使现金流通最灵活地为经济运转过程服务。但是，只要没有特大的政治经济动荡，随着生产的发展和流通的扩大，流通中的现金总是一个不断增长的量。就这个特点来说，而不是就什么其他理由，现金发行的相当部分有可能通过适当方式归由财政支配。当然，这是把信贷资金来源和运用的总体对比暂且抽象掉而仅就现金发行来分析的。如果放到总体对比之中考虑，那只有当具备第三章第五节所指出的发放财政贷款的条件时，现金发行这项资金来源归由财政支配的可能方可现实地加以利用。

银行发行的钞票能否由财政支配，这在银行券流通的初期就作为问题提出来了。具体地说，就是国家的债务或债券能否作为银行券发行的保证。总的来说，回答是否定的。比如马克思提到的1844年《英格兰银行条例》（也称《比尔条例》）规定英格兰银行只能发行 1 400 万英镑以政府借款作为保证的银行券。他们认为这是流通中绝对不会再低的流通量，而超过这个数量的银行券发行则需由百分之百的黄金作保证。德、法等国则以黄金和短期商业票据作为发行保证。美国 19 世纪 60 年代的法律规定，国民银行有权按照它所购买的公债数额发行银行券，但这是一种人们不断努力企图加以改变的制度。1913 年的《联邦储备法》规定，联邦储备银行应以金和商业票据保证银行券的发行。

自 20 世纪 30 年代以来，情况发生了巨大的变化。伴随着国家公债的大量发行，在银行券的保证中，过去在和平时期很少占有多大比重的国家债务迅速地扩充了自己的地盘。有的国家，几乎发行的全部保证都是国家债券。如果说过去是力图使银行券的发行不要变成弥补财政支出的来源，那么现在这种观念即使有也不再占支配地位。同时，银行券对黄金的兑现早已停止，通过银行券的兑现来保证整个货币制度稳定的做法也已被控制包括现金和活期存款等项目在内的货币供给总量的做法所代替。因此，除从少数国家发行银行的资产负债表上还可直接看出银行券发行及其保证的对应关系外，通常，现金发行只不过是作为负债项目之一而与包括对国家债权在内的整个资产方相对应。这就是说，允许现金发行由国家财政利用已成为允许银行资金由财政利用的一部分内容。表 5-8 是西方主要工业国家钞票发行与国家银行所持有的对国家债权的情况。

保险收入可否由财政支配

保险事业是集聚社会资金的一个重要渠道。在西方，保险事业是由私人经营的。在它们资产负债表上的资产方，国家债券的持有量经常占有一定的比例。这说明它们所集聚的资金有一部分是经常由国家财政支配的，而其余大部分则是金融市场上可向私人企业提供信贷的资金来源。苏联的保险事业是由苏联国家保险局管理的独立经营的单位。保险机构临时闲置的货币资金存在国家银行的账户上，是信贷资金来源；国家预算对国家保险机构的债务不承担责任。我们的保险事业解放初期由财政部领导，后来划归中国人民银行领导。在保险事业今后必将有较大发展的情况下，由保险事业所集聚的资金可否有一部分通过恰当方式由财政支配，也不是不可以考虑的一个题目。

表 5-8　20个西方工业国家货币当局的资产负债情况表（1981年）

国别	货币当局名称	单位	资产负债总额	对政府的债权	对政府的债权占资产总额的比重（%）	通货发行	通货发行占负债总额的比重（%）	对政府债权相当于通货发行的比重（%）
美国	联邦储备银行	十亿美元	175.5	143.7	81.88	126.9	72.31	113.23
英国	英格兰银行	百万英镑	19 830	11 766	59.33	10 976	55.35	107.19
加拿大	加拿大银行和汇兑基金	十亿加元	19.22	14.04	73.05	10.71	55.72	131.09
澳大利亚	澳大利亚储备银行	百万澳元	12 383	7 764	62.70	5 533	44.68	140.32
日本	日本银行	十亿日元	20 937	13 377	63.89	18 584	88.76	71.98
新西兰	新西兰储备银行	百万新元	2 982.6	1 421.7	47.67	682.7	22.89	208.25
奥地利	国民银行	十亿奥地利先令	171.8	16.9	9.84	73.2	42.61	23.09
比利时	国民银行	十亿比利时法郎	362.3	80.5	22.22	345.1	95.25	23.32
丹麦	国民银行	十亿丹麦克朗	91.90	55.53	60.42	13.57	14.77	409.21
芬兰	芬兰银行	百万芬兰马克	17 328	1 236	7.13	4 824	27.84	25.61
法国	法兰西银行	十亿法郎	447	11	2.46	161	36.02	6.83

续表

国别	货币当局名称	单位	资产负债总额	对政府的债权	对政府的债权占资产总额的比重（%）	通货发行	通货发行占负债总额的比重（%）	对政府债权相当于通货发行的比重（%）
联邦德国	联邦银行	十亿联邦德国马克	195.4	23.6	12.08	84.2	43.09	28.03
冰岛	中央银行	百万冰岛克朗	4 413	800	18.13	406	9.20	197.06
爱尔兰	中央银行	百万爱尔兰镑	1 840.9	334.3	18.16	739.4	40.17	45.21
意大利	意大利银行和汇兑局	十亿里拉	125 714	64 466	51.28	29 612	23.56	217.70
荷兰	荷兰银行	十亿荷盾	46.25	1.92	4.15	22.33	48.28	8.60
挪威	挪威银行	十亿挪威克朗	50.80	11.12	21.89	20.16	39.69	55.16
西班牙	西班牙银行	十亿比塞塔	3 387	1 821	53.76	1 333	39.36	136.61
瑞典	瑞典银行	十亿克朗	65.72	43.16	65.67	36.06	54.87	119.68
瑞士	国民银行	十亿瑞士法郎	45.74	2.69	5.88	24.74	54.09	10.87

资料来源：国际货币基金组织的《国际金融统计》，1983年1月号。

必然存在的接合部是实现财政信贷相互支持的必要通道

上面列举的一些项目，或是财政从银行取得一部分资金的通道，或是银行从财政取得一部分资金的通道。它们的性质不同，不能简单代替。如其中财政金库日常周转性的存款和上解下拨的在途款项是必然要由银行单方面占用的，而银行结益的上缴和纳税则是资金从银行向财政的单方面转移。至于财政经常性收入不足以抵补支出，则要占用银行资金；反之，则银行占用财政资金，这两种情况却可交替发生。财政增拨信贷基金，可多拨，可少拨，直至可以不拨；银行结益上缴，时多缴，时少缴，但总不能把一个有经济收益的单位向国家缴纳的义务全然免除。在公有制条件下，国营企业亏损的弥补事实总意味着财政占用银行资金；而利息率的调高或调低，则必将使银行收入和财政收入按反方向变化。至于现金发行收入、组织储蓄收入和开展保险收入等类似的项目，采取不同的处理原则，就会相应有财政资金和信贷资金的再分配，等等。复杂的接合部给财政收支和信贷收支的计划工作造成很多困难。但也正是这个复杂接合部的多条渠道使得我们有广泛的可能，或实现用信贷资金支持财政，或实现用财政资金支持信贷，以保证为经济发展所必要的财政支出和信贷支出得到必要的满足。所以，我们不能主观地、人为地使接合部"简化"，而是要掌握复杂联系中的各种具体规律，并运用这些规律实现资金有计划而又灵活地调节。

调节接合部并不能创造新的资金来源

不过必须明确，通过接合部的调节是不可能创造出任何新的资金来的。这种调节的意义主要在于使给定数量的资金可以实现财政安排与信贷安排的最优配合，从而有利于资金更好地发挥效益。

然而人们往往企图在这里寻求解决平衡的途径。其实这是做不到的。当财政收支和信贷收支的总体是不平衡的时候，如果依靠在接合部作出不利于信贷收支的处理而实现财政收支的平衡，则必然造成信贷收支的不平衡；如果依靠在接合部作出不利于财政收支的处理而实现信贷收支的平衡，又必然造成财政收支的不平衡。只要一方失去平衡，显然总体的平衡也不存在。而且，如果说财政挤信贷，虽无助于总体的平衡，但形式上的财政收支平衡还可取得；而信贷挤财政，就算在做计划时有了平衡的计划，由于财政的收支矛盾最终还得通过信贷解决，所以形式上的信贷平衡也没有可能出现。因此，当总体不平衡时，财政和银行的任务应该是共同努力创造扩大资金来源的条件，节约资金的使用，当然也要处理好接合部问题，以尽量减少资金总供需之间的矛盾，而不是只简单强调求得某一方面的平衡。

接合部的处理原则必须保持相对稳定

在国民经济发展的过程中，由于政治经济等多方面因素的作用，财政与信贷之间需要进行的资金调节的数额乃至方向都会发生变化。从而处理接合部各种通道的具体原则也需要不断地加以调整。比如，当信贷需要由财政来支持的时候，要求财政必须保留必要数量的结余不能动用，要求财政向银行增拨信贷基金，至于发行、储蓄等信贷收入则可规定统归银行支配，等等。而当财政收支出现不平衡，信贷收入却有了大幅度增长时，上述的原则显然也必须相应改变。

需要改变这是一方面，与之同时则必须注意保持具体处理原则的相对稳定性。比如，在财政和信贷集聚资金力量的对比发生变化时，银行结益上缴财政的比例也可相应加以调整，但不宜随时随意确定数额或比例，而应有个规则。再如，为了使财政获得补充收入把现金发行和储蓄等项目的一定比例归财政支配不是不可以考虑的，但哪些项目划归财政，多大比例划归财政，也必须有个规则。而且类似的规则似均应通过立法程序确定。如果不是这样，财政和信贷的界限就易于混淆，财政信贷的计划工作则难以正常进行。

此外，无论是财政资金调剂给信贷，还是信贷资金调剂给财政，均不可破坏这些被调剂的资金的原有性质。比如，财政支持信贷的资金，如果是以财政金库存款的形式提供，银行则必须保证其存款的权利，如随时提取的权利；如果是采取财政拨款的形式，银行则必须保证其国拨资金的性质，列入自有资金，不能随意冲销。而信贷支持财政的资金，都可归结为是财政向银行的借款，因而一般说来要遵守贷款原则，如支付利息等。并且除去财政调回拨给银行的资金，银行不能无偿地拨款给财政。如果是那样，信贷的基础就会遭到破坏。

第三节　设备贷款与财政收入

设备贷款的偿还是否影响财政收入

随着设备贷款数量的增大，产生了一个非常尖锐的问题，即这种贷款的偿还是否会影响财政收入。在这个问题的争论中，常常可以听到一些极端的事例。比如，某一贷款项目尚未建成投产，而贷款已用借款单位应上缴的税利还清。在这种情况下，贷款的归还无疑意味着财政收入的相应减少。再如，某一贷款项目很快建成投产，经济效益极高，按通常标准保证税利上缴后，所余利润用于归还贷款尚绰绰有余。这时，归还贷款毫不影响财政收入也是显而易见的。问题是就一般情况来说，或者就总体来说，答案应该如何。目前，干脆否定这种贷款的偿还会影响财政收入的见解可以说没有。但人们对于影响到何种程度，对这种影响应如何估价则有很大分歧。有的认为，归还多少贷款，财政就减少多大的收入，这是造成这两三年财政困难的因素之一，而且今后对财政收入还将产生巨大的消极影响，因而主张必须大力压缩这种贷款，或使其余额不再增多，或甚至要求取消这种贷款。有的认为,虽然还贷会多少影响财政收入,但贷款还清的项目则是长期向财政提供收入的源泉,所以如不发放贷款,不仅当前无财政收入,而且也不会有贷款还清之后可以指望增加的财政收入,因而认为尽可能满足对于这种贷款的日益增大的需求是合理的。如此等等,都不无道理。现在主要从综合平衡的角度作些剖析。

一笔资金是拨款还是贷款有何不同

比如有一笔资金 F。它可能是财政收入的一部分,但如用以向银行增拨基金,就变成了信贷资金;它也可能是银行的信贷资金,但如贷给财政,则变成财政的债务收入。所以,作为投资,它总会具有两种可能的投放方式:或财政拨款,或银行贷款。假如实行的是企业收益和折旧全部上缴的统收统支体制,这两者的异同如下:

(1) 在建设期间,拨款也好,贷款也好,它们都使建设单位有可能取得人力、物力以形成新的生产能力,但直到投产之前则均无效益可言。就这点来说,两者无区别。

(2) 设投产后每年可产生的效益(即通常说的税利)加上折旧为 $1/nF$。如果这笔投资是以贷款方式提供的,$1/nF$ 应用于归还贷款。那么,在不必增加贷款总额的条件下,银行每年可提供一笔金额相当于 $1/nF$ 的新贷款;如果这笔投资是以拨款方式提供的,那么,财政就可以有 $1/nF$ 的收入并可据以进行新的拨款。

在这里的区别是明显的:用贷款形成的生产能力,它所产生的经济效益在还款期间不形成财政收入,而形成银行的还款收入。但如果从国民经济的角度看,无论是贷款还是拨款,都可获得追加的投资 $1/nF$。

(3) 几年之后,只要生产能力继续发挥经济效益,则仍然会有 $1/nF$ 的收入。由于即使采用贷款方式,贷款也已经还清,所以这时无论最初采用哪种投资方式，都有 $1/nF$ 可构成财政收入。于是，差别又不存在了。

总之，区别只是存在于 n 年还款期间之内。在这一段期间内，贷款的偿还会影响财政收入是明显的。这里我们没有谈利息，是为了简化分析；也没有谈论拨款方式与贷款方式在不同情况下所可能产生的不同经济效果，因为这不会根本改变上述的判断。

如果不是统收统支的体制，而是像我们目前所实行的留下一定比例的利润归企业支配的体制，则有两种可能的极端情况：

（1）假如要保证留归企业的利润全部归企业支配而不作为归还贷款的来源，那么归还贷款的来源一是按规定留归企业支配的折旧；二是缴纳工商税后应以所得税和税后利润等方式向财政缴纳的款项。后者说明，贷款的归还会使财政收入减少；前者则说明，由于银行所收回的贷款有本来不上缴财政的折旧，所以贷款收回的数额大于财政收入减少的数额。

与统收统支的体制相比较，这时银行每年收回贷款的金额必然小于 $1/nF$。因为贷款项目所产生的经济效益，相当大的部分以工商税收的形式纳入财政收入。不过，如果仍然要求 n 年还清贷款，那就必然要用不属于各该贷款项目的一些本应以所得税等形式上缴财政的利润作为还款的来源。只要是这样，那实际又回到统收统支的状况。

（2）另一种极端的情况即贷款的归还全部要靠按规定留给企业支配的利润和折旧。当然，这时贷款的归还不会直接影响财政收入。对于这种可能的情况后面另作分析。

以上是就一笔贷款来分析的，下面就这种贷款的总体来分析。由于前一种极端情况，从归还贷款要影响财政收入这点来说，与统收统支体制下的情况无质的区别，所以为了使分析简明，下面仅就统收统支的情况举例。

贷款余额维持一定水平不变时的情况

如果打算维持设备贷款余额在一个相当的期限内，如几年内不变，假定在 500 亿元上下，再假定每年年初发放贷款，每笔贷款从贷款当年年底开始归还，平均每年归还贷款 1/5，到第五年年底还清，那么每年归还贷款的金额则应平均是 166 2/3 亿元[①]。

假设国民收入每年递增 5%，开始计算年份的国民收入是 5 000 亿元；再假设正常年份财政收入规模以相当于国民收入 30% 上下为宜，那么当每年归还贷款金额为 166 2/3 亿元时，将出现如下情况（见表 5-9）。

从表中列举的数字中可以形成这样一些认识：

(1) 设备性贷款的存在，对财政收入的影响是长期的。

(2) 在贷款余额以及还款期限不变的情况下，由于国民收入等财政收入的源泉是递增的，所以这种影响有相对减小的趋势，但减小的速度相当缓慢。

(3) 如果仅就"实际可能的财政收入"本身来看，每年增长的绝对金额并不减少，每年递增的速度甚至会快于国民收入的增长速度。但只要不是孤立地就财政收入本身，而是把它与国民收入联系起来看，那就会看出，这种增长实际是在财政收入处于较低水平时的增长。

就财政收支本身也可看出问题，那是在开始大规模发放设备贷款并从而出现设备贷款归还问题的期间。假设每年还款 166.7 亿元的水平是通过前几年从每年归还 40 亿元，到 80 亿元，到 120 亿元，最后到 166.7 亿元的过程形成的，那么可以列出如表 5-10 的数字。数字说明，从无设备贷款到有设备贷款，从无设备贷款还款问题到开始出现这样的问题，由于还款金额逐年增多，所以财政收入相当于国民收入的比值明显地不断下降。财政收入的绝对金额，就这个假设的例子看，每年还有些增长，但增长额甚少；假设某一年还款金额特多，也不排斥财政收入金额有绝对下降的可能。

---

① 所以应是 166 2/3 亿元，其计算依据见本章附录。

表 5－9

金额单位：亿元

	第一年	第二年	第三年	第四年	第五年	第六年	第七年	第八年	第九年	……
每年以 5% 递增的国民收入	5 000.0	5 250.0	5 512.5	5 788.1	6 077.5	6 381.4	6 700.5	7 035.5	7 387.3	……
相当于国民收入 30% 时的财政收入	1 500.0	1 575.0	1 653.8	1 736.4	1 823.3	1 914.4	2 010.1	2 110.7	2 216.2	……
上述情况下每年财政收入的增长额		75.0	78.8	82.6	86.9	91.1	95.7	100.6	105.5	……
由于归还贷款减少的财政收入	166.7	166.7	166.7	166.7	166.7	166.7	166.7	166.7	166.7	……
实际可能的财政收入	1 333.3	1 408.3	1 487.1	1 569.7	1 656.6	1 747.7	1 843.4	1 944.0	2 049.5	……
实际财政收入的每年增长额		75.0	78.8	82.6	86.9	91.1	95.7	100.6	105.5	……
实际财政收入的增长速度		5.63	5.60	5.55	5.53	5.50	5.48	5.46	5.43	……
实际财政收入相当于国民收入的比重（%）	26.67	26.82	26.98	27.12	27.26	27.39	27.51	27.63	27.74	……

表 5－10   金额单位：亿元

	前四年	前三年	前二年	前一年	第一年
每年以5%递增的国民收入	4 113.5	4 319.2	4 535.1	4 761.9	5 000.0
相当于国民收入30%时的财政收入	1 234.1	1 295.8	1 360.5	1 428.6	1 500.0
上述情况下每年财政收入的增长额	—	61.7	64.7	68.1	71.4
由于归还贷款减少的财政收入	—	40.0	80.0	120.0	166.7
实际可能的财政收入	1 234.1	1 255.8	1 280.5	1 308.6	1 333.3
实际财政收入的每年增长额	—	21.7	24.7	28.1	24.7
实际财政收入的增长速度	5.00	1.76	1.97	2.19	1.89
实际财政收入相当于国民收入的比重（%）	30.00	29.07	28.24	27.48	26.67

如果到一定年份以后贷款余额不再增加，财政收入对国民收入的相对水平就会从下降转向缓慢的回升。如果贷款余额继续增大将会如何呢？

贷款余额不断增大时的情况

从我们这些年的实践看，今后设备贷款的余额不断增长的可能性似乎是不小的。假如贷款余额以每年100亿元的规模增长，而贷款还款的期限有越来越长的趋势（如开始是两年还清，而后是三年还清、四年还清，等等），那么，我们可以列出十年的情况（见表5－11和表5－12）。

数字说明，贷款余额的不断增长，必然伴随着还款金额的不断增长，而还款金额的不断增长对财政收入将发生如表5－12所示的影响。

表 5 - 11　　　　　　　　　　　　　　　　　　　　　　单位：亿元

	第一年	第二年	第三年	第四年	第五年	第六年	第七年	第八年	第九年	第十年
第一年年初所发放的贷款在还清前历年的余额	100	50								
第二年年初所发放的贷款在还清前历年的余额		150	100	50						
第三年年初所发放的贷款在还清前历年的余额			200	150	100	50				
第四年年初所发放的贷款在还清前历年的余额				200	150	100	50			
第五年年初所发放的贷款在还清前历年的余额					250	200	150	100	50	
第六年年初所发放的贷款在还清前历年的余额						250	200	150	100	50
第七年年初所发放的贷款在还清前历年的余额							300	250	200	150
第八年年初所发放的贷款在还清前历年的余额								300	250	200
第九年年初所发放的贷款在还清前历年的余额									300	250
第十年年初所发放的贷款在还清前历年的余额										350
年末贷款余额	100	200	300	400	500	600	700	800	900	1 000
当年还款金额	50	100	100	150	150	200	200	200	250	250

表 5-12　　　　　　　　　　　　　　　　　　　　　　　　　　金额单位：亿元

	第一年	第二年	第三年	第四年	第五年	第六年	第七年	第八年	第九年	第十年
每年以5%递增的国民收入	4 113.5	4 319.2	4 535.1	4 761.9	5 000.0	5 250.0	5 512.5	5 788.1	6 077.5	6 381.4
相当于国民收入30%时的财政收入	1 234.1	1 295.8	1 360.5	1 428.6	1 500.0	1 575.0	1 653.8	1 736.4	1 823.3	1 914.4
上述情况下财政收入的增长额	58.8	61.7	64.7	68.1	71.4	75.0	78.8	82.6	86.9	91.1
由于归还贷款减少的财政收入	50.0	100.0	100.0	150.0	150.0	200.0	200.0	200.0	250.0	250.0
实际可能的财政收入	1 184.1	1 195.8	1 260.5	1 278.6	1 350.0	1 375.0	1 453.8	1 536.4	1 573.3	1 664.4
实际财政收入的每年增长额	—	11.7	64.7	18.1	71.4	25.0	78.8	82.6	36.9	91.1
实际财政收入的增长速度	—	0.99	5.41	1.44	5.58	1.85	5.73	5.68	2.40	5.79
实际财政收入占国民收入的比重（%）	28.79	27.69	27.79	26.85	27.00	26.19	26.37	26.54	25.89	26.08

这里有两点是明显的：(1)财政收入水平——与国民收入比较来说的水平——不断下降；(2)实际财政收入绝对额的每年平均递增速度也会是低水平的。当然，如果由于还款期限拖长等因素起作用，即使贷款余额以同等速度增长，每年还款的金额及其递增速度也会比较小一些。但财政收入水平递降和绝对额递增速度减缓的趋势仍然存在。

矛盾的症结所在

上述分析说明，在设备贷款方面，财政和信贷之间也有一个接合部，即贷款的存在会使部分财政收入转化为归还贷款的来源。仅就这点来看，矛盾的焦点似乎就在于财政收入的减少——虽然在一般情况下不会是收入绝对金额的递降，而只是与国民收入增长比较来说的下降。如果问题确是这样简单，压缩以至取消这种贷款以保证财政收入无疑是唯一正确的选择。

然而放开眼光，则会看到财政收入虽然由于可形成财政收入的资金用于归还贷款而减少，但银行却有了收回贷款的信贷收入，从而可发放新的贷款。所以，如果其他条件不变，国民经济从财政可能获得的投资虽然减少了，但其减少额却会由银行的新的贷款投放所补足。于是，国民经济所获得的投资总额不变。结合我们前面的分析可以这样概括地说：一笔投资是采用拨款方式还是采用贷款方式，从技术上说，人们是可以左右的；而无论如何投出，只要有经济效益，或用收回贷款方式，或用无偿课征方式，均可把收益集中在国家手中并用于再投资。明确这一点，有助于克服单纯指责设备贷款扩大使财政收入减少的片面性。

但是，由于客观条件不同，是用财政拨款方式进行投资，还是用贷款方式进行投资，纵然两者都是用于固定资产方面的投资，其效益并不是没有区别的。因而，财政和银行各有其必须担负的任务。也可以说，在固定资产投资方面，拨款和贷款并非在任何情况下都可简单置换。假如设备性贷款的规模过大，增长过于迅速，造成财政收入减少，以致使财政收入不能满足本应由拨款方式供应的投资需求，那么，纵然银行有较多的回收贷款并可用于再投资，投资的效果也会因投资方式的不当而减小。而且，不注意信贷方面对财政收入的影响，不考虑必要时控制设备贷款规模以解决财政收不抵支的矛盾，只是一味扩大贷款而财政支出实际又压不下来，结果必将是综合平衡难以保持。所以，忽视设备贷款影响财政收入这一面，也会陷于片面。

其实，这里存在的是建设资金供给中财政和银行应该如何分工的问题。目前，我们是在基本建设和更新改造之间划出了一条线，认为前者宜于由财政及其所领导的建设银行供给，后者则由除建设银行以外的银行供给。如果这确是一条理想的界线，那么从财政信贷综合平衡的角度来说，就应以这条线为依据来安排财政收入和确定设备贷款增长的合理规模。这时，如果信贷资金不足，应以适当方式把部分财政收入转归银行支配；如财政收入不足，则应控制设备贷款规模并把部分信贷资金以适当方式转归财政支配。如果我们脱离关于固定资产投资方面财政与信贷合理分工这个基点，对设备贷款所引起的财政信贷矛盾是找不出正确的评价标准的。

还款能否全部由企业自身负担

前面提到设备性贷款全部依靠企业用完成财政上缴任务后所留归自己支配的资金来归还的问题。如果留归企业支配的资金足够多，这当然是不成问题的；问题是从我们现有的情况——企业所支配的资金不多——出发，将有如何的结果。

所谓企业自己负责归还贷款，那必然是哪一个企业贷，哪一个企业还。抽象地说，只要不是亏损单位，至少也可用折旧归还贷款。但在百分之四五的折旧率的情况下，贷款的还清需在该项目投产后的 20 多年，这显然期限太长，以致贷款由于周转过于缓慢而难于扩大。如果要求还款期短一些，在允许企业所支配的资金占税利总额的比重较低的情况下，只有经济效益极高的单位才有条件取得贷款，而这样的单位事实上是不会很多的。这样，贷款的扩大也会受到限制。当然，发放设备贷款导致财政收入减少的矛盾不存在了，但假若应由贷款支持的任务由于这一原则的限制以致不能由贷款的必要增长得到资金供给，那么这一原则也不能成立。

第四节　综合平衡必须把企业收支的安排考虑在内

从一个有趣的问题谈起

扩大企业权限的改革开始以来，人们经常说，留给企业的钱多了，银行的钱也会多起来。从这几年的发展情况来看这也是事实（当然，银行集聚资金力量的增大还与个人储蓄的迅速增大等因素联系着）。然而在财政银行工作者中间曾经提出过这样一个问题：财政从企业拿走的钱少了，从而财政存款减少；留给企业的钱多了，从而企业的存款增加；少拿走的正是多留下的，那么银行存款总额不变。既然存款总额不变，银行的资金力量也就谈不上增加。推论似乎无懈可击，但却与事实有出入。问题何在，猛然间往往说不清楚。

就企业向财政缴纳所得税或上缴利润的那一瞬间看，推论是千真万确的。比如，某月有个企业实现了计划利润 10 万元，按原来规定要上缴 9 万元，那么，这时财政金库存款增加 9 万元，企业存款账户上留 1 万元；

假定按现行规定只要上缴 60%，即上缴 6 万元，那么，这时财政金库存款增加 6 万元，企业存款账户上留 4 万元。显然，两种情况下的存款总额，也就是银行的资金来源，都是 10 万元，丝毫没有差别。

然而，再往前看一步，就会发现差别是存在的。为了简化起见，我们只考虑在这两种情况下有差别的那 3 万元（90 000 元－60 000 元），并假定其他条件不变。这 3 万元上缴财政后，经过下拨的过程拨到各个单位。一般情况下，取得拨款的单位是会尽快把取得的拨款安排使用的，如备料、支付设备款等。在结余上缴的体制下，用款单位也不会自动地结余。接受拨款的单位支付货款之后，销货单位或直接用销货进款偿还银行贷款，或用销货款购买生产资料，或用销货款支付劳动报酬。劳动者向商业部门购买，商业部门则会把销货款用以偿还银行贷款。最后，存款与贷款同时下降 3 万元，这 3 万元完成一次循环。在经济生活中不只是这 3 万元，前前后后还会依次有许多这样的 3 万元。假设平均每月出现一笔这样的 3 万元，而完成一次循环平均需要三个月，那么我们就可以看到如下的规律：

第一个月	第二个月	第三个月	第四个月	第五个月	……
3	3	3			
	3	3	3		
		3	3	3	
			3	3	……
				3	……
		9（万元）	9（万元）	9（万元）	……

这就是说，经常存在银行账户上并构成银行信贷资金来源的是 9 万元。

当这 3 万元留归企业时，企业对于如何支用这笔款项要有一个安排的过程，比如根据其更新改造的需要来进行安排，等等。而且这是它"自己的"钱，没有必要急急忙忙支出；为了留有后备，往往还会有意识地保存一定比例的资金不作具体安排。因而，相对于拨款来说，其区别可能是从留下资金到动用资金会经历更长一些的时间，并且平均说来还会留有一定比例的结余。假定经历的时间为五个月，结余的比例是 1/10，也是平均每月出现一笔这样的 3 万元，那就会出现如表 5 - 13 所示的情况。

表 5 - 13　　　　　　　　　　　　　　　　单位：万元

第一个月	第二个月	第三个月	第四个月	第五个月	第六个月	第七个月	第八个月	第九个月	第十个月	……
3	3	3	3	3	0.3	0.3	0.3	0.3	0.3	……
	3	3	3	3	3	0.3	0.3	0.3	0.3	……
		3	3	3	3	3	0.3	0.3	0.3	……
			3	3	3	3	3	0.3	0.3	……
				3	3	3	3	3	0.3	……
					3	3	3	3	3	……
						3	3	3	3	……
							3	3	3	……
								3	3	……
									3	……
					$\begin{cases}0.3\\15\end{cases}$	$\begin{cases}0.6\\15\end{cases}$	$\begin{cases}0.9\\15\end{cases}$	$\begin{cases}1.2\\15\end{cases}$	$\begin{cases}1.5\\15\end{cases}$	……

这就是说，经常处于银行账户上并构成银行信贷资金来源的有两部分：一部分是 15 万元，这是购买和支付的准备，其性质与上面所说的那 9 万元相同；另一部分是一个不断积累的部分，是潜在的货币。如果资金上缴财政，这种向潜在货币转化的部分即使有，其数量也不会很大。

两相比较，很显然，当利润中的一部分原来上缴财政而现在留归企业时，银行的资金来源是会增加的。其原因，粗略地说，就是集中于财政时，基本上要花掉，而且花得较快；留归企业时，可能不会全部花掉，而且花得较慢。假如两者花掉的比例和间隔的时间完全相等，银行的资金来源也就不会改变，但这种可能性无疑是极小的。

举出这样一个例子，是为了说明，要全面安排财政信贷的综合平衡，必须研究和估计企业这个环节所起的作用。

过去的主要矛盾是挤占流动资金

在过去的统收统支体制下，企业没有留归自己支配的可用于生产方面的资金：扩建和更新改造要靠财政拨款，流动资金则是由财政和银行"两口"供应。在这种体制下，在企业这个环节所出现的问题主要是基本建设和更新改造挤占流动资金的问题。

流动资金的需求一直不怎么受到人们的重视，似乎它具有可以极大地加以压缩的可能性。其实，流动资金的需求在建设资金的需求中是最"硬"的。第一，没有流动资金，当前的生产就无法继续进行，花费大量投资才形成的生产能力也无法发挥作用。第二，从整个国民经济看，在客观条件已定的条件下，它的数量是没有多大弹性可言的。前一点，人们往往是抽象承认却又不尊重它。如重视考虑基本建设的资金需求而不怎么认真考虑增补流动资金的需求。但结果却是流动资金方面的需求一点也不能不予以满足。后一点，人们甚至总是企图从道理上就否认它。如单纯强调发挥主观能动性加速流动资金周转，降低流动资金占用，等等。主观能动性当然必须经常强调，但主观能动性的发挥却要受客观条件的制约。所以，不顾客观可能而主观确定一个如加速周转百分之几的目标往往是纸上谈兵，不能实现。于是流动资金的需求也就总是不能像人们主观设想的那样压下来。实践说明，在一定期间，如一个计划年度，流动资金增长的需要实际并无弹性，因而必须保证供给。当然要考虑到在流动资金运用方面通过发挥主观能动性而提高经济效益的可能，但这必须是客观的确存在的可能。

既然一定期间的流动资金需求是一个不能不予以满足的确定的量，那么无论是不是实行"两口"供应，也无论是"两口"供应中按什么原则划分各自供应的比例，最终都要供应到这个确定的量为止。如果按照这样的道理办事，那么在编制计划时，当发现财政可能增拨的流动资金数量和银行可能提供的短期贷款数量不足以满足这个确定的量时，就应当相应压缩其他支出，以保证实际上不能不予以保证的流动资金的供应。然而，过去的实践往往是在这个方面留下缺口。由于财政往往是在各项支出安排后剩多少钱就拨给流动资金方面多少钱，所以缺口事实上不能不由银行补足，而不论由此是否会引起银行信贷的过度投放（现金的与非现金的）。如果引起了过度的投放，那自然就意味着财政信贷的综合平衡遭到破坏。或许可以说，在统收统支体制下，综合平衡主要就是从这一点被突破的。

流动资金的供应安排得不够充足可能有多方面的原因，但最直接的原因是：固定资金方面的需求，部分是靠压缩流动资金的供给来满足的。上面所说的财政往往没有按照自身应该负担的数量拨足流动资金，重要的原因也就是基本建设投资的安排压得过重。

除此之外，还存在着流动资金在企业直接被挤占的问题。比如曾经存在着这种情况：地方为了兴办某种事业向各个方面（其中也包括国营企业）筹集资金。企业无论是出货币资金，还是出物资（如钢材等）和劳务，都意味着占用流动资金。其中可能有一部分并不影响企业正常的生产周转，比如企业的确占有过多的流动资金。但一般说来则不是这样。所以被"筹集"出去的资金终归要补充，否则生产周转即难以进行。在这种情况下，银行信贷就要以超过原有的规模提供。假如原有的规模是财政信贷平衡所允许的，那么这个超过的部分则意味着过多的货币投放；假如原有的规模已有一部分超出了综合平衡所允许的限度，那么再加上这个超过的部分，则意味着过多的货币投放更加剧一步。要是企业自身挤占流动资金用于扩建，用于更新改造，从综合平衡的角度来看，其结果也完全一样。

现在企业的收支已成为财政信贷综合平衡中具有独立意义的环节

统收统支的体制已经开始被突破，相应地，在组织财政信贷综合平衡中也出现了新的问题。

现在，企业可以支配留归自己的折旧基金，可以支配缴纳所得税后按照国家核定的留利水平留给自己的利润。折旧基金是用于更新改造的，由税后利润留给企业的部分所形成的生产发展基金等基金可与更新改造资金结合使用，可用于新产品试制等方面。从今后的发展来说，按理也应有适当部分用于增补流动资金。在财政方面，除集中一部分折旧基金加以再分配外，由于不再增拨任何流动资金，从而在资金供应方面与企业的日常联系减少，而银行却不仅负担了流动资金的全部供应任务，还开办了用于固定资金方面的贷款业务。今后在具体的资金管理权限方面肯定还会有许多变化，但或许保持如下格局有较大可能：企业具备独立自主地支配一部分利润以形成各种生产基金的权限；财政在更新改造和流动资金方面的供应任务极大地减小，银行与企业不只在流动资金周转方面，而且也在固定资金周转方面发生联系。

就这样的格局来分析，企业这一环节在财政信贷综合平衡中的地位必然发生明显的变化。

其一，过去有关固定资金方面的需要，如新建、扩建，乃至更新改造，都是由财政集中供给的，现在则已不再全部集中于财政。其中更新改造资金的需要，相当部分靠企业自己支配的基金解决，也有一部分靠银行的设备贷款解决；属于扩建的资金需要，实际上也由银行解决了一部分，虽说是不大的部分。这就是说，在固定资产投资方面，新出现了一个集中性的信贷资金与千千万万笔分散的企业生产基金之间相互配合的领域。必要的分散有利于调动积极性，但也需承认，从财政信贷综合平衡的角度来看，要实现对固定资产投资的计划管理，新的情况较之财政大一统的情况无疑要困难得多。

其二，当企业支配有可以主要用于更新改造方面的基金时，则很容易出现把应该用于更新改造方面的资金用于扩建方面的情况。然而，更新改造又势在必行，这就必然增大对银行信贷的压力。即使不搞扩建，而只是把更新改造的步子安排得过急——多年来更新改造方面的欠账过多很容易引起急于求成的倾向——也同样会要求银行扩大贷款。

其三，按照目前的做法，企业留利之中尚未规定有用于增补流动资金这一条。但问题已经提出，而且提得有道理。实际上，实质为国营企业的"大集体"，早已用税后利润的一部分来增补流动资金。只要留给企业的利润既要解决一部分固定资金方面的需要，又要解决一部分流动资金的需要，那就产生了企业如何分配留利的问题。当然，从资金管理的规章制度上可规定一些杠杠，如按怎样的百分比划分等。但过多的干预则势必有悖于扩大企业自主权的出发点。这样，就有可能出现侧重一方而挤另一方的趋向。流动资金被挤占，上面指出，在统收统支的体制下已经存在。在那时还有一条可以比较明显地区分出"非法"挤占的界线。而当这个问题涉及企业如何分配自己所支配的资金时，恐怕界线就不那么容易划清了。然而流动资金依然会是大家都想挤而实际上谁也挤不了的"硬"需求，即只要被挤占，则终归要迫使银行扩大信贷投放。这就是说，矛盾出现的可能是更大了。

总之，扩大企业自主权限所形成的资金管理体制的格局不管是不是完全像如上分析的那样，但有一点是可以肯定的，即企业的资金力量和资金安排在财政信贷综合平衡中必然成为一个具有独立意义的环节。如果说过去，组织财政信贷的综合平衡基本上是要求把握住两个环节，那么现在和今后，还必须同时把握住企业这个环节。假如资金的运用在企业这个环节上失去控制，也就难以实现对资金供求的全面控制，从而也就实现不了综合平衡所要达到的目标。

附　录

猛然想来，每年归还贷款的金额应该平均是 100 亿元。如果还款是 100 亿元，当贷款余额不变时，每年可以发放的新贷款也不过是 100 亿元。那么，按上面假定的还款规律，贷款总余额只是 300 亿元。下面的贷款余额数字（单位：亿元）可以说明：

	第一年	第二年	第三年	第四年	第五年	第六年	第七年	第八年	第九年	第十年
第一年年初所发放的贷款在还清前历年的余额	100	80	60	40	20					
第二年年初所发放的贷款在还清前历年的余额		100	80	60	40	20				
第三年年初所发放的贷款在还清前历年的余额			100	80	60	40	20			
第四年年初所发放的贷款在还清前历年的余额				100	80	60	40	20		
第五年年初所发放的贷款在还清前历年的余额					100	80	60	40	20	
……					—	100	80	60	40	20
累计额:					300	—				
累计额:						300				

要求贷款余额为 500 亿元，情况应如下（单位：亿元）：

	第一年	第二年	第三年	第四年	第五年	第六年	第七年	第八年	第九年	第十年
第一年年初所发放的贷款在还清前历年的余额	$166\frac{2}{3}$	$133\frac{1}{3}$	100	$66\frac{2}{3}$	$33\frac{1}{3}$					
第二年年初所发放的贷款在还清前历年的余额		$166\frac{2}{3}$	$133\frac{1}{3}$	100	$66\frac{2}{3}$	$33\frac{1}{3}$				
第三年年初所发放的贷款在还清前历年的余额			$166\frac{2}{3}$	$133\frac{1}{3}$	100	$66\frac{2}{3}$	$33\frac{1}{3}$			
第四年年初所发放的贷款在还清前历年的余额				$166\frac{2}{3}$	$133\frac{1}{3}$	100	$66\frac{2}{3}$	$33\frac{1}{3}$		
第五年年初所发放的贷款在还清前历年的余额					$166\frac{2}{3}$	$133\frac{1}{3}$	100	$66\frac{2}{3}$	$33\frac{1}{3}$	
……					—	$166\frac{2}{3}$	$133\frac{1}{3}$	100	$66\frac{2}{3}$	$33\frac{1}{3}$
累计额：			500		—					
累计额：					500					

第六章　正确解决建设资金供求的矛盾是实现财政信贷综合平衡的关键

第一节　建设资金与经济建设

建设资金

建设资金是一个包括着很广泛内容的概念。用于生产性建设的资金是建设资金，用于非生产性建设的资金也是建设资金。生产性建设可以增加生产能力，很重要；非生产性建设不增加生产能力，但并非不重要。比如当职工宿舍很紧张时，解决宿舍问题，使职工减除这项后顾之忧，生产就会直接提高。从这个特定意义上说，非生产性投资可以更具有"生产性"。因而，在建设资金分配上就产生了如何处理好生产与生活的关系、"骨头"

与"肉"的关系等问题。这类问题本书不作讨论,不过只是提醒一下,本章所要讨论的资金总供求问题,包括有极其丰富的内容。

如果从支配权的角度划分,有国家支配的建设资金,有集体支配的建设资金,还有个人支配的资金。支配权和所有权可以是统一的,也可以是不统一的。如集体所有的资金存入国家银行,就变成由国家支配的资金;如再贷给集体,又变成由集体——但不一定是原来存款的集体——支配的资金,等等。由于由国家支配的建设资金在总额中占绝大比重,起决定性作用,所以通常一提建设资金往往指的就是这个部分。

具体说来,国家支配的建设资金主要包括:

国家用于基本建设(新建、扩建)的资金;

国家用于更新改造的资金;

国家用于增补流动资金的资金;

国家用于支持集体经济和个体经济的资金。

这里所谈的国家资金,作为一个概念,应包括"大集体"所支配的资金在内。而据现实的统计口径,"大集体"包括在"城乡集体所有制"之内,这是需要注意的。同时也要指出,重视国家支配的资金并不等于可以漠视非国家支配的资金,因为后者的数额也非常可观。比如1982年城乡个人建房投资多达181亿元,占全国全部固定资产投资总额的15.1%[①]。

建设资金供给的保证作用和控制作用

要建设,就要有资金的供给。所以建设资金的供给是保证经济建设的必要条件。从这个角度来谈,保证建设资金供给是财政部门和银行部门的

[①] 1982年国民经济和社会发展计划执行结果的公报。

头等任务。

然而，片面强调保证供给则是不正确的，因为供给的本身有其客观限度。社会主义经济建设资金的来源主要靠内部积累，这里就有一个国民收入分配的问题。过分强调建设而提高积累、压低消费，其后果则会使整个经济建设遭到破坏。利用国外资金是一个补充的途径。不利用这样的可能是愚蠢的。但诸如不妨害独立自主和要具备还本付息的能力等则是客观界限。既然有客观界限，那么片面强调保证供给，其后果则会是强行突破界限以致造成客观规律对人们的惩罚，而且下面就会谈到，其直接后果则是通货膨胀和物价的波动。显然我们不应使自己陷入这样的境地。

因而，建设资金的供给，对于经济建设来说，既起保证作用，又起控制作用——控制着经济建设的规模。

在日常生活中有句很常见的话："少花钱、多办事。"这句话只应从发挥主观能动性的角度来理解。否则，不是陷入空想，就是陷入浮夸。实际上如果把国民经济作为一个整体来看，主观能动性的发挥也有其客观限度。至于"不花钱，也办事"这样的说法，在经济建设这样的大问题上，是根本不能成立的。

第二节 建设资金的实体

建设资金的实体是生产资料和生活资料

建设资金总是表现为一定的货币金额，而且基本上是以货币资金的形式出现。但必须认识到，它的实体，实质上是用于建设的生产资料和生活资料。这个极为简单明了的道理应该说人们不是不知道，但在决策时却往往被忽略。

在实地的建设过程中，货币的本身是起不了作用的。当然，在现实生活中也可看到铜铸的佛殿，金铸的如来，但工厂、商店、铁路、油田却不能用货币商品来铸造。这个道理古人就很清楚，所谓"珠玉金银，饥不可食，寒不可衣"，指的就是这个意思。货币商品尚且如此，更何况我们现在使用的用纸印制的钞票和银行存款账户上用笔写的阿拉伯字码。

具体的建设过程，任何人都可看得很清楚，需要的是各种具有使用价值的物资。

先看基本建设和更新改造。土建需要钢材、木材、水泥、砖瓦沙石；安装需要机器、设备。这些是形成固定资产的生产资料。不论是土建还是安装，还都要有劳动者。劳动者必须有生活资料保证其消费需求。这就是说，固定资产的形成也要求生活资料。用这些生产资料和生活资料所形成的固定资产，广义地说，也是一种产品，一种建筑安装企业的产品。但它们不是一般的社会产品，而是特殊产品。因为它们不供应市场，也不直接供生产者本人消费，而只是在将来或长或短的年份中把自己的价值转入供应市场的社会产品之中。因而从全社会来看，只有当考察期内的社会产品总额除去保证当前日常生产流通等经济活动和政治、文化活动之外尚能有剩余，固定资产的更新和扩大才能够进行。

再看流动资金。随着经济的发展，流动资金的占用量也将增大。这包括原材料、辅料、燃料、零部件的储备要增大；处于生产加工过程的在产品的占用量要增大；工业企业尚未销售的产成品数量要增大；处于运输、仓储和销售过程的商品数量要增大；如此等等。这就意味着社会产品总额中还要扣除一部分，以用于实现这种种的"增大"。其中部分是生产资料，部分是生活资料。此外，应扣除的还应有一部分，即必须垫付给从事日常生产活动的工农劳动者的那部分生活资料。

一般说来，除去从事形成固定资产的劳动者之外，从事日常生产活动的劳动者，他们作为一个整体，是能够创造自己所需要的生活资料的。实际上，全部社会产品就是他们创造的。其中的生产资料，部分用于基本建设和更新改造，部分用于增加生产储备，部分用于增加经营生产资料的物资部门和流通部门的库存；其中的生活资料，部分用于供应从事形成固定资产的劳动者，部分用于形成商品库存，其余部分就是用来满足自己的消费——自己的消费如得不到满足，也就不能生产出满足其他部分的社会产品。不过就一个社会来说，也还需要垫付一定数量的生活资料，而不能都等待新的生活资料生产出来之后再消费。比如一个刚刚参加工作的工人，先得解决吃穿住，他才能干活，才能开始社会产品的生产。劳动队伍不断扩大，垫付的生活资料也要增大。这个增大的部分也构成增补流动资金的物质内容。

总之，要建设，就需要有物资；没有真实物资的建设是根本不存在的。所以，不论建设资金采取怎样变化多端的货币形态，其实体则只能是使用价值，是物资。

明确了这个质朴的道理，随之就可得出同样质朴而真实的论断：有多大规模的物资供给，才可能进行多大规模的经济建设；或者说，超过物资可能供应的程度而安排建设规模只能是纸上谈兵。

那么，从实体角度看的建设资金有哪些来源？简单说来是三方面：积累、折旧、挖潜。

积　累

积累作为建设资金的来源是人所共知的：一定期间所生产出来的社会产品，除去用于补偿固定资产的磨损和原材料、燃料等劳动对象的消耗，除去用于满足生产社会产品的劳动者的消费需要和非生产领域人员的消费需要，其余的部分就是积累。我们所说的积累，包括生产性积累和非生产性积累两部分；可用于积累的实物，则如上面所分析的，既有生产资料，也有生活资料。实体是社会产品，是形形色色的使用价值，无法直接汇总，要求得其总额，则只能用货币金额。在统计工作中，实际上也不是把可用于积累的社会产品的价格加在一起，而是用汇总各种经济成分各项积累性支出的方法来求得积累总额。

积累并不是社会产品中扣除补偿、消费后的消极的剩余。如果说补偿是首先应予保证的，那么消费和积累的划分则有个统筹安排的问题。这就是国民收入分配问题的核心。关于这个问题的处理原则应该说已经讨论清楚了：一味扩大积累率而压低消费是不行的；过分强调消费而不考虑必要的建设也不正确。问题是积累率应如何安排为宜。这是一个很复杂的问题，简单的类比方法（如过去某个时期经济发展正常，就把该时期的积累率视为合理的积累率等）无助于问题的解决，除非客观条件完全没有发生变化。显然，这是一个实际生活中并不存在的假设。因而必须结合具体的客观条件进行深入细微的分析。

自1953年开始经济建设以来，积累率（积累占国民收入使用额的百分比）的变化如表6-1所示。

表 6-1

年份	积累率（%）
1953—1957	24.2
1958—1962	30.8
1963—1965	22.7
1966—1976	30.3
1977	32.3
1978	36.5
1979	34.8

续表

年份	积累率（%）
1980	31.6
1981	28.3
1982	29.0

1978年的积累率显然是过高了，但1980年以后，积累率下降幅度又显得过快。压低过高的积累率以补还多年来在消费方面的欠账是完全必要的。没有这样的措施，经济上的恢复乃至政治上的安定团结没有保障。但积累率迅速下降的趋势如果不能遏制，长远的建设目标也无从实现。当前这是一个必须正确处理的全局性问题。

折 旧

折旧是补偿中用于补偿固定资产损耗的部分。从实物形态看，是从社会产品中分出来用于补偿固定资产损耗的生产资料和生活资料；从货币金额看，则是各经营单位提取的折旧基金。补偿固定资产损耗的形式是多种多样的。有的是固定资产的部分更新，有的是固定资产的全部更新，也有的是在尚能运转的原有固定资产之外形成新的生产能力。而且更新还往往与改造、与扩建结合在一起。

由于这部分资金与积累性的基本建设投资同样用于形成固定资产，并且往往结合使用，因而也把它视为建设资金。这部分资金的数量是很大的。我国国营企业现有固定资产原值4 000余亿元，如按5%的折旧率估算，每年折旧即达200多亿元。

近年来，关于快速折旧的问题引起了大家的兴趣。不论是哪种具体方式，如果提高了折旧率是否可以增加建设资金的供给呢？只要社会产品的总量是给定的，同时流动资金的补偿又必须保证，那么折旧率的提高，当价格不变时，必然导致积累的相应减少；当价格有所变动时，或会引起消费比例的下降，如果维持消费的原有水平，仍然只能导致积累相应减少的结果。所以，如不压低消费水平，建设资金总额是不会因折旧率的提高而增大的。当然，折旧率的变化可能使财政、企业和企业主管部门对折旧基金支配的比例有所变化并从而会影响固定资产形成的过程。这是需要另外讨论的问题。

挖 潜

挖潜是一条相对增加建设资金数量的途径。假如一个工厂原来用十台机床加工的任务，由于机床利用效率的提高，可以用九台机床完成，同时供应原来生产任务的生产储备，由于原材料采购和供应工作的改进，仓库保管工作的改进，生产过程的合理调整等原因，只需要九成即可够用，那就会有一台机床和 1/10 的生产储备腾闲出来。假如有九个生产同类产品的厂都能以同等程度挖掘潜力，那么一个有九台机床和相应生产储备的新厂就出现了。要是从资金数量上看，那就是资金供给一分钱也没有增加，却建起一个新厂。

很明显，这种相对增加建设资金的途径是条极其重要的途径。但挖潜的可能性也受着客观条件的制约，而不是无限的。因而，这项资金来源在计划期是否存在，其可能规模有多大，必须冷静地、如实地加以估计。

第三节 建设资金的现实供给渠道

建设资金的本体是具体的生产资料和生活资料，但建设资金的现实供给，上节一开头即已指出，则以货币资金的形态出现。不以货币资金形态出现的是劳力投资和实物投资，这主要是在农村。而且随着农村商品经济的发展，它们的比重还会缩小。至于我们所要重点研究的由国家所支配的建设资金，其积累和供给，可以说都是通过货币进行的。

建设资金积累的实现过程

国家所支配的建设资金，其积累过程大体可描述如下：

企业销售其产成品，取得销售收入。销售收入是这样分配的：

一是扣除成本。在成本中，第一部分是提取的折旧基金——按现行体制，折旧基金的一定百分比上缴财政，余下的在企业和企业主管部门之间分配，这里为了简化分析，由主管部门提成的部分我们视同留给企业的；第二部分是补偿消耗的流动资金，包括补进消耗了的原材料、辅料、燃料，支付的水电费，支付的企业管理费用，等等；第三部分是发放的工资；第四部分是向银行支付的贷款利息；等等。

二是随销货收入的取得向财政缴纳工商税。扣除成本和缴纳工商税后的销货收入构成企业的利润。如按试行的"利改税"办法，利润的 55% 要以所得税的形式上缴财政；如果企业缴纳所得税后的利润大于国家核定的留给各该企业的利润水平，其多余部分仍然要上缴财政。留给企业的利润用于建立新产品试制基金、生产发展基金、后备基金、职工福利基金和职工奖励基金。

企业收入的分配过程到此为止，其中属于建设资金积累并留在企业的有：留给企业的折旧基金、新产品试制基金、生产发展基金和后备基金；职工福利基金主要用来盖宿舍，也属于建设资金，不过是非生产性建设资金。

企业上缴的折旧、缴纳的各种税款和上缴的税后利润等构成财政的收入。财政收入总的来说划分为两部分：一部分形成建设资金用于各项建设支出；一部分则用于不构成积累的各项非生产性支出。前一部分包括对各种生产性和非生产性的基本建设的拨款，用于企业挖潜改造方面的支出，用于简易建筑方面的支出，用于地质勘探的支出，用于科研补助和中间试验的支出，用于增补流动资金的拨款，用于工业、交通、商业等部门的事业费，用于农林、水利、气象等部门的事业费，用于支援农村生产的各项支出，用于城市维护的各项费用，等等。用于形成建设资金以外的财政收入是保证这样一些支出：国防战备费，国家机关行政管理费，文化、教育、科学、卫生等部门的事业费，抚恤和社会福利救济费，等等。

不论是建设性支出，还是不构成积累的各项非生产性支出，都有相当大的部分形成个人收入。这些个人收入，连同通过基层经营单位发放工资和奖金所形成的收入，再加上农民出售农产品的货币收入，构成个人货币收入的基本部分。个人对财政有缴纳义务，如农业税、个人所得税等，但为数都不大。个人收入转为财政收入，也是形成建设资金的因素。

企业向银行支付的贷款利息，扣除银行支付存款的利息和各种业务开支，形成银行的结益。按照现行的体制，结益中的大部分通过纳税和直接上缴两种方式集中于财政，这当然是形成建设资金的因素。余下的结益则是银行的自有资金。自有资金是信贷的资金来源，而信贷资金可以说都是用于建设的。

然而，银行对建设资金的供给自然绝不限于其自有资金的增长，更主要是靠外来资金。那么，外来资金是怎么"来"的呢？

其他部门没有使用的就是银行所能支配的

所谓外来资金，通常是指各类存款，其实也应包括现金发行。关于存款和现金发行，在第三章已经作了多方面的分析。一般说来，人们也都肯定它们是建设资金的供给来源。但是，存款对其所有者而言也是建设资金；现金更是存在于其所有者的口袋里，有的也直接是建设资金，如个人用于建房或购买农用生产工具的现金，等等。因而，当我们考虑建设资金供给规模时，必须解决、避免重复计算的问题。

只要我们承认建设资金的实体是物质资料，那么各个部门以货币形态所累积起来的建设资金则只意味着有取得这么多可用于建设的物质资料的权利。而只有当货币资金支用出去之后，才意味着对建设资金的实际占有。因而，就一个考察期来说，一个单位所累积起来的建设资金总金额，一般会分成两部分：一部分是已使用的金额，这意味着它已从全社会的建设资金总库存中提取了相应数量的物质资料；另一部分则是未使用金额，这是以存款或现金形态存在的，它们则意味着并没有实际占有建设资金。

存款和现金构成银行贷款的资金来源，银行贷款给借款单位则是向借款单位提供购买手段以使它们取得所需要的物质资料。这就是说，通过贷款使借款单位所取得的物质资料正是存款和持有现金的单位所没有实际占有的物质资料。

把这样的情况概括一下，可以粗略地表述为：其他部门尚未使用的建设资金就是银行所能支配的建设资金。

现在可以举个例子来说明：

假设各生产企业有 10 000 的产成品待销售，银行贷款 10 000 给各流通部门收购这些产品。当各生产企业取得销售收入 10 000 以后，作如下分配：

● 提取折旧基金 500，其中 50% 即 250 上缴财政；

● 留出 5 000 用于补进原材料、燃料等；

● 发放工资 2 000；

● 利润 2 500，其中 2 000 以税和税后利润等方式上缴财政，余下的 500 中，留归企业形成生产发展基金 300、福利基金 150、奖励基金 50。

财政收入是上缴的折旧 250，上缴的利税 2 000，共 2 250，作如下分配：

● 拨给经费单位 1 000，解决不包括基本建设的各项开支，其中 40% 发放工薪；

● 其余的 1 250 作为建设资金拨出，为了简化说明，假设都用作基本建设，其中 550 用于发放工资。

生产企业要花用它们所支配的货币资金，财政要把收入的款项拨出，经费单位和基建单位要花用所取得的拨款，工人职员要花费他们所取得的工资。而流通部门的商品储备则是他们的货币购买力可以实现的保证。假定在这一过程中某一时点的状况如下：

● 生产企业用于补进原材料等用途的货币资金已用去 85%，即 4 250，尚余 750；折旧基金、生产发展基金、福利基金共用去 65%，即（250＋300＋150）×65%＝455，尚余 245；奖励基金已全发给个人。

● 财政对经费单位尚有 10% 的款项即 100 未拨出；基本建设拨款已全部拨出。

● 经费单位根据财政拨款的进度发放工资的 90%，即 360；其余 540 经费已花出 500，尚余 40。

● 基建单位取得的 1 250 拨款，其中 550 的工资已全部发出，其余 700 花出了 60%，即 420，尚余 280。

● 职工收入共 2 000＋50＋360＋550＝2 960，其中 10% 即 296 储蓄，其余的 2 664 花出了 2 400，尚余 264。

那么现在各部门尚未花出的是：

● 生产企业 750＋245＝995；

- 财政 100；
- 经费单位 40；
- 基建单位 280；
- 职工个人 296＋264＝560。

以上合计 1 975。

已花出去用于购买商品的是：

- 生产企业 4 250＋455＝4 705；
- 经费单位 500；
- 基建单位 420；
- 职工个人 2 400。

以上合计 8 025。

由于商品购买，流通部门期初靠贷款购进的商品所形成的库存降至 10 000－8 025＝1 975，用销货款 8 025 归还贷款，贷款余额也降至 1 975。

很显然，银行所能支配的资金，即银行可能提供的贷款 1 975，正是奠基于其他部门尚未花出的那 1 975。

图 6-1 可以把这个过程说明。

对建设资金数量的估算方法

通过上面对建设资金积累的实现过程和由银行支配的建设资金的形成过程所进行的分析，现在可以试对一定期间建设资金数量的估算方法进行稍微具体一些的讨论。

基层经营单位在一个考察期间所实际支配的建设资金数量是在该考察期内各该单位所累积起来的建设资金金额，加上上期结转过来的货币资金，减去本期结转下期的货币资金。

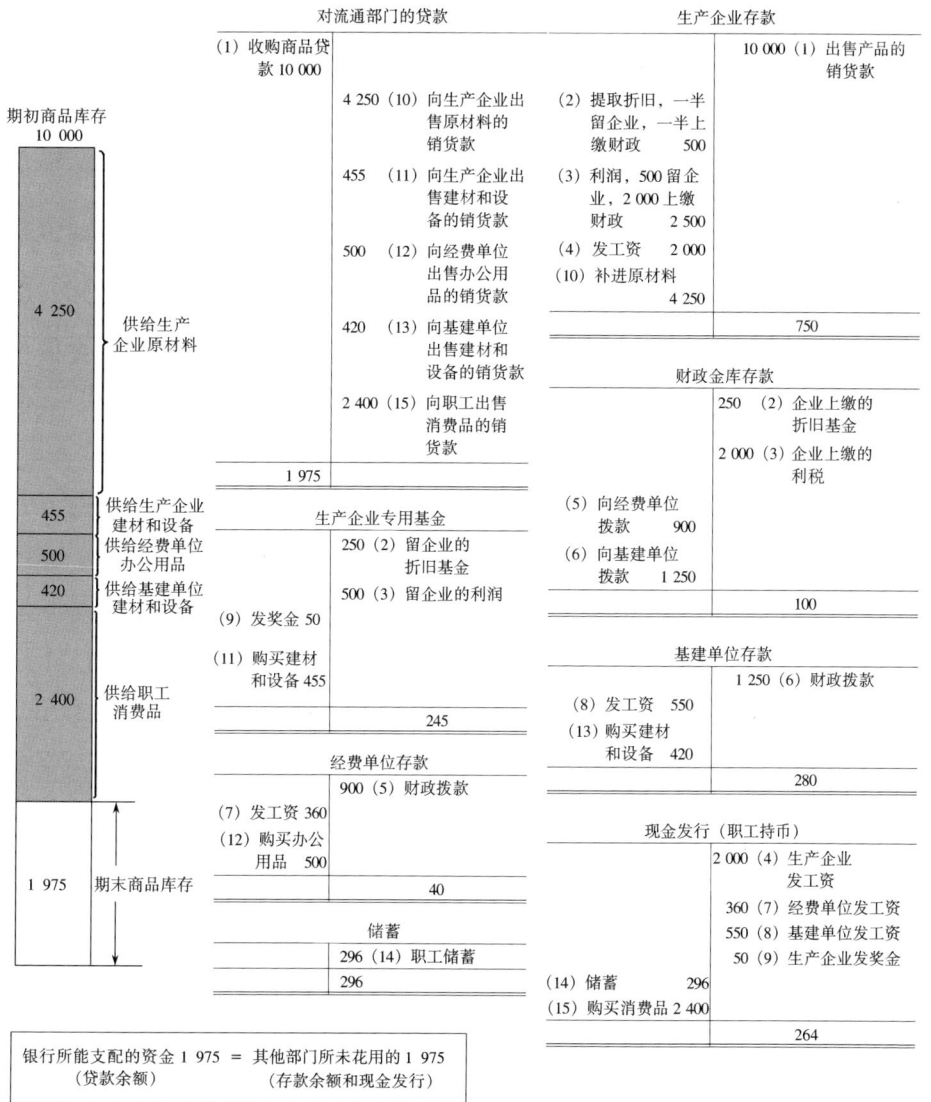

图 6-1

财政在该考察期内所实际支配的建设资金应该这样计算：在考察期内的财政收入总额，减去不构成积累的各项非生产性支出是属于建设资金性质的支出；实际支配的建设资金则应是属于建设资金性的支出减去本期应支而未支的部分。但这里的调整不能采用类如基层经营单位调整的办法，即不能是加上期结转的金库存款，减结转下期的金库存款。因为金库存款的变化不只是与属于建设资金的支出有关，也与不属于建设资金性质的支出有关。比如财政收入100，安排其中60用于建设性支出，40用于不形成积累的非生产性支出。如果年终有10%尚未支用，即应支未支的建设性质的资金为6，应支未支的非建设性质的资金为4。显然，财政实际支配的建设资金是60－6＝54，而不是60－(6＋4)＝50。所以，如作大体估算，可将金库存款变化按这两种支出在财政收支中的比重加以划分，然后只加减由建设资金支出所引起的金库存款余额的变化来求得财政实际支配的建设资金数量。

然而，财政实际支出了，仍然不等于实际占用了建设资金的实体。因为在取得拨款的基层经营单位和机关、团体中，从收到支还要有一个过程。只有它们实际支出了，才意味着财政预定用于建设的支出实际占用了建设资金的实体。比如财政用于建设支出是60，其中10%在期末尚未拨出，即拨到单位的只是54，而各单位又有15%由于种种原因未能使用，那么财政安排的建设支出到期末实际只真正动用了$54\times(1-15\%)=45.9$。所以，除去用金库存款变化的一定比例部分进行调整外，还需要用接受拨款的单位的存款变化再进行调整。不过，基层经营单位由于接受拨款而引起的存款余额的变化已经包括在各该单位货币资金总余额的变化之内，不需另作扣除。问题只是机关、团体等经费单位存款的变化。由于这些单位有大量不形成积累的非生产性开支，因而，当它们的结余存款增多时，应该扣除的也不是增多的全部，而是其中的一定比例部分，即取得的建设性拨款中本期尚未支用的部分。

第六章　正确解决建设资金供求的矛盾是实现财政信贷综合平衡的关键

个人的建设资金有多大数量，这是一个比较复杂的问题。1982年城乡个人建房投资181亿元，数字相当可观。此外，农民购买农机具、化肥、农药、优良籽种的投资以及专业户和个体商贩的投资也不是小数。同时，本来意义的集体经济（即剔除大集体）也是积累建设资金的一股力量。对个人、对集体，在建设资金上国家对他们有支援，同时他们的资金也有相当部分通过信用实际上由国家所支配。对于这个问题需专门研究，下面不作分析。

最后是银行在考察期内所增加的资金力量。从前面的分析可知，这包括两方面：一是本期银行结益上缴财政后留给银行的；二是外来资金，这包括国营基层经营单位的货币资金——存款和库存现金，财政金库存款，机关、团体各单位的存款和库存现金，集体经济组织的货币资金——存款和库存现金，个人储蓄和手持现金。这里需要说明的有：

其一，包括现金发行在内的外来资金，既包括其他部门未动用的建设资金，也包括未动的预定用于消费的货币收入。未动用的货币收入也意味着相应地有一部分物资与之对应。这部分物资可能是消费品，它可用于支援如从事基本建设的工人的消费；这部分物资也可以是生产资料，因为当社会估计总有一部分货币收入不能现实地用于购买消费品时，那就可以把生产这部分消费品的生产能力用于生产生产资料。生产资料当然可直接用于积累性的建设方面。

其二，各个部门都有未动用的货币资金和货币收入，银行却没有分毫未动用的资金。因而从整个社会看，建设资金是没有任何部分没有被"占用"的。至于占用得合理不合理，那是另一个问题。在银行里之所以没有未被运用的资金，道理已在第三章第一节作了解释。

其三，如果财政对银行拨付信贷基金，从银行本身来看，无疑是增加了一笔资金来源。但如估算全社会的建设资金数量，则不应将其计入。因为在计算财政在考察期内所可提供的建设资金量时，是包括了这笔资金的金额的。

需要再次明确银行信贷力量的客观界限

最后需要再次明确第三章第二节所强调的银行信贷力量的客观界限问题。

上面说，银行在考察期间所增大的供应建设资金的力量除去自有资金的增长外，那就是其他部门未动用的货币资金和货币收入的增长额。未动用的货币资金和货币收入意味着未动用的物质资料，而银行贷款则意味着使取得贷款的单位可以支配这些物质资料。在这样的论述中，显然有一个假定的前提，即每一元货币都有一元的物质资料相对应。这样的假设便于我们剖析对建设资金供给如何估算的基本原则，而且我们也力争实现这种假设的要求。不过，经济生活中却不仅存在不同于这种假设的可能，而且也往往存在不同于这种假设的现实。比如，举一个极端的例子，银行在没有任何物资保证的条件下对一单位贷款100万元，于是单位存款增加100万元。这时100万元的存款根本不代表未动用的物质资料。再如，银行贷款给商业部门购进了不能销售的物资并使工业部门有了销货收入。由这笔销货收入的分配而引起的存款和现金显然也不意味着有未动用的物质资料，因为这些物质资料是根本无用的；自然贷款也不意味着使商业部门支配了物资。但就账面上看，即使存在着这样例子的情况，其他部门所未动用的就是银行所能支配的这种对等关系依然保持着。

所以，要把建设资金量估计正确，对银行所能集聚的建设资金的数量就不能单从形式上表述为自有资金、外来资金和现金发行之和。根据第三章的分析，各种存款和现金发行——也就是本节所说的未动用的各种货币资金和货币收入——归结起来可分为两部分：一是其所有者长期不动用的存款、储蓄和沉淀的现金，连同银行的自有资金，总称为潜在的货币；二是其所有者要经常动用的存款和储蓄以及发行到流通中的现金的绝大部分，总称为现实流通的货币。有多少现实流通的货币可以转化为潜在的货币，这是由客观因素所决定的，其数量以 M_{dp} 表示；现实流通的货币则与流通中的货币必要量相对应并应该使自己的量符合必要量，后者是以 M_{dc} 来表示。如果货币供应 M_s 过大，即：

$$M_s > M_{dp} + M_{dc}$$

那么过多的货币供给则不是银行信贷资金的真实来源，当然也就不是银行所真正集聚的建设资金力量。这样，银行的力量粗线条地可表述为：银行自有资金，加长期性的存款和储蓄，加流通中所必要的货币量。

一定期间建设资金供给来源表

现在可以把一定期间国家所支配的建设资金的供给来源列成表 6-2[①]。应该说这个表只是提供一个如何估算的思路，至于要具体计算则还要解决一系列问题，特别是决定银行资金力量的流通中货币必要量和向潜在货币转化的可能规模，现在都还没有比较理想的估算方法。

[①] 在我们编著的《社会主义财政金融问题》（中国人民大学出版社1981年版）一书的第563页也有一张类似的表。那张表的主要问题之一在于没有把企业货币资金和财政金库存款的增减变化加以剔除，从而造成了重复计算。再者，挖潜可以相对增加建设资金供给量的问题在那张表上没有表示，现在也还没有考虑出确切的表示方式。

表 6-2

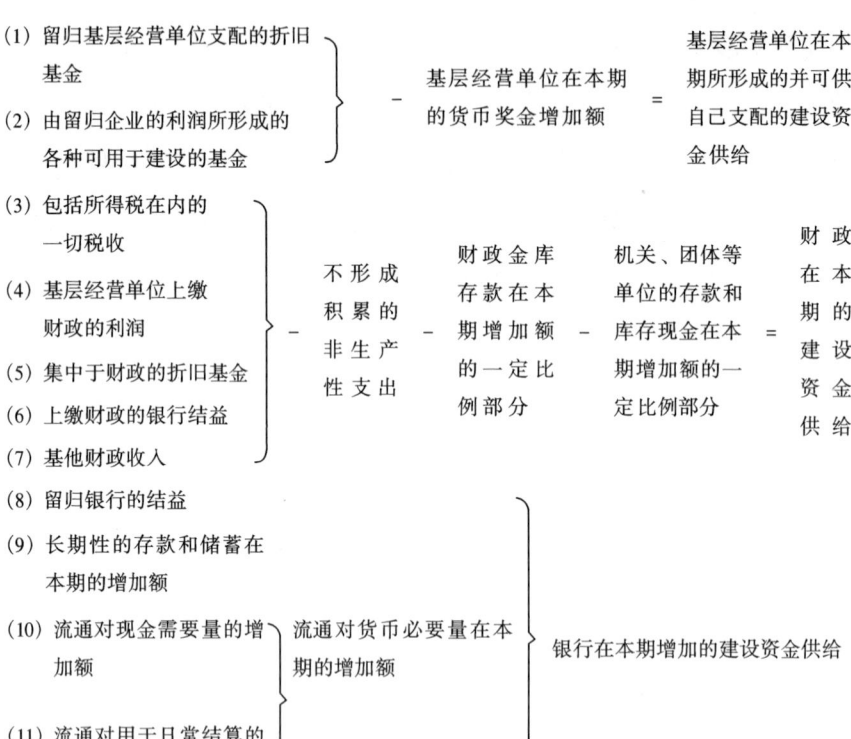

通常粗略估算国家财力的方法

上面是侧重从道理上、从方法论上研究建设资金的供给问题,进一步探索下去,对于我们比较精确地估算国家财力是会有帮助的。

如果是粗略的估算,还有更简便的方法。过去,通常就是看财政收支,特别是看财政收入占国民收入的比重。这是由于当时国家的财力主要是集中于财政,分散在企业的财力很小,而相对于财政来说,银行集中的财力也难以与之抗衡。现在,由于财政收入占国民收入的比重缩小了,而分散在企业的资金数量增加,银行信贷资金来源每年增长的量更显著增大。这样,单单用财政收入占国民收入的比重来衡量国家财力就显得不充分了。在这种情况下，出现了两种处理办法：一是把财政收入与预算外资金加在一起衡量国家财力的大小；一是把财政收入与信贷资金来源的增长额加在一起衡量国家财力的大小。根据上面的分析，看来把两种处理办法综合在一起更合理，那就是把国家财政收入、信贷资金来源增长额和预算外资金这三者加在一起，并用来与国民收入对比以估价国家财力的状况。不过有这样两点需要注意：

(1) 如果是估量国家的财力（即不包括集体和个人的财力），现在预算外资金的口径过于驳杂，恐怕只应考虑如下几部分：

● 各级地方财政未列入预算的收入；

● 行政、事业单位不上缴财政的各种收入以及允许留用的结余；

● 国营企业以及城市大集体所掌握的可用于建设的各项基金（比如奖励基金要剔除）。

(2) 要剔除重复计算的部分。如合于上述口径的预算外资金，应只估算其动用额，未动用的是银行信贷资金来源，如计算在内就重复了。同样，财政也需作这样的剔除。不过如年初年末金库存款额差别不大时，也可略而不计。

当然，这样估算出来的不只是用于建设的国家财力，还包括可用于供应非生产领域经费开支的财力，因为我们不只是把财政收入中将用于安排建设支出的部分，而是把财政收入的全部计算在内了。

第四节　建设资金供求的矛盾及其在财政信贷综合平衡中的关键地位

建设资金的供不应求是一贯的矛盾

建设资金供不应求的矛盾可以说是从 1953 年实行第一个五年计划开

始以来一贯存在的矛盾。

加快建设是人们的共同愿望。不论是从为共产主义事业建立物质基础的要求出发，不论是从振兴中华以求祖国尽快繁荣富强的要求出发，也不论只是从改善近期生活水平的要求出发，一定的建设速度都是不能缺少的。

加快建设速度的意图和决心要具体化为建设计划。工农业生产的发展要求能源的供应增加，这就要具体化为开发油田，开采煤炭，开发水利资源，建设水力发电站、火力发电厂；燃料要运输，电力要输送，日益增多的产成品也给运输以压力，这又需要建铁路、建公路、疏通航路、发展航空事业；能源交通事业的建设要大量的钢铁，而钢铁生产的发展又特别要消耗大量能源和占用大量交通运输设施；同时农业的发展、生活的改善也日益要求大型工业的建设，如建大型的化肥厂、化纤厂；等等。于是，所谓建设，首先就会表现为一个越来越长的基本建设目录单。当然，如何安排好基本建设有一系列的方针政策问题。方针政策对头，就会使投资有较大的经济效益，否则，则会造成投资的浪费和缺乏经济效益。但不论如何，在经济发展中，基本建设规模越来越大，作为一个总的趋势，从世界范围来看，可以说概莫能外。除去基本建设外，还需要增补大量的流动资金，还有种类繁多的服务于经济建设的事业需要发展，等等。

总之，加快建设的愿望，通过具体化为各项建设任务，最终会归结为对大量建设资金的需求。而建设资金的供给，纵然在经济发展比较顺利的条件下，其数量也终归有限。有限的供应永远是满足不了愿望的。

矛盾形成的现实途径

然而现实与愿望的矛盾不是经济过程中的供求矛盾。经济过程中的供

第六章　正确解决建设资金供求的矛盾是实现财政信贷综合平衡的关键 | 275

求矛盾是指由货币所体现的购买力与带着价格进入流通的物资这两者的对应关系。这种对应关系可能是供不应求，也可能是供过于求；而现实与愿望的矛盾，一般说来，似乎总是"供不应求"的。

　　建设资金的供求矛盾，最直接地表现为财政、银行所集中的货币资金满足不了为发展经济对资金所提出的需求。如果从个人安排自己的收支来说，这个矛盾并不难解决：无论希望的开支有多大，都只能限制在收入的范围内调节；当然可以拆借，但过多拆借的后果也是明显的。至于说在全国范围内安排建设资金则远不这么简单。第一，个人安排收支，收支计划是集中于当家人一身的。事实上，其计划收入时也计划开支，计划开支时也计划收入，因而可以随时保持收支的平衡。而国家建设资金的安排，收与支不仅不集中在个人身上，而且也不集中在一个部门。虽然有综合部门不断观察收支的对比并进行各该部门力所能及的调节工作，但很难有效地保持随时的平衡。第二，个人收入多少是明白无误的，所以收入对支出的限制也明白无误。建设资金不仅支出很难做到考虑得无所遗漏，更重要的是，收入到底是多少也不易于说清楚。特别是对于信贷资金增减变化的估计往往悬殊。在这种情况下，自然就会对支出作不同的安排；而支出一旦作出安排，往往也颇难压缩。第三，更为重要的是，创造货币购买力对个人来说是犯法的，因而除非拆借到货币，否则，没有货币就不能购买。而建设资金的供给则不是这样。从建设资金的实体即物质资料来说，在一定期间的一定条件下，它的数量如果已定，那就是有多少是多少。而货币资金的供给则不同，在其独立运动的渠道中，货币资金可以创造出任意数量——如果决定要创造出这么多的货币资金的话。比如，财政有赤字，银行可以超过自己的信贷能力贷款给财政；对信贷如果有过大的需求，银行也可以搞信用膨胀等。这些，前面有关章节已经说过。

　　对建设资金所提出的需求总是处于不能得到充分满足的状态之中，而对建设资金供给的可能又往往有不同的估计,这就给货币资金供给以很大压力。在这种压力下,由于过多货币的创造又并非绝不可能,于是,超过建设资金实体所可能供给的界限的货币资金供给出现了,在流通过程之中则表现为对建设物质资料的购买力大于物质资料的供给。这时愿望与现实的矛盾遂转化为经济过程中的供不应求的矛盾。

"缺口论"

在建设资金供给总感不足的背景之下,每年安排计划时总会碰到货币资金的供给与安排到计划中的建设项目所需投资额有差距。在这种情况下,不缩减项目,那么有些项目的拨款数额就不得不小于其所需的投资额。这就叫留有"缺口"。"缺口"不只是表现在货币资金方面,在物资供给上也有同样的问题。如钢材、水泥的供应不能满足建设项目的需要,如燃料、电力、运输力量不足以实现计划所规定的生产建设任务,等等。这也叫留有"缺口"。

在日常的经济生活中,缺口或许难以全然避免。但问题是在这样的背景下产生了一种观点,那就是认为在计划工作中缺口是"正常"现象,甚而有意识地留有缺口,并且鼓吹留有缺口的计划在执行中自然而然地就会取得平衡。

的确,不平衡的计划就其执行结果看总可以用"平衡"来解释。比如,拨款不足的项目,虽然拨款不足,但总归是上马了,这时也会出现"平衡"的状态,即"半拉子"工程和拨款不足的"平衡";也可能是财政拨款的不足部分由自筹资金给补上了,而自筹资金有时是挤占了流动资金,有时是动用了潜在货币,结果则都会引起银行超计划的货币投放,于是出现了通过过多的货币投放挤日常生产、压人民消费并从而保证过高积累率的"平衡",等等。再如钢材、水泥、原材料、燃料、动力的供应不足,这时也可能出现"平衡";或是"半拉子"工程与物资供应不足的"平衡";或是非重点项目挤了重点项目,从而造成基建战线拉长的"平衡",或是物资、动力不足造成了生产下降的"平衡";或是通过种种措施不计经济效益、不计代价换来完成原定计划的"平衡";等等。"平衡"虽然有了,但问题是这是什么样的平衡。只要建设规模和建设速度,而不管给今后的生产建设造成多大的困难,也不管由此而使国家付出多高的代价,显然是不可取的。当然,通过人们的积极创造活动平衡了计划时所留下的缺口的事例确实存在,但这些事例并不能论证数额巨大和相当普遍的缺口都可保证取得"积极的平衡"。而且多年的实践也证明,"缺口论"实际上只不过是有利于主观超越客观的那种建设方针的推行,而并未起过什么积极作用。

"启动论"

这是在1981年的背景下产生的一种论点。那时由于大力压缩基本建设,一些重工业工厂,其中特别是机电行业的一些工厂由于没有订货而处于停产状态,原材料和已经生产出来的机电产品大量积压,工人领工资却无活可干。

既然一方面有原材料、有设备,另一方面又有领工资而无活可干的工人,这就是说,活劳动与物化劳动结合起来的条件已经具备。在这种情况下如果投资,有了投资就可以订货,于是订货的讯号就使投资成为批准生产过程启动的指令。生产过程启动了,产品生产出来了,不仅垫付的货币可以归还,而且由于创造了利润,新的货币资金供给又形成了;同时更新了设备,这必将为更大的生产发展创造条件。后来,这种主张主要集中在这样一点上，即利用当时的条件进行动力设备的更新——用新的耗能低的设备来替换老的耗能高的设备，而由此所需要的投资则靠银行扩大贷款来解决。

应该说，这种看法是有其初始的模型的。比如，很久以来就有这样的观点：在某一农村，有芦苇，有传统的编席技术，而苇席又有销路，这时只需要点贷款解决收购芦苇和苇席的资金，副业生产就可活跃起来，因而在这种情况下发点票子就是办好事。如果从这个具体例子来说，无疑是应该提供贷款的。但如果把这个例子加以抽象，那就必须考虑通过收购芦苇和苇席所投出的货币是否有农民所需要的生活资料和生产资料与之相对应。否则，投出的货币则会是过多的。当然，由于在这个例子中毕竟没有多大的货币量可以投出，因而可以假定具备物资供给的前提。那么，发点票子是办好事的结论在这种情况下也可以成立。

现在是要把这个思路扩展到全国性的技术改造方面，问题就不这么简单了。"启动论"观点中的假设条件是：启用现有的积压材料加现有的不需再发工资的工人生产新设备；新设备也无须多大的费用即可代替老设备。这就是说，为此而扩大的贷款对生产资料市场虽扩大了需求，但已有积压物资与之相对应；对消费品市场则不会引起变动。应该说，这种情况确实是存在的。在这种情况下，如果不敢投放贷款来启动，显然失之保守。然而，也不能不看到，下述的一些情况也是大量存在的。第一，新设备的生产只有积压材料不够，事实上还需要供给一些并不宽松的短线材料。这就是说，对生产资料的市场不会是无所影响的。第二，由于生产工人从无任务状态进入有任务状态，由于设备更新总要多少涉及土建，所以个人的货币收入也会增加。这就是说，消费品市场供求的对比也并非不变。在作微观分析时，可以像马克思在分析资本循环与周转时所作的假设那样——产品可以立即销售，生产资料可以得到及时供给；而在作宏观分析时，则必须像马克思分析社会总资本流通那样，从全社会的角度把价值补偿与物质补偿统一起来进行考虑，这就必然涉及市场供求。所以，笼统地强调扩大贷款的启动作用而不作细致分析研究，启动的后果恐怕就不像设想的那样简单了。这里还没有回答，根据我们的生产能力到底能在多大的限度内为大规模的技术改造提供必要的新设备。如果我们所能提供的还主要是"电老虎""煤老虎"，只不过是新的"电老虎""煤老虎"，那么这样的投资启动就更应从全局出发加以通盘考虑了。

建设资金供求状况决定整个市场的供求状况

建设资金的供求，如上分析，归根结底，是指投向各种建设用途的货币资金所形成的购买力同供建设之用而投入市场的生产资料和生活资料的价格总额这两者之间的对比关系。所以，它是一个市场供求的问题。

建设资金的供求是整个市场供求的一部分。因为在市场上，除了由建设资金所形成的需求外，还有补偿流动资金的需求、非生产社会性消费的需求、生产社会产品的工人和农民的消费需求，等等；而在供给方面，则除了供建设用的生产资料和生活资料外，还有供补偿流动资金和满足非基建工人消费的各种生产资料和生活资料。但关系建设资金与物资的这部分市场供求的状况对整个市场供求的状况起决定作用。

一般说来，社会产品的分配首先要用来补偿原有生产规模的流动资金和按原来消费水平并考虑到必要的合理的提高来满足生产者以及非生产领域的消费需求。如果承认这是必须遵守的原则，那就是说，对于这一领域，社会应该首先保证其平衡。当然，如果生产出现萎缩以致全部社会产品也满足不了这一最低需求，那另当别论。既然这一部分是应保证平衡的，那么总体的供求是否平衡就取决于另一部分，即建设资金的供求部分，是否平衡：如果对建设资金的供求安排是根据客观的可能，那么建设资金的供求是平衡的，从而市场总供求也将实现平衡；如果对建设资金的需求安排得超过供给的可能，那么建设资金的供求，从而整个市场的供求就必将陷入不平衡的境地。

由于建设问题，其主要部分是积累问题，所以，建设资金供求决定整个市场供求对比的论断也不过是第二章第四节所论国民收入中积累与消费分配比例对市场供求状况起决定作用的另一种表述。不过，那里的论述是以非常抽象的形式进行的，而从建设资金来论市场供求则更易从实际经济生活中可以比较直接捉摸的现象来把握问题的实质。如果我们考虑到建设的核心又是基本建设的问题，那么这一论断又可表述为基本建设规模的安排对整个市场的供求对比起决定作用。

就如同对任何论断都不应绝对理解一样，对建设资金与市场供求关系的论断也不宜作绝对的理解。例如，或农产品收购价格提得过高，或工资奖金的发放失去控制，这时，个人所得，从而消费的需求提高的幅度过大则会是市场供求矛盾的主要原因。如果存在这样的问题却单纯要求压缩建设资金的供给，显然是错误的。不过一般说来，或者就我们多年实践的教训来看，问题多是出在建设资金的安排方面。

正确安排建设资金是实现财政信贷综合平衡的关键

对于实现财政信贷综合平衡来说，建设资金的安排具有关键意义。

本书前面曾反复说明了这样一个道理，即财政信贷综合平衡问题，归根结底是一个货币流通问题，是一个市场供求问题，是一个保持经济稳定的问题。所以我们如果说建设资金的供求安排是市场能否实现供求平衡的决定一环，也就等于说建设资金的供求安排是财政信贷能否实现综合平衡的关键。

如果更具体一些说，建设资金大量的，而且最集中的部分，是在财政和银行：财政的一半任务是集聚建设资金；银行所集聚的信贷资金则全部用来供应经济建设。从这个意义上也可以说财政和信贷的综合平衡就是在建设资金这个领域进行综合平衡。除非在战时，财政收入基本用于国防，信贷资金也不得不用于支持军费开支，财政与信贷关系的处理才会脱出经济建设资金供求的范围。至于在和平建设时期，像我们在上章第一节所说的，财政经常性收支有差额要由信贷补，信贷收支有差额要由财政补，这里的差额都是建设资金的差额，这里需要补足的也都是不足的建设资金。因而平衡的破坏也就必然是出现在建设资金问题上。

问题是要量力而行

既然建设资金的安排对于财政信贷能否实现综合平衡，对于市场能否实现供求平衡，对于货币流通和物价能否实现基本稳定有着决定性的意义，那么在一般情况下，保持建设资金的供求平衡就应该是不可变易的原则。

所谓保持建设资金的供求平衡，这里蕴含着量力而行这一基本指导思想。简单地说，有多少可用于建设的物资，有多少可用于建设的货币资金，用更习见的概念，即有多少物力、财力，就安排多大建设任务。说得更通俗一点，就是有多少钱办多少事。

从第二节的分析可以看出，最关键的是可供建设的物质资料到底最大限度可能有多少。这是客观实际，这是客观可能。如果超越这个可能安排建设任务，那则会出现一系列恶果，而且主观的建设任务也终归无法实现。当然，应该争取扩大这种实际可能。同时在实际可能性的范围内，也还有对这种可能运用得好还是不好的问题。这属于尽力而为的问题。但无论如何，主观能动性的发挥也只有在客观所允许的最大限度之内才能起积极作用，即尽力而为必须与量力而行结合起来，并受量力而行所制约。说到底，量力而行就是需要与可能、主观与客观的统一问题。

虽然过去曾有"积极平衡"等片面强调主观能动性的错误指导思想与量力而行这一正确指导思想相对立，并造成了思想上的混乱，但量力而行这一原则并无怎样难以理解之处。问题是：在种种矛盾摆在面前的时候能否坚持这一原则。实际生活中，坚持这一原则往往同时也会带来某些损失，如经济发展速度的暂时减缓等。这时，如果只看到由此带来的损失而看不到不坚持这一原则所将造成的更大损失，即不能瞻前顾后、全面地权衡利弊，这一原则即难于贯彻。

量力而行实际是一个具有非常普遍意义的原则。建设资金的安排有量力而行的问题；改善人民生活的安排同样有量力而行的问题；宏观经济决策有量力而行的问题，微观经济决策也有量力而行的问题；而且不仅经济领域，在其他领域的工作中也不能不遵守量力而行的原则。不过就我们所要讨论的财政信贷综合平衡问题来说，最关键的就是在建设资金的安排上必须坚持贯彻这一指导思想。当然，强调在建设资金的安排上要量力而行，并不等于漠视在其他方面坚持量力而行的重要性。比如，如果在改善人民生活方面不量力而行，建设资金就会所余无多，这时单纯要求建设资金的安排要量力而行，就是消极的了。

第五节　近年来建设资金供给中的财政和信贷

在建设资金供给和财政信贷综合平衡中财政和银行地位的变化

国营经济的建设资金供给，多年来一直主要是来自财政和信贷这两个集中性的渠道。企业和主管部门所支配的各种专用基金，在"一五"计划期间比重极小。如1953年，预算外资金只相当于国家预算收入的4%，其中这类专用基金占预算外资金的61%，即它们只相当于预算收入的2.4%。近几年情况发生了明显变化。企业和主管部门所掌管的专用基金数量增长很快。如1981年，预算外资金相当于国家预算收入的60%，其中这类基金的比重占79%，即它们相当于预算收入的47.4%[1]。即使出现了这种财政、信贷和预算外资金三足鼎立之势，但左右建设资金供给全局的仍然是财政和信贷。这不仅是因为在资金供给总额中它们仍占2/3，而且还因为它们是集中性的资金。

暂且撇开非集中性资金来考察财政和信贷，在建设资金的供给中，它们的地位近年来也发生了突出的变化。

"一五"计划期间，五年财政收入合计为1 354.9亿元，其中经济建设费（不包括增拨银行信贷基金）五年累计为655.9亿元，将及财政收入的一半[2]。而在这期间银行资产增长额，如果不包括财政增拨的信贷基金，与财政收入比，则不到1/10。银行信贷的发放基本上是用于支持经济建设的，所以从建设资金供给的角度看，银行信贷的供给不及财政供给的1/5。

当时的情况是这样的：包括基本建设投资的需要、工业企业增补流动资金的需要、各种经济建设的事业费，以及从财力上支援农业的需要等，都是由财政包下来的。至于银行，在建国的前后，其基本活动可以说是发行人民币以弥补财政赤字。当通货膨胀被制止、财政状况日趋好转之后，银行的信贷业务则转向支持国营商业和合作社商业，通过加工订货掌握重要的工业品货源，通过农副产品收购掌握粮食和农业原料，以保证对市场

---

[1] 金鑫：《加强预算外资金管理 提高资金使用效果》，《财政》1983年第3期。
[2] 《中国统计年鉴：1983》和《伟大的十年》。

的控制。"一五"计划期间，银行逐步开展对国营工业贷款，支持它们解决部分增补流动资金的需要，但为数不多。面对这样有限的任务，银行的资金来源仍不足以满足资金运用的需求——如果单靠信贷方式集聚资金，由于资金来源不足，国营商业的必要库存则不能保持，其他一些宜于用信贷方式支持的需求也难以保证。这个矛盾是通过财政对信贷的支持解决的。其途径有二：一是增拨信贷基金；二是保留必要的财政结余（关于不动用结余以平衡信贷差额的道理在第五章第一节已经说明）。

财政力量大大高于信贷的力量，而且信贷的平衡要靠财政保证，同时非集中性的资金供给微不足道，所以，在建设资金的供给中，起决定作用的是财政，从而在财政信贷综合平衡中起决定作用的也是财政。那时在财政收支平衡的要求中实际上包含着保证信贷收支平衡的内容。实现了财政收支平衡，当然也就等于实现了财政信贷综合平衡。

这种情况直到十年内乱结束，可以说基本上没有什么变化。1966—1976年这十一年间，包括财政每年增拨的信贷基金在内，银行资金来源增长总额与财政收入累计总额相比虽然稍许有些增大，但基本上仍是"一五"计划时期的水平。

然而，自1979年以来，情况就不同了。在财政收入方面，1979年的国内财政收入是1 068亿元，比1978年下降了55.1亿元；1980年和1981年的国内财政收入分别为1 042.2亿元和1 016.38亿元，即继续下降；1982年的国内财政收入为1 083.94亿元，比1981年仅稍有增加[①]。如果从财政收入占国民收入的比重看，下降的趋势特别突出，而且直至1982年仍然是下降的，数字如表6-3所示。而这样的比例（%），在"一五"计划期间是32.7%，"二五"计划期间是38.6%，三年调整期间是

---

① 1979年至1982年的有关财政收支数字均引自历年财政部部长王丙乾的报告，下同。

34.2%,"三五"计划期间是 34.2%,"四五"计划期间是 34.4%,1976—1978 年分别为 32.0%、33.1%、37.2%。

表 6-3 金额单位:亿元

年份	国民收入（按当年价格计算）	国内财政收入	国内财政收入占国民收入的比例（%）
1979	3 350	1 068	31.88
1980	3 688	1 042.2	28.25
1981	3 940	1 016.38	25.79
1982	4 247	1 083.94	25.52

在收入下降的局面下,支出虽也大力压缩,但依然收不抵支。即使把国外债务收入和国内发行国库券的收入估计在内,赤字的数额还是颇为可观的。其中 1979 年最大,为 170.6 亿元,1980 年为 127.5 亿元,1981 年和 1982 年两年经大力压缩,仍分别为 25.4 亿元和 29.34 亿元。在大力缩减支出的时候,有些支出,如文教科学卫生事业费、国防战备费和行政管理费是没有多大压缩余地的,有些还要有所增加以补还十年内乱时的欠账。因而经济建设支出就不能不呈现出急速下降的局面。表 6-4 中的数字可以很清楚地说明这个问题。

表 6-4 单位:亿元

年份	1979	1980	1981	1982
Ⅰ经济建设性开支:				
国内基本建设拨款	443.8	346.4	257.55	269.12
企业挖潜改造资金和新产品试制费	72	80.5	65.30	69.02
增拨企业流动资金和银行信贷基金	52	36.7	22.84	23.63
支援农村人民公社支出和各项农业事业费	90.1	82.1	73.68	79.88
小　计	657.9	545.7	419.37	441.65

续表

年份	1979	1980	1981	1982
Ⅱ非经济建设性支出：				
文教科学卫生事业费	132.1	156.3	171.36	196.96
国防战备费	222.7	193.8	167.97	176.35
行政管理费	56.9	66.8	70.88	81.60
小　　计	411.7	416.9	410.21	454.91

从表中数字可以看出，流动资金方面的拨款缩减的比例最大。在这方面，1980年停止增拨信贷基金，1981年确定只对新建企业拨付流动资金。现在已经全部停止了有关这方面的拨款。但更重要的还是基建拨款的减少。按照统计局全民所有制基本建设投资的口径看，其中国家预算投资过去一直占决定地位，而自1980年起，所占的比重则下降幅度极大。表6-5列示了历年的比重。

表 6-5

年份	比重（%）
1953—1957	90.3
1958—1962	78.3
1963—1965	89.5
1966—1970	89.3
1971—1975	82.5
1976—1978	82.8
1979	80.0
1980	62.5
1981	56.8
1982	49.8

在财政收支紧张并有赤字的同时，银行集聚资金的力量却突然大大增强。过去二十多年间，银行资金来源总额每年递增不过一成左右。其中除去"大跃进"时期严重信用膨胀的特殊情况外，只是偶然有个别年份其增

长额超过百亿元。而从 1979 年开始，银行资金来源总额大幅度上升。1979 年较 1978 年猛增 300 多亿元，其后年份的情况如表 6-6 所示。

表 6-6　　　　　　　　　　　　　　　　　　　　金额单位：亿元

年份	信贷资金来源合计的年底余额	比上年增长额	增加的百分比（%）
1979	2 162.60		
1980	2 624.26	461.66	21.3
1981	3 047.86	423.60	16.1
1982	3 415.24	367.38	12.1

如果把每年信贷资金增长额同当年国民收入比，1980 年相当于 12.5%，1981 年相当于 10.8%，1982 年相当于 8.7%，而过去所占比例则小得多。

在资金力量不断增强的基础上，银行所一贯从事的短期信贷业务相应迅速增大：1979 年比 1978 年增加近 200 亿元，以后三年每年的增长额分别为：307.09 亿元、322.12 亿元和 219.37 亿元。与此同时，银行贷款也扩展到固定资产领域。1979 年提出发放中短期设备贷款，当年年底贷放余额为 7.92 亿元，到 1982 年底，根据公布的数字已达 151.98 亿元（不包括中国人民建设银行的这类贷款），每年平均增长近 50 亿元。而且，从 1982 年起，银行还开始发放长期基本建设贷款。此外，为了弥补财政赤字，自 1979 年起，银行对财政也有大量贷款，其余额在 1982 年底为 170.23 亿元。

上面所引述的这些情况说明：过去多年来建设资金的供给主要是集中性的资金供给，而其中财政占决定性地位；近几年来则发生了重大变化，不仅出现了大量非集中性的建设资金供给，并且在集中性的供给中，出现了财政和信贷平分秋色的局面，即银行每年资金力量增长的金额已经接近甚至有时相当于财政用于经济建设方面的支出金额。应该指出，上面分析信贷问题时，都没有把中国银行所组织的外汇资金和中国人民建设银行所组织的信贷资金估计在内；如果把它们估计在内，这种不相上下的状况则更为明显。

既然出现了这样的局面，那么在集中性的资金供给领域，就意味着从一个渠道为主转化为两个渠道的相互配合。因此，在组织财政信贷综合平衡中，就要同时重视财政和信贷这两者以及它们的正确配合问题。否则，综合平衡便难以保证。

出现这种变化的原因及今后的趋势

出现这种变化的原因恐怕主要有两条。

一条是经济管理体制的改革扩大了企业自主权。在过去统收统支的体制下，国营企业所实现的利润——缴纳工商税后的利润，通过利润上缴制度，基本集中于财政。折旧基金，有时上缴财政，有时允许留下一部分。所以，除去财政拨的和银行贷的资金外，企业没有什么可以由自己支配的基金。随着企业扩大自主权限，统收统支的体制逐步被突破。企业逐渐被允许从利润中留下一部分用于形成各种专用基金。1982年预算报告中曾提供了这样的数字：自1979年至1981年这三年间，通过实行企业基金制度、利润留成、盈亏包干等办法共留下280多亿元归企业支配使用。此外，还有以种种名义归部门、归地方支配的资金。过去机关、团体、部队、学校所取得的预算拨款，如年终有结余，则要如数上缴，而现在已允许留用。所以这些经费单位手中也有了余钱。银行还专门为此开办了定期存款。企业、部门、机关单位手中分散的资金，如果上缴财政，其动用权在财政，一般是会立即安排支出的；现在分散在下面，事实上其所有者并不全部支用，其不支用部分，支配权则在银行。关于这种从原来集中于财政的资金转化为银行信贷资金的过程，在第五章第四节已经分析。其本质就是会使流通中的货币必要量有增加趋势，同时更会引起潜在货币的积累。所以，企业、单位扩权的程度越大，相对于财政来说，银行集聚资金的力量也就越大。

另一条是居民货币收入的增长。过去多年，职工的货币收入比较低，而且多年不调资、不调级，欠账多。在这种情况下，大部分职工家庭手头没有余钱，显然，储蓄潜力也不可能有多大。农民的货币收入，由于农业商品化进程极为缓慢，其数量更为有限。即使在富庶地区有些现金沉淀和储蓄，也左右不了总的趋向。这些年来，在农村，由于推行责任制并提高了农副产品的收购价格，农民的货币收入增长甚为迅速。据国家统计局初步统计，1982年农民货币收入总额达1 705亿元，比1981年增186亿多元，增长12.3%；比1978年增777亿元，即从1979年起平均每年递增16.4%。这四年平均每年增加的货币收入如与1952—1978年这二十六年间平均每年货币收入增加额比，要高出5.9倍[①]。至于职工货币收入，1982年职工家庭人均月收入为41.69元，而1978年为26.3元，即四年提高了58.5%，平均每年递增12.2%，也是一个很大幅度。即使剔除职工生活费用价格上涨因素，四年仍提高38.4%，平均每年递增8.5%[②]。

居民货币收入的迅速提高，既增加了流通中的货币必要量，更大量地增加了居民手中的现金沉淀和银行储蓄，即潜在的货币量。从储蓄看，1978年城乡储蓄存款年底余额为210.6亿元；从1979年到1982年，逐年分别增加70.4亿元、118.5亿元、124.2亿元和151.7亿元，平均每年递增33.8%。而过去，只有"一五"计划期间储蓄有较快发展——平均每年递增33.2%。但这样高的递增率是与基期的基数极低有联系的。比如1952年农民还没有什么储蓄存款。1958年以后，储蓄的年平均递增率就降下来了。"二五"计划和三年调整时期，中间有一个储蓄下降的过程，八年总的平均，每年递增10.5%；从1966年到1978年的十三年间则平均

[①] 《人民日报》1983年2月28日。
[②] 《中国统计年鉴：1981》第421页和1983年3月7日《人民日报》。

每年递增 8.2%①。无论是对 10.5%，还是对 8.2%，这几年的 33.8% 都说明了储蓄的迅速增长。而且更重要的是，它比农民和职工的货币收入递增率要高得多。显然，只要货币收入逐步提高，在这方面增加银行信贷资金来源的潜力还是很大的。

与居民收支有关的货币基本是现金，所以在这方面货币必要量的增加，再加上现金沉淀的增加，可以吸收大量发行的现金。现金以大大超过以往每年平均增长的规模投入流通是从 1979 年开始的。随后，1980 年增发 78.49 亿元，1981 年增发 50.14 亿元，1982 年增发 42.78 亿元，到 1982 年底流通中的现金量达到 439.12 亿元。而从建国前开始发行人民币到 1979 年底，三十年的累积，在流通中的数量才是 267.71 亿元。对于近几年现金的发行是否过多，有不同的剖析，但从市场物价的状况来判断，至少相当大的部分不是过多的。这也是使银行信贷资金来源增大的一个因素。

上述这些因素并不是短暂起作用的。保证企业有必要的自主权，这是经济管理体制改革的核心问题；可能对权限的大小会有调整，但从方向上不会否定。人民的货币收入今后还会逐步提高；提高的幅度不可能很大，但一连多少年压住不动的做法也肯定不会再重复。只要是这样，一方面在流通中会出现一些刺激货币必要量增大的因素；另一方面，也是更重要的，则会促成潜在货币的不断积累。从而银行集聚资金的力量就会越来越大，至少它已经开拓的集聚资金的阵地不会再行缩小。而与之同时，财政通过经常性项目，如税收和利润上缴等所组织的收入则不一定能够以同等速度增长。因为导致银行资金力量迅速增大的因素，如企业留利比重的增大、居民货币收入的提高等，对于财政通过经常性项目增加收入的努力恰恰起着抑制的作用。

---

① 递增率是根据《中国统计年鉴：1983》中的数字用累计法计算的。

当然，随着国民经济的发展，财政的状况必将日益好转：财政经常性收入下降的局面可以被制止并已于 1982 年得到制止；今后，随生产流通的增长和经济效益的提高而递增的局面也完全有可能出现。同时，银行所集聚的资金的递增速度能否一直维持现有的势头却还有待进一步观察。比如，1982 年银行资金的增长速度即呈现明显减缓趋势。不过，这些变化恐怕不会使集中性的建设资金供给从一个渠道为主转化为两个渠道相互配合的进程逆转。

世界各国的情况

在我国建设资金的供给中，财政与信贷的对比变化情况有如上述。那么在其他国家是怎样的情况，有些什么规律呢？这是一个值得研究的问题。下面仅列出一些数字供参考。

苏联是一种类型，我们过去的状况在相当大的程度上就是在学习苏联做法的基础上形成的。这里有 1976—1978 年三年的数字（表 6-7）[1]。

表 6-7　苏联　　　　　　　　　金额单位：亿卢布

年份	国家预算支出	其中用于国民经济的支出	2/1 (%)	银行对国民经济贷款的当年增长额	4/1 (%)	4/2 (%)
	1	2	3	4	5	6
1976	2 267	1 185	52.3	238	10.5	20.1
1977	2 428	1 298	53.5	262	10.8	20.2
1978	2 602	1 413	54.3	208	8.0	14.7

表 6-7 数字说明，虽然在他们那里也曾进行过一些改革，但财政与银行的关系还是原来的模式：在建设资金的供给中财政占决定地位，信贷

---

[1] 《苏联财政》，第 440、441、469、470 页，中国财政经济出版社，1980 年。

的力量仍然只占二成或不到二成。

下面有美、英、法、联邦德国、日本五国的资料（表6-8至表6-12）[①]。它们的经济结构、财政收支结构和信贷收支结构同我们有很多根本不同之点，但对于考察财政和信贷力量的对比恐怕还有可以参考之处。

表6-8 美国　　　　　　　　金额单位：十亿美元

年份	中央财政岁入	地方财政岁入	1+2	货币当局负债增长额	商业银行负债增长额	其他类银行机构负债增长额	4+5+6	7/3(%)
	1	2	3	4	5	6	7	8
1976	311.30	120.26	431.56	9.7	80.4	70.2	160.3	37.1
1977	371.52	133.40	504.92	7.6	108.7	84.4	200.7	39.7
1978	416.73	149.81	566.54	14.2	147.3	76.1	237.6	41.9
1979	488.76	168.06	656.82	9.2	142.8	59.1	211.1	32.1
1980	546.08	188.62	734.70	19.2	143.5	64.5	227.2	30.9
合计			2 894.54				1 036.9	35.8

表6-9 英国　　　　　　　　金额单位：百万英镑

年份	中央财政岁入	地方财政岁入	1+2	货币当局负债增长额	存款货币银行负债增长额	其他类银行机构负债增长额	4+5+6	7/3(%)
	1	2	3	4	5	6	7	8
1976	44 145	7 992	52 137	2 203	29 024	无资料	31 227	59.9
1977	50 169	9 091	59 260	3 287	8 268		11 555	19.5
1978	55 040	10 552	65 592	—76	22 136		22 060	33.6
1979	63 790	12 714	76 504	183	32 421		32 604	42.6
1980	81 229	15 914	97 143	416	33 648		34 064	35.1
合计			350 636				131 560	37.5

[①] 财政岁入数字引自国际货币基金组织1982年的《政府财政统计年鉴》，金融负债数字是根据《国际金融统计》计算的。其中只有日本的财政岁入数字引自《现代日本经济事典》（中国社会科学出版社1982年版）第753页。

表 6-10　法国　　　　　　　金额单位：十亿法郎

年份	中央财政岁入	地方财政岁入	1+2	法兰西银行负债增长额	存款货币银行负债增长额	其他金融机构负债增长额	4+5+6	7/3（%）
	1	2	3	4	5	6	7	8
1976	625.30	66.22	691.52	—4	160	82	238	34.4
1977	695.62	71.82	767.44	23	302	—53	272	35.4
1978	787.10	81.03	868.13	58	178	87	323	37.2
1979	935.33	94.17	1 029.50	74	237	102	413	40.1
1980	1 093.88	110.76	1 204.64	145	333	83	561	46.6
合计			4 561.23				1 807	39.6

表 6-11　联邦德国　　　　　金额单位：十亿马克

年份	中央财政岁入	地方财政岁入	1+2	联邦银行负债增长额	存款货币银行负债增长额	建房信用社负债增长额	4+5+6	7/3（%）
	1	2	3	4	5	6	7	8
1976	303.47	69.30	372.77	9.9	115.9	7.23	133.03	35.7
1977	326.52	75.70	402.22	2.6	111.2	9.47	123.27	30.6
1978	349.83	80.86	430.69	23.5	143.5	8.76	175.76	40.8
1979	377.18	85.12	462.30	10.9	157.4	12.49	180.79	39.1
1980	403.44	95.42	498.86	22.7	138.4	11.60	172.70	34.6
合计			2 166.84				785.55	36.3

表 6-12　日本　　　　　　　金额单位：十亿日元

年份	中央财政岁入	地方财政岁入	1+2	货币当局负债增长额	存款货币银行负债增长额	专门信用机构负债增长额	4+5+6	7/3（%）
	1	2	3	4	5	6	7	8
1973	8 252.0	17 259.4	25 511.4	2 041	18 430	12 893	33 364	130.8
1974	10 355.5	22 652.6	33 008.1	2 456	15 173	11 592	29 221	88.5
1975	12 516.9	25 387.7	37 544.6	1 538	17 142	11 904	30 584	81.5

续表

年份	中央财政岁入	地方财政岁入	1+2	货币当局负债增长额	存款货币银行负债增长额	专门信用机构负债增长额	4+5+6	7/3（%）
	1	2	3	4	5	6	7	8
1976	14 487.4	28 625.4	43 112.8	1 115	21 291	15 743	38 149	88.5
1977	17 222.5	33 019.3	50 241.8	2 165	18 713	18 020	38 898	77.4
合计			189 418.7				170 216	89.9

这些表中的"财政岁入"是指通过经常性项目所组织的收入，其基本部分是税收收入。通过信贷所集聚的资金，包括中央银行、商业银行和其他一些金融机构所集聚的资金，但不包括保险公司集聚的资金。有些专业金融机构的活动在统计资料中没有反映，不过就金融体系总体来说，有决定意义的部分还是反映在内了。

从这五个国家的数字来看，其中美国、英国、联邦德国、法国在1976—1980年间财政收入较之信贷资金增长额要大得多：后者相当于前者的三四成。虽然只是四个国家，但比例如此接近是很令人感兴趣的。其中日本的规律有些特殊，信贷资金增长额接近财政岁入的数字。不过对我们现在要研究的问题来说，有一点是清楚的，那就是像西方这种资金主要分散在企业、资本家手中的经济，银行每年可以追加集聚的资金，一般说来，也仍然小于财政[①]。那么，在我们这样的经济结构中，银行集聚资金的增长速度恐怕也有其限度。特别是当企业扩权的进度处于稳定状态的时候，更可能是这样。对于这种趋势，我们也应该有清醒的估计。

至于仅从向经济活动供给资金的角度看，由于西方资本主义国家财政支出中用于这方面的比例较小，所以难以同银行资金的规模相比。

[①] 当然，由于银行有回收贷款的再贷出，所以它向经济生活中所提供的信贷累计额，较之它们的负债余额的增长额要大。

财政不应退出建设资金供给的阵地

由于在经济建设资金供给中财政与信贷的力量对比发生了变化，于是如何根据变化了的情况组织好建设资金供给和财政信贷综合平衡就成为摆在大家面前的新课题。简单地想，两者各自求平衡，清楚明了。其实不然。因为如何组织建设资金的供给有它需要遵循的规律：宜于由财政分配的往往不宜于由信贷分配；宜于由信贷分配的又往往不宜于由财政分配。这并不随各自能组织多少资金为转移。

比如，当过去信贷资金不足而需要财政支持时，并不能把需要由财政支持信贷的资金归财政直接支配。假如可以这样，那倒颇为简单明了。然而，当时信贷投放的领域是商业以及工业的流动资金周转。由于这是一种变化极其频繁的过程，财政拨款方式对之是无能为力的，所以，财政支持信贷再由信贷进行分配这个弯子就不可避免。

现在财政收不抵支，需不需要走信贷支持财政的路子呢？有一种意见是主张财政退出管理建设资金的阵地，认为只要这样处置，平衡的问题自然就可以解决了；而且认为财政拨款是行政方法，银行贷款是经济方法，本来用财政方式供应建设资金就不相宜；此外，还从国际上论证，认为世界上许多国家财政不管经济建设资金供应也是规律。

社会主义社会以前各种社会形态中的财政都是非生产性财政，这是我们熟知的一个论断。作出这样的论断只是为了概括其本质性特征，而不是否定，也不可能否定事实上存在的生产性支出，纵然这种支出在整个支出中不占决定性的地位。比如《二十四史》中的《河渠书（志）》和《沟洫志》记载了大量由统治者阶级政权所组织的水利建设活动，其是为了统治者阶级的利益，这毫无疑问，但并不能否定这类活动在客观上是经济生活,特别是农业生产的直接构成部分的事实。再看现在西方各国,其财政支出中的大项无疑是防务支出、资产阶级国家行政管理支出;在一些"福利国家"中,社会保证和福利支出也占支出总额的相当大的比例。但"经济服务"一项支出也不完全是微不足道的。这个项目下包括对农林、矿冶、加工、建筑各业,对供电、供水、供气各业的支持和直接投资;对交通、通讯事业的投资;开展各种经济服务事业的拨款;等等。1980年一些工业化国家(部分国家为1977年、1978年或1979年)中央级财政支出中"经济服务"项目的比重如表6-13[①]所示。

表6-13

国家	比重(%)	国家	比重(%)
美国	10.4	比利时	18.1
冰岛	29.8	瑞典	10.6
加拿大	19.4	丹麦(1978)	11.2
澳大利亚	7.7	瑞士	14.2
意大利	10.2	芬兰	27.1
卢森堡	17.7	英国(1979)	8.0
新西兰	15.2	法国(1979)	7.1
挪威(1977)	25.1	荷兰	11.8
奥地利	15.6	联邦德国	7.9
西班牙(1979)	11.7		

至于财政拨款是行政方法而银行贷款是经济方法之说,恐需另作讨论。不过有一点是否可以肯定:经济事业办得好坏恐不取决于采用的是拨款方法还是贷款方法?在吃"大锅饭"的条件下,拨款中有浪费,贷款又何尝没有浪费?说得远一点,西方的股东与经理,他们之间也是"拨款"

---

① 根据国际货币基金组织1982年的《政府财政统计年鉴》中的资料计算。

关系，而不是"贷款"关系。经理所以日日如履薄冰是因为他搞不好就会丢掉饭碗，而同是拨款抑或是贷款无关。姑且不论这些，只从现实生活出发，退出管理建设资金阵地对财政来说也难以成立。（1）利用外资，其中大项目还必须列入预算。因为大额的国际信用，贷出国的政府就是要求以借入国的政府为对象的。所以只要利用外资，一方面是收入中的国外借款，一方面是支出中的还本付息，每年就会以几十亿元计。（2）类如地质勘探、水文气象、荒山造林、水土保持、科学研究、专业教育、中间试验等，或没有直接收入，或收入不能抵补支出，显然只有由财政来支持。（3）大型的能源、交通以及类似的建设项目，或由于投资回收期限过长，或由于直接有政策性亏损等原因，也只宜于由财政拨款解决。当然在国外，上述这些事业也有不少是通过信贷途径集中资金的，但那要有长期资金市场以及其他条件，而在我们这里尚不具备这样的条件。不说（1）项，仅（2）（3）两项，建国三十多年来，即约占预算经济建设支出的一半。显然，这说明财政实际上是难以退出建设资金供应领域的。

应增加财政收入在国民收入中的比重

不仅财政对经济建设的资金供应任务不能予以取消，财政的其他项目支出也要求适应着经济发展的需要而增大。如教育，现在是作为智力投资的概念提出的，今后的具体发展规划也有了轮廓。反映到财政上，则会要求教育经费拨款的增长速度快于国民收入增长速度。其他项目，如国防、行政等支出，也同样要求逐年有所增长。然而，目前的财政收入在1982年才开始停止下降趋势。显然，收支矛盾很大。如果说支出已经不宜再行压缩，那么出路则只能是增加收入。在第六届全国人民代表大会上，国家提出了适当提高财政收入在国民收入中的比重的任务。

这是非常重要的任务，这个任务不解决，无疑对经济建设会有极大的阻碍。

苏联和东欧一些国家财政收入与国民收入的比值极大。苏联的情况如表 6-14 所示①。

表 6-14　　　　　　　　　　　　　　　金额单位：亿卢布

年份	国民收入	预算收入 金额	预算收入 占国民收入的比重（%）	用于国民经济的预算支出 金额	用于国民经济的预算支出 占国民收入的比重（%）
1965	1 935	1 023	52.9	449	23.2
1970	2 899	1 567	54.1	746	25.7
1975	3 633	2 188	59.9	1 107	30.5
1976	3 857	2 322	60.0	1 185	30.7
1977	4 056	2 478	61.1	1 298	32.0
1978	4 225	2 463	59.0	1 413	33.4

不过，苏联预算收入相当于国民收入的百分比如此之高，恐怕有统计口径问题。很明显的事实是，相应年份积累占国民收入的百分比分别为：26%、30%、27%、27%、27%、26%②，即比国家预算中用于国民经济的支出相当于国民收入的百分比还小。考虑到积累的形成还有银行贷款等途径，那么预算收入相当于国民收入的比值如换算为我们的口径，一定会低得多。

再看一看西方一些工业国家的财政岁入相当于国民收入的比值③（见表 6-15）。

---

① 《苏联财政》，第 436、440 页，中国财政经济出版社，1980 年。
② 《苏联财政》，第 436、440 页，中国财政经济出版社，1980 年。
③ 国民收入数字见国际货币基金组织《国际金融统计》，岁入数字见《政府财政统计年鉴》，其中日本岁入数字见《现代日本经济事典》，中国社会科学出版社 1982 年版，第 753 页。

第六章　正确解决建设资金供求的矛盾是实现财政信贷综合平衡的关键 | 299

表 6-15

国家	年份	单位	国民收入	岁入 中央	岁入 地方	岁入 合计	岁入相当于国民收入的比值（%）
美国	1980	十亿美元	2 339.9	546.08	188.62	734.70	31.4
加拿大	1980	百万加元	258 420	57 556	13 113	70 669	27.3
澳大利亚	1981	百万澳元	128 340	36 175	2 311	38 486	30.0
奥地利	1980	十亿奥地利先令	874.41	352.13	78.05	430.18	49.2
新西兰	1978	百万新元	15 791	5 650.5	753.6	6 404.1	40.6
比利时	1980	十亿比利时法郎	3 160	1 482.1	84.2	1 566.3	49.6
丹麦	1980	百万丹麦克朗	331 950	134 986	63 370	198 356	59.8
芬兰	1980	百万芬兰马克	158 700	52 093	19 875	71 970	45.3
法国	1980	十亿法郎	2 456.8	1 093.88	110.76	1 204.64	49.0
联邦德国	1980	十亿马克	1 316.1	403.44	95.42	498.86	37.9
爱尔兰	1979	百万爱尔兰镑	6 594	2 607	297	2 904	44.0
意大利	1980	十亿里拉	306 894	116 049	缺资料	116 049	37.8
荷兰	1979	十亿荷盾	286.31	178.66	6.54	185.20	64.7
挪威	1979	百万挪威克朗	232 880	116 784	39 265	156 094	67.0
西班牙	1979	十亿塞塔	11 912	3 175.2	201.0	3 376.2	28.3
瑞典	1980	十亿克朗	456.86	192.20	103.84	296.04	64.8
瑞士	1980	百万瑞士法郎	159 400	33 419	15 862	49 281	30.9
英国	1980	百万英镑	198 100	81 229	15 914	97 143	49.0
日本	1980	十亿日元	203 356	26 874.3	45 320.7	72 195	35.5

在表列的十九个国家中，财政岁入占国民收入的比，最低的是加拿大，占 27.3%；最高的是挪威，占 67.0%。如大体分一分，占 30% 以下的有两国，占 30%～40% 的有六国，占 40%～50% 的有七国，50%～60% 的有一国，60% 以上的有三国，即大部分为 30%～50%。如果考虑到西方国民收入的统计口径比我国的国民收入的统计口径大，那么换算成我国的口径，它们的财政收入占国民收入的比重还要大一些。这样比较起来，我国现在财政收入占国民收入的比重看来是低了些。当然，其中有很多不可比的因素。比如，它们的社会保证和福利支出在预算支出中多的甚至接近一半，而我国的这类支出大多不直接列入预算，等等。所以这样的比较只是极其粗略的比较。但如果结合我国财政收支矛盾的现实，那么这样的比较多少可以从侧面说明通过适当增加财政收入在国民收入中所占比重来解决我们现实矛盾的必要性和可能性。

"给"与"取"应统筹安排

提高财政在国民收入中的比重不外乎两条途径：一是提高经常性项目所组织的收入占国民收入的比重；二是利用国家信用。

关于增加经常性项目的收入也不外是注意两方面：一是保证国家在同企业分配税利时的必要比重；二是在国家与个人之间的分配中如何对国家应有的比重予以保证的问题。这几年财政收入处于踏步不前甚而有所下降的情况，其直接原因也正是由于这两个方面的变化：一是扩大企业自主权，原来统归财政的，现在留下一部分归企业；二是还欠账，提高了农产品收购价格，增加了农民收入；调整了工资，恢复了奖金制度，增加了职工的收入。正是在这两个方面的变化下，留归企业的资金和个人的收入以超过国民收入的增长速度增长，以致造成财政收入的绝对额也难以增长的局面。然而要想扭转这样的局面，却并非轻而易举。突出的矛盾在于，虽然人人关心财政收支，主张收支平衡，但具体到贯彻平衡财政的措施时却会受到各种阻力。有替企业说话的，有替农民说话的，有替职工说话的——更多的是主张国家多"给"，而较少支持国家多"取"，并且，有种种理由论证，虽然"现在"财政收入少了一些，但这"将"对整个经济，其中也包括财政，带来好处。实际上，如果完全按照片面强调"给"的意见办，至少对财政来说，今年的"现在"、明年的"现在"，乃至多少年后的"现在"，只能有收入增长极其缓慢甚至停滞不动的局面，而不会有"将"带来的好处。所以，目前特别需要强调"给"与"取"统筹兼顾的观点，而且特别要强调"取"。

过去一段实践值得总结的教训是：不论在企业扩权方面，还是在提高人民收入方面，实际上是谈"给"的一面多，而很少同时提出也要有"取"的一面，当然也就缺乏如何"取"的设计。而当再想到"取"的时候，则已经造成了既得利益只好予以承认的被动局面。如果这个问题不解决，今后要想使财政经常性收入有较快的增长是困难的。

现在提出的任务的艰巨性，是要使财政收入相当于国民收入的比值从现有基础上有所提高。这就不仅要使财政收入的增长速度赶上国民收入增长速度，而且要使它超过国民收入增长速度；相应地，留归企业的资金和个人的收入，其增长速度至少要低于国民收入增长速度。也可设想，如果压低留归企业的资金比重以致使其绝对额在一定期间不再增长，同时控制农民和职工的货币收入水平不变，财政状况会立即好转。但这是否是最好的选择值得考虑。因为经济建设所要解决的最根本的问题还是在于调动和保持生产劳动者和经营管理者的积极性。损害了这一点，任何其他状况的好转也是无益的。所以在这方面不宜操之过急。能够做到的，恐怕还是通过"国家拿大头"的原则来适当控制企业留利水平和个人收入水平。至于问题的彻底解决则只有指望于经济效益的提高。经济效益提高了，国民收入有较大幅度的增长，才能在调节国家、企业、个人之间的分配比例时有较大的回旋余地。

此外，适当控制银行设备性贷款增长的速度对于保证财政收入必要的增长也有其重要意义。关于这个问题在上一章第三节已经作了说明。

应如何看待国家信用

上述增加财政收入的思想如能切实地贯彻，也并不意味着经常性收入立即就能保证支出的需要，因而不可避免地有一个应不应该利用国家信用的问题。

对于利用国家信用，我们并不一般地否定。比如"一五"计划时期国家经济建设公债的发行和近三年来国库券的发行。但多少有这样的观念：这种发行只能是暂时的，否则就会出现新发行的公债收入只能用于还本付息的境地；至于不断扩大发行，则会出现类似西方那样的"债务国家"，是危险的。对于这样的问题如何分析，可进一步探讨。但这里涉及的看待负债的观念则是值得研究的。负债是不是绝对的坏呢？恐怕要看条件。比如我国城乡储蓄到 1982 年底达到 675.38 亿元，现金发行达到 439.12 亿元，两者之和达 1 114.5 亿元。由于我们的银行是国家的银行，所以这种银行的负债是国家对个人的负债。而且，如果从 20 世纪 50 年代算起，这种负债是平均以年率百分之十几的速度递增的。这就是说，对具体的个人而言，负债可能不断发生，不断偿还，而对居民总体来说，则负债越来越大，总也不会还清。对于这种负债，人们似乎很少提出异议，而且通过人们对它们的议论可以看出，态度还是肯定的、承认的。如果对这种负债可予肯定、可予承认，那么为什么对直接采取国家信用的形式，如发公债，就不能予以肯定、予以承认了呢？现在，有这样的论点，即银行集聚的资金应该拨一部分交由财政加以分配。那么为什么财政可以允许运用银行的负债，而不可以通过自己负债的形式集聚资金呢？

总之，这个问题需要考虑，不宜过分简单地对待。而且在目前经常性收入不能抵补支出的情况下，事实上也不能不利用一部分国家信用所集聚的资金。所以，即使从面对现实这个角度出发，也需研究财政在信用阵地上通过国家信用直接组织一部分资金的方式与途径。而且，只要如实地不把财政困难想得很短暂，那么对这方面的考虑，还不宜只顾目前，更需瞻望多年的远景。

对银行信贷的规模必须适当控制

过去多年来一直是财政支持信贷，现在反过来却要从信贷组织的资金中拿一部分资金或在信贷资金的阵地中由财政通过国家信用方式组织一部分资金来平衡财政的经常性收支。这是一个很大的变化。在这里，一方面有拒绝利用国家信用来平衡财政收支的观念；另一方面则有银行集聚的资金银行自行运用，财政无力供给的支出可以交给银行承担何必再由银行支持财政的观念。但只要财政经常性收支有差额，任何观念都事实上阻止不住信贷资金的一部分必然要划归财政支配这样的经济过程。因而，在财政信贷综合平衡中必须正视它，并充分地把这一因素考虑在内。

然而，在信贷资金力量迅速增长的这几年，一个更应该引起重视的倾向就是实质上把信贷视为取之不尽、用之不竭的源泉。这几年环绕建设资金问题的争论非常清楚地反映出这种倾向。

在粉碎"四人帮"后的一两年，对建设资金的乐观估计是来自财政状况的迅速好转。1977 年的财政收入比 1976 年增 12.6%，1978 年又比

1977年增28.2%。1978年中又提出了利用外资的方针，这时乐观情绪可以说达到了顶点。似乎建设资金的供给并不成其为问题，问题只在于会不会用，敢不敢用。当时，也有谨慎的分析，如认为财政收入增长较快是由于排除"四人帮"干扰，把一些本可组织的收入集中起来的结果，而要进一步增加收入则必须在加强管理，降低成本，乃至调整国民经济基本比例等方面取得显著进展的基础上才有可能。但这样的告诫并未引起重视。

1979年上半年，首先在利用外资方面出现了问题。设备到货了，但国内的配套资金尚无着落。一度流传着所谓的"脱钩"论——配套资金也利用借的外债——一般是不能实现的愿望；只要配套资金必须由国内解决，那就必然要挤占国内建设项目的资金供给。随后，国家对农产品收购价格作了较大幅度的提高，对工资作了调整，对大量待业青年作了安排，对企业则进行了扩大自主权的试点，这一切又都是使财政减收增支的因素。于是，到年底财政出现了从未出现过的170.6亿元的赤字；现金发行也比1978年底增加了1/4强。同时，估算发现以后财政收支也有明显的差额。这样，对财政的乐观估计以及对利用外资的乐观估计消失了。

然而与之同时，银行的存贷业务却出现了迅猛的增长。于是，一直延续到现在的对银行信贷力量的乐观估计就从这时开始了。正是在这样的背景下，确定了增大银行结益上缴财政的比例，确定了银行在提供短期信贷的同时也发放中短期设备贷款的方针，等等。不同的估计则认为1979年信贷资金的增长有反映着财政赤字的信用膨胀因素，更有一种意见径直认为发放设备贷款就意味着信用膨胀。

到1980年中，关于信用膨胀的讨论日益活跃。如什么是信用膨胀，现实生活中有没有信用膨胀等。或许更尖锐的问题是信用膨胀可不可怕。对此，一种认识是，只要财政收支平衡，就不怕信用膨胀，即实质上认为现实生活中并无信用膨胀的威胁。另一种认识是，纵然财政收支平衡，信用膨胀也并非不可怕，更何况财政还有赤字。这种认识则实质是认为至少产生信用膨胀的威胁已存在。

到这年年底，银行存贷业务增长的幅度更大了，但问题是财政的矛盾仍然极为突出。即使不考虑本来由财政开支而本年已转由银行开支的部分，赤字仍达 127 亿元。同时现金发行又出现了一个创纪录的数字——一年增发了 78.49 亿元，相应地，全年零售物价总指数比上年上涨 6%。在这种情况下，不论对银行集聚资金的增长趋势有何乐观的估计，一时之间都缓和不了由财政和物价的现实矛盾所引起的紧张空气。于是，坚决紧缩的想法占了统治地位。不仅财政大幅度压缩基本建设投资支出，力求缩小赤字，银行信贷计划也同样是根据紧缩的精神来安排的。

然而不久，在 1981 年春，即已发现一些经济部门，主要是机械制造业，由于订货急骤减少，处境十分困难。因而提出了在调整过程中也要注意发展速度的问题。要速度就要有资金，资金从何而来？很多人的目光又不约而同地集中到信贷上。特别是迅速增长的城乡居民储蓄被很多人看作是解决建设资金的希望所在，认为银行信贷的潜力还很大很大，因而应该扩大信贷规模。当然，对这样的估计也有不少人持异议。

虽然有不同的观点存在，但对信贷力量的乐观估计一直有着广阔的市场。特别是 1982 年消费品市场供求矛盾的缓和以致出现某些产品滞销现象和现金在当年的发行量低于事先的预计等情况都给乐观的估计以支持。也正是在这样的背景下，银行不断地受到要求增加建设资金供给的强大压力。

但建设资金的供给，我们前面已有论证，它是有限的；银行集聚信贷资金的潜力，我们在前面更是反复剖析，也是有限的。在有限的建设资金供给中，如果企业、个人的分散供给已定，则财政安排供给多少和银行安排供给多少是此增彼减、相互消长的；而在有限的信贷资金来源下，不论这种来源增长得多快,只要划出一块归财政支配,信贷资金的运用就得相应地少安排一块。如果不是这样看待信贷,而是把它看成是取之不尽、用之不竭的源泉,既要它支持财政,又要它直接满足各种长短期的资金需求,其结果必然是财政信贷综合平衡的丧失,必然是市场供求平衡的丧失。因此,在目前条件下,如果说对财政要强调"取",要强调保证收入,那么对银行信贷则必须强调应该控制规模,而不能不断地给它加大任务。

附录　信贷收支差额问题[*]

周升业　侯梦蟾

财政收支平衡和信贷收支平衡之间的相互关系是社会主义计划经济中的一个极其重要的问题。正确处理它们之间的关系是社会主义再生产顺利进行的重要条件。我国经济建设的实践，在这方面积累了十分丰富的经验，同时也提出许多值得研究的问题。这个问题涉及很多方面，本文仅就其中的一个核心问题，即信贷收支差额问题，提出我们粗浅的看法。

信贷收支差额的实质及其弥补来源

银行信贷活动的直接内容是分配货币资金，信贷收支之间的关系，或

---

[*]《光明日报》，1963年8月26日。

者说放款与资金来源之间的关系，直接地表现为货币资金收支的对比关系。因此，我们讨论信贷收支差额问题必须从货币资金谈起。

在商品货币经济还存在的条件下，社会产品的流通、分配是要通过货币的中介来实现的，而这些作为购买手段和支付手段的货币（现金形态与非现金形态），在社会主义条件下是信用货币，是由银行按信用方式提供出来的。银行放款在这里是起着双重的作用：一方面为企业解决流动资金占用的需要；另一方面为经济周转提供货币。由于中国人民银行是国民经济中的结算中心、现金中心和唯一的发行机关，所以，这些由银行投放出去的货币，在银行就表现为各种存款和现金发行，成为银行所运用的货币资金，并与放款的量相对应，作为放款的资金来源，而且两者的总量是相等的。虽然存款和现金发行之间可以互相转化，存款在不同支配者之间可以进行单方面的转移（包括财政存款转为银行自有资金），贷款也可以进行单方面的再分配，但这并不会使放款和资金来源原来的对等关系发生变化。从货币资金和商品物资的不断运动过程来看也是如此。国民经济中存在的货币，从它的出发点看是和商品物资进入流通相对应的，因此，当投入周转的货币再用于购买商品物资从而商品物资又退出流通时，原先由银行投放出去的货币又会以归还放款的形式归流到银行。这时，放款量和作为它来源的货币资金量又会依同一数量减少。两者的总量仍然相等。由于社会再生产诸环节是一个不断继起而又并存的环流，一方面一部分商品物资退出流通，原来的放款归流到银行；另一方面新的商品物资又会进入流通，又需要新的货币投入流通。因此，在整个银行账户上总是经常存在着一定数量的放款以及与之相对应的货币资金。这就是说，在社会主义条件下，国民经济中所有货币资金都是从放款渠道出来的，放款资金来源是和放款同时增减的。从这个意义上说，不可能存在先有存款然后放款，或单有放款而没有相应的资金来源的情况。

既然银行放款量和作为它的来源的货币资金量始终是相对应的,那么信贷收支差额又是怎样产生的呢？它的实质是什么呢？这就必须从另一个角度,即从货币购买力与物资之间的供求关系方面来考察。

前面已经指出：银行放款一方面是为生产和流通解决流动资金的需要,另一方面是为经济周转提供货币。如果说在放款的当时所提供的货币还是实现商品物资周转所必要的,但是当进入周转的货币要被再次用于购买商品物资的时候,它和商品物资的占用就可能产生矛盾。这是因为作为放款对象所占用的商品物资并不是在任何情况下都可以再投回流通,以供原发放出去的货币来购买。长期性占用的商品物资就是如此。如果进入周转的货币因买不到相应的商品、物资而停留在流通中,这就意味着流通中存在过多的货币。前面我们只是说明了放款和资金来源在银行账户上必然要表现为对应关系。在那里,我们没有涉及作为放款资金来源的货币是表现为流通中的货币量呢,还是表现为储存起来的货币,也没有涉及流通中存在的货币量是不是符合经济周转的需要。但是当我们研究信贷收支平衡问题时就必须从这一点出发。

由银行投放出去的货币而又必然成为由银行支配的信贷资金来源可以分为两部分。一部分表现为储存起来的货币,如居民储蓄余额和各项专用基金中当年不动用部分。这部分货币,在计划时期内是不再被当作支付手段和购买手段的,它是不参加周转的,因而银行自然可以用来抵充放款并将其与放款对象所占用的商品物资相对应。必然由银行支配的信贷资金来源中主要部分则是流通所必要的货币准备,简言之,即流通中的货币。这包括企业、机关存款,预算先收后支必然要存在的存款余额,以及流通中的现金等（本文所指的流通中货币量既包括现金,也包括非现金）。这部分货币虽然是作为支付手段和购买手段而存在,是不断周转的,但从余额的角度看,流通中要经常存在着这部分货币,即经常有一部分货币暂时不用于购买商品。这样性质的货币资金余额当然也可以作为放款的正常资金来源。但是应该指出，这两部分货币都各有其客观的数量界限。流通中的货币量不能超过经济周转的需要，这是十分清楚的。至于居民储蓄等储存起来的货币的余额有多大则决定于许多政治经济因素，而且是和流通中的货币量是否正常密切联系的。在流通中的货币量超过正常需要的情况下，并不能完全依靠储蓄来吸收多余的货币，相反地，往往还可能出现原有的储蓄减少并转为流通中货币的现象。

显然，如果放款量只约束在上述两类必然由银行支配的资金来源的客观数量界限以内（为了便于叙述，以下简称正常的信用性资金来源），那当然不会存在信贷收支差额，即是说，在放款的增减同储存的货币及流通中的货币需要量的增减相适应时，不会有信贷收支差额问题。

但是问题在于：在社会主义条件下，放款规模并不完全取决于正常的信用性资金来源的量。在一定意义上说，它是决定于国家利用信贷形式分配资金的必要性。我们知道，国家财政和银行信贷是国家分配资金这个统一体系的两条渠道。国家财政是用无偿方式分配资金。银行信贷是用有偿方式分配资金。从国营企业流动资金来源的观点来看，财政直接拨款和银行贷款之间并不存在不可逾越的界限。究竟是采取财政直接拨款，还是采取银行贷款，主要是按照有利于生产、流通顺利进行和节约使用资金的原则，根据各种流动资金占用的特点来确定的。如：（1）企业临时性的资金需要，只能通过信贷形式来供应。（2）有一些企业流动资金占用波动性较大，计划变动较大，不便于实行定额管理，如商业批发站的商品资金，大部分要采取贷款形式供应，在这里，企业所占用的商品既包括临时性的也包括长期性的。（3）为了利用银行特有的监督作用，督促企业节约使用资金，企业定额占用的流动资金的一部分，必要时也可采取贷款形式供应。（4）由于种种原因，国民经济中难免会出现某些商品物资暂时的积压。这种占用的物资并不是企业生产和流通固定需要的。为了督促企业能及时地处理，这些商品、物资往往也宜于用贷款形式来解决。（5）非全民所有制经济组织所需要的一部分周转性资金和基本建设资金，一般也是需要根据有借有还的原则，通过贷款来解决。这就是说，放款必须占用的数量和能否及时顺利收缩，取决于上述各种资金占用的性质（规模和长短期用途），而并不是与正常的信用性资金来源自然地保持平衡的关系。

正因为正常的信用性资金来源的量和放款必要占用量是由两种不同原因所决定的，前者决定于货币周转的客观规律，后者取决于国家对信用形式的运用，因此两者之间并不是等量关系，可能相等，但那只是巧合，在大多数情况下则可能不等。在放款必要量大于正常的信用性资金来源的情况下，就意味着存在信贷收支差额。如果在放款时没有在正常的信用性资金来源以外安排别的资金来源来弥补这个差额，就一定会出现这种情况，即以超过流通中需要的货币来充当放款来源，其结果必然是：（1）有一部分货币不是周转所必需的，是买不到商品物资的货币，它们停留在流通中会成为冲击市场的力量；某些商品价格在国家不能完全控制的情况下，必然上涨。（2）如果要让这些多余的货币通过购买商品归流到银行，就必然要被迫缩减必要的库存商品。这两种情况又可以交错在一起。这些情况归结起来就是货币购买力与物资供应之间的不平衡。但是如果单从信贷收支账户上来看，放款和它的来源仍然是相等的。在第一种情况下，放款和它的来源在总量形式上是不会变化的；在第二种情况下，卖出商品，收回贷款，则放款与资金来源同时减少。因此，所谓信贷收支不平衡并不是直接表现在信贷资金来源和放款之间在账面上的差额，信贷收支不平衡的实质归根到底是物资供求的不平衡。这里附带说明一下，把衡量信贷收支是否平衡的标准只归结为现金发行是否超过流通对现金的需要量的看法是不够全面的。这是因为：第一，非现金存款虽然比现金比较容易控制，但不等于可以无条件控制。非现金存款同样是社会购买力的构成部分，它直接就可成为购买手段，而并不一定要先转化为现金而后再形成购买力。在商品物资供应总量不变的条件下，非现金部分购买力实现了，现金部分的购买力就不能实现。因此，流通中货币量是否适合周转的正常需要，就不是单单地表现在现金发行上，同时也表现在非现金存款上。第二，如上所述，信贷平衡问题必须结合商品库存情况来看。以压缩必要库存商品来回笼现金，这并不意味着信贷收支的真正可靠平衡。因为在这种情况下，虽然现金不超过流通的需要量，但是，必要的商品库存减少了，同样会影响生产流通的顺利进行。此外，还应该指出：我们这里所说的信贷收支差额，是指放款和正常的信用性资金来源之间的差额，而不是通常所说的现金发行和回笼。在放款总量既定的情况下，现金发行和回笼只是说明存款和现金之间的转化关系而不能说明放款和资金来源的关系。在这里，我们是把正常的现金发行包括在正常的信用性资金来源之中，从而它不是这里所讨论的信贷收支差额的概念。

上面所说的情况是信贷收支差额没有得到弥补的情况下产生的。如果在安排信贷计划时事先就根据国民经济计划确定了这个差额并有计划地安排弥补来源，一般说，就不会出现不平衡的情况。因此，信贷收支差额和信贷收支不平衡，是不能混为一谈的。这里需要进一步讨论的是信贷收支计划差额应该由谁来弥补。

为了使信贷收支差额不表现为信贷收支不平衡，在安排计划时就必须确定弥补来源。即除了上述正常的信用性资金来源以外，还必须把一部分（相当于差额的部分）由信用投放出去的货币转为不参加周转的货币资金，使之不再用于购买商品，而作为抵充放款差额的专门来源。我们知道，银行投放出去的货币，从它所代表的商品的价值构成来看，总不外 $c+v+m$ 三个部分。c 和 v 部分（基本折旧基金除外）从再生产的角度来看，是必须不断地从流通中换取商品、物资用于补偿已消耗掉的生产资料和用于生活消费。这部分货币,除了表现为流通中周转需要量及居民储蓄(已经包括在正常的信用性资金来源中)以外,是不能把它冻结起来转为不参加周转的货币资金的,否则,再生产就要因货币不足而不能顺畅进行。既然如此,那么可以充当弥补信贷收支差额来源的只能是 m 部分和 c 中的基本折旧部分。由于全民所有制企业所创造的绝大部分积累以及基本折旧基金是通过国家预算集中分配的,因此,信贷收支差额也就必然要由国家预算支配的货币资金来弥补。在社会主义条件下,国家财政对于信贷收支的平衡所以具有决定性作用,不在于财政性存款在信贷资金来源中占的比重多大,关键在于信贷收支差额不论是计划的或是在计划执行过程中产生的,最终都必须由财政来解决。

在社会主义商品货币关系还存在的条件下,国家财政的分配活动是直接表现为货币资金的收支。由于货币资金是由银行按信用程序提供出来的,因此,财政收入从它作为货币资金的角度来看,必然也是原先为实现社会产品的流通分配而由银行信用投放出去的货币(现金或非现金)经过一系列分配转化而来的,即由企业、集体经济组织、居民的存款和现金转化而来的。从而财政收入当它还没有开支出去时,也必然以存款形式成为发放出去的贷款的资金来源。所谓国家财政有计划地弥补信贷收支差额,其实就是财政有计划地把由它支配的一部分存款转为银行自有资金,或者是以结余形式保存在银行,归银行支配,而不再当作财政资金来开支。这部分货币资金是不参加周转的,它是和超过正常的信用性资金来源的放款量相对应的(为了便于分析,把银行的积累视同财政拨给银行的自有资金)。如果财政不考虑弥补信贷差额的需要而把存款都开支出去,就意味着把原来应该作为不参加周转的货币资金转化为流通中过多的货币量,结果必然会造成上面所说的信贷收支不平衡的现象。但是这种信贷收支不平衡的现象，在形式上并不一定表现在国家预算收支上（虽然反过来，国家预算的不平衡必然要表现在信贷收支不平衡上），在预算收支形式上仍然可以是平衡的，甚至是有结余的（如果信贷收支差额大于预算结余）。因此，如果把财政信贷作为一个有机的整体来看，衡量整个国家资金收支是否平衡、差额多大的最后界限应当是信贷收支，而不仅是预算收支。从这个意义上说，财政收支的真正平衡应该包括信贷收支平衡的内容。国家预算收支和银行信贷收支所以必须综合平衡，关键也就在于此。

关于信贷收支差额的数量问题

前面我们只是一般地说明放款必要量大于正常的信用性资金来源就构成信贷差额量。在编制信贷计划时，固然可以根据一定经济指标，通过匡算这两方面的余额量来确定信贷计划差额，但这是不够的。为了使信贷收支计划差额能够比较切合客观情况，必须进一步从具体的放款和它的资金来源之间的内在依存关系上来考察信贷收支差额的形成原因。在信贷实践中常常可以看到：有些放款的增加，并不影响差额，不需要财政弥补来源；有些放款的增加，却肯定要使差额增大，需要财政拨款弥补。因此，要正确地把握信贷差额的数量界限，关键在于要找出：什么样的放款可以和流通中需要的货币量相适应，不会产生差额。什么样的放款在什么情况下一定要产生差额。这就是我们探讨信贷差额数量界限这个问题时所遵循的方法。只有这样，才能自觉地组织信贷收支平衡。

银行放款，按其所解决的商品物资占用的性质，大体可以分为长期性的和短期性的两种。这两种占用性质不同的放款对于形成信贷差额的影响是不同的。

短期性占用的放款是解决经济周转中对商品物资临时占用的需要。一般地说，在国民经济各方面比例协调的情况下，这种放款规模的增减同流通中货币需要量的变化是会适应的，也就是说，放款增长有相应的资金来源，不会出现差额。短期放款，按照它产生的原因，大体上有三种情况：（1）由于季节性生产和超额完成生产计划等原因，周转中的商品、物资总量增加，需要银行发放季节性和临时性超定额储备放款。这时，暂时性的商品物资储备和投入流通的货币增加额相适应。（2）生产流通领域中，商品物资总量不变，但是由于临时原因，如运输阻滞产品暂时发运不出等，某些企业暂时形成超定额储备。为了保证生产流通的继续进行，需要银行发放临时超定额储备放款。在这种情况下，从整个国民经济来看，一些企业超定额储备，另一些企业必然是储备不足（与原有储备比较而言），即售出商品，收入货币，没有立即继之以购买。这时，一些企业的超定额储备放款正好与另一些企业的原有储备转为货币资金相适应。（3）企业发出商品，由于结算过程的原因，不能立即得到相应的货款，这时，企业如果需要支付就会申请结算放款。在这种情况下，由结算放款投放出去的货币就与发出商品相适应。

不论哪一种情况，作为上述放款对象的商品、物资，只是临时地被占用，它本来就是作为或预定作为可以退出周转用于消费的。因此，从物资供求关系来看，一般地说，都是可以保证原投放出去的货币能够顺利地再买到商品、物资的。从上述几种短期占用的商品、物资来看，情况正是如此。发出商品、物资是直接处于流通过程中的物资，对销售企业来说是售出的商品、物资，对购买者来说正是其所要购买的商品、物资，当购买者支付了货款，就可以归还结算放款，原先投入周转的货币就归流到银行。作为临时性超定额储备放款保证的商品、物资，所以临时被占用，部分是因为由放款投放出去的货币没有随即再去购买商品物资用于消费，这部分商品、物资是随时可供购买的。另一部分是由生产、运输等临时原因造成的，临时因素一消失，也立即可供购买。至于季节性储备商品、物资，相当部分也是可以随时投入流通以供购买的，一部分经过加工，在短期内也可以重新再投入流通，只不过其周转期较之发出商品、物资等稍长而已。

短期周转性放款总量增长，意味着投入周转中的货币资金量相应扩大。新投入的货币资金一般也需要经过一个独立的运动过程，然后才被再用于购买商品。新投入的货币资金，一般首先表现为企业存款，但它不能始终处于企业手中，必然要按照已实现产品的价值构成（$c+v+m$）进行分配。例如，相当于 m 的部分陆续转入财政性存款账户，相当于 v 的部分逐渐以现金形态转入居民手中，相当于 c 的部分则仍保留在企业存款账户等。货币资金的这种分配和再分配的过程也就是货币资金独立运动的过程，它最终形成企业、机关和居民等的购买力。这些货币资金都是周转过程所必需的，从而可以构成正常的信用性资金来源。其中有一部分货币资金由于季节性等原因周转较缓慢，构成银行一项季节性资金来源，如农村公社在秋收以后常形成大量存款。至于这些信用性资金来源究竟是谁的存款、谁手里的现金，则视货币资金独立运动的进程而定。如果说最初只有企业存款，最后则可能还包括财政性存款、居民储蓄和现金发行。不过，就我们所考察问题的范围而言，这点是无关紧要的，因为不论存款或现金是处在谁手里都不影响它作为银行正常的信用性资金来源。

临时性占用的商品物资最终由于被购买用于消费而退出周转，相应的货币资金就要被用以归还银行放款。这样，相应量的货币资金和短期周转性放款就同时退出周转。可见，无论在周转始点或终点，短期周转放款和它的资金来源在量上都是相适应的。

综上所述，在国民经济计划基本协调的前提下，银行放款如果严格限制用于短期周转性储备，并坚持贯彻信贷基本原则，信贷一般不会出现差额。放款增长，可以指望以流通中必须增长的货币资金作为正常的资金来源；而这些货币资金又可以按照本身周转要求随时购买到商品物资并与放款同时退出周转。从而它的量是切合经济周转需要的。必须指出，这只是就基本方面而言，但我们不能忽视这一点：投入的货币资金要立即再用于购买商品，而作为放款保证的物资，其中有一些可能需要经过一个短时期才能提供消费，如处在生产过程中的商品物资就是如此。这两者在量上尽管是相对应的，但在时间上可能有差距。为了避免物资供求的脱节，应当由商品流通部门额外保留一部分后备商品物资，随时进行调节。我们在这里完全可以假定这部分后备物资已经存在，因而它不影响我们前面所得的结论。至于这部分后备商品占用所需的资金来源，那是另一个问题。

银行放款所解决的商品物资占用还有一部分是属于长期性的。信贷差额一般说是和长期性占用的放款相联系的。长期性占用放款可以有两种情况：一种情况是不增加货币投放，只是通过新的放款实现原有货币资金的再分配，使相应的临时性占用的物资转作为长期性占用。例如，银行对甲企业发放长期性占用放款，甲企业用以购买乙企业临时占用的商品，乙企业归还前欠临时性占用放款，这时放款总量和货币资金总量都没有变化。但是由于在长期性占用放款的条件下，放款的增加是意味着把原来可供随时购买的物资长期占用下来，使实际可供购买的商品、物资减少，因此就有一部分原来投放的、与临时占用的物资相对应的货币资金因买不到商品要停滞于流通之中。另一种情况是，长期性占用放款直接表现为增加货币投放，即放款是和新生产出来的商品初次投入流通相联系的，这就是，一方面把货币投入流通，一方面把初次投入流通的商品、物资取去直接作为长期占用，不再投回流通。这时，由长期性占用放款投放出去的货币就没有相应的可以再供购买的物资。不论哪种情况，只要这些货币资金在计划时期内要当作购买手段和支付手段而存在，就表示信贷资金来源中包括一部分过多的货币量，这实际上就意味着信贷存在差额。所以，银行放款对象必须严格区分长期性占用还是短期性占用；发放长期性占用放款，必须有专门的长期性的资金来源，否则就会产生信贷收支不平衡。

由上所述可见，信贷差额的形成基本上是和长期性占用放款相联系的。在确定信贷差额量时，可以把短期周转性储备放款和必然与之对应的资金来源舍象，而去着重分析长期性占用放款与银行可动员的长期性信用资金来源之间的关系。

按照我国当前的信贷实践，以下放款均系长期占用性质。（1）国家后备储备放款；（2）短期农贷中当年不能返回的部分，也应当看作是长期占用（长期农贷也是长期占用，但在它是由国家预算专门拨款，委托银行代放的情况下，可以不当作信贷资金的运用）；（3）定额商品物资储备（不实行定额管理的企业就是最低储备部分），这是周转中必须经常保留的最低余额，因此这种储备的放款也是长期性的；（4）前曾述及，为调节国民经济中货币资金和物资运动在时间上的差距，商业部门必须保留一部分商品后备，如果这部分商品后备是由贷款解决，则这种放款也是一种长期占用。（5）此外，由于各种原因，在发放短期放款过程中发生部分较长期呆滞放款，有时是难以避免的，这种放款就其占用性质说也是长期的。

银行信贷计划是按余额编制的。匡计年度计划信贷差额时，首先应该精确预计年末上述各项长期性放款较上年净增长数。但这并不就等于信贷差额量，因为期末信用性资金来源中有一部分是长期性来源，可抵作长期性放款之用。可以用以抵充长期性放款的信用性资金来源主要有：（1）居民储蓄中经常存在的最低余额和农村存款中当年不动用的公积金部分。这部分货币资金是处于储存状态，在计划时期内，不再用于购买商品物资。因此，它可以用以抵充长期性占用物资的放款。如果长期性占用放款是和商品物资初次投入流通相联系，那么这部分储存起来的货币就表现为直接抵充长期性占用放款。如果这部分货币资金原来是和临时性占用放款相联系的，那么，相应的临时性占用的物资就会因没有被购买而继续被占用，原来作为短期占用的放款也就不能按期收回。但是这种占用和放款余额的存在，并不是生产流通所需要的，而是表现为闲置的，因此，银行预计到这种情况，就可以通过发放长期性放款再分配这部分货币资金的办法，把不必要的临时占用转为计划内长期占用。结果，这部分储存起来的货币也就转化成为长期性放款的资金来源。（2）货币周转是一个不断继起的运动，货币不断投入又不断退出。剔除其中波动部分，从全年看，流通中货币量有一个最低余额。除了企业结算存款和库存现金外，居民手中的现金、财政性存款（指预算先收后支必然要存在的那部分存款）、企业专用基金存款、农村存款等部分的最低余额也可以充做长期性放款来源。这部分最低余额的货币资金本来是周转中的货币而和临时性放款相对应的，为什么又可以作为长期放款资金来源呢？我们知道，上述这些货币资金一般是代表已经实现的 $v+m$ 的价值，它的价值担负物一般地说是现实的库存商品。流通中经常存在这部分货币资金余额，就表示流通中经常存在一部分因为没有被购买而闲置着的库存商品。与居民储蓄的情况相类似，银行也可以通过贷款再分配这部分资金，把临时性占用转作长期性占用。至于工业企业结算账户存款和库存现金，那是另外一种情况。这部分货币资金主要是代表补偿价值，它是预定要用于补充已被消耗的生产资料。前面曾经提到过，在生产周转中流动资金总量不变的情况下，一些企业暂时有闲置货币资金，一定是和另外一些企业临时超储及在途占用物资相适应的。而工业企业而言，形成临时性超储及在途占用物资是保证生产不断进行所必需的，这并不意味着闲置。因此，企业结算存款虽然也有最低余额，但只能抵充临时性超定额储备放款和结算放款，不能再加以分配。

综上所述，把影响信贷差额量的各项因素归纳起来，可以得出下列公式：年度信贷差额量＝全部长期性占用放款年末净增长额－全部长期性信用资金来源净增长额。

　　应该说明：按照上述方法来确定信贷差额的数量界限，绝不是说，可以不根据放款及信用性资金来源的总额来编制信贷计划。从各种放款和它的资金来源之间的内在联系方面来考察信贷差额，其主要意义在于：它可以为具体分析和审查信贷计划提供补充依据，特别是在计划执行过程中，可以为及时组织新的信贷平衡提供依据。因为如果不分析具体放款性质，只根据放款及信用性资金来源总量来确定差额，就可能出现这种情况：当临时性放款超过计划时，无根据地要求财政增拨信贷资金，或者是当长期性信用资金来源少于计划和财政不能按计划拨足信贷自有资金时，不是着重地去考虑合理安排长期性放款，而去压缩必要的短期放款。不论哪一种情况，都会影响生产、流通的顺畅进行。

图书在版编目（CIP）数据

财政信贷综合平衡导论/黄达著. -- 北京：中国人民大学出版社，2025.4. --（中国自主知识体系研究文库）. -- ISBN 978-7-300-33864-4
Ⅰ. F830.5
中国国家版本馆 CIP 数据核字第 20252WY427 号

中国自主知识体系研究文库
财政信贷综合平衡导论
黄　达　著
Caizheng Xindai Zonghe Pingheng Daolun

出版发行	中国人民大学出版社				
社　　址	北京中关村大街 31 号		邮政编码	100080	
电　　话	010-62511242（总编室）		010-62511770（质管部）		
	010-82501766（邮购部）		010-62514148（门市部）		
	010-62511173（发行公司）		010-62515275（盗版举报）		
网　　址	http://www.crup.com.cn				
经　　销	新华书店				
印　　刷	涿州市星河印刷有限公司				
开　　本	720 mm×1000 mm　1/16		版　次	2025 年 4 月第 1 版	
印　　张	20.75 插页 3		印　次	2025 年 7 月第 2 次印刷	
字　　数	264 000		定　价	158.00 元	

版权所有　　侵权必究　　印装差错　　负责调换